GOLDMANN
ESOTERIK

W0062791

Zum Buch

Immer mehr Menschen erinnern sich heute an ein früheres Leben. Die Tatsache der Reinkarnation gerät allmählich auch ins westliche Bewußtsein und verändert unser Weltbild.

Wenn es wahr ist, daß wir nicht nur dieses jetzige, einzige Mal »zu Gast« auf diesem Planeten sind, sondern schon oft da waren und vermutlich auch wiederkommen werden, erhält unser jetziges Leben notwendig einen anderen Sinn. Dann müssen wir uns fragen, welche Absicht – und welches Ziel – steckt wohl hinter dieser Wiederkehr? Gibt es vielleicht einen Plan – eine Art Entwurf – für jedes Individuum, dessen Vervollkommnung es sich in vielen Inkarnationen schrittweise anzunähern versucht?

Die Niederschrift dieser Erinnerung an ein Leben als ägyptischer Priester ist besonders interessant, weil sie zum einen als kulturhistorisches Dokument einen intimen Einblick in die uns immer noch so rätselvolle Epoche der ägyptischen Kultur gewährt, zum anderen Aufschluß über die spirituellen Bestrebungen und Praktiken dieser Zeit gibt.

Sinn und Zweck der Pyramiden, einer »Einweihung«, Aufgaben und Ziele der ägyptischen Priesterschaft erlauben einen Vergleich mit der neuen Spiritualität der gegenwärtigen Epoche; ein Wegweiser zu dem Ziel, das die Menschheit schon seit Jahrtausenden verfolgt und das noch immer vor uns liegt.

W. Weden

Ägyptische Einweihung

GOLDMANN VERLAG

Made in Germany · 11/87 · 1. Auflage
© 1987 by Wilhelm Goldmann Verlag, München
Umschlaggestaltung: Design Team München
Satz: IBV Satz- und Datentechnik GmbH, Berlin
Druck: Elsnerdruck, Berlin
Verlagsnummer: 11789
Lektorat: Michael Görden
Herstellung: Heidrun Nawrot
ISBN 3-442-11789-5

Inhalt

Zum Verständnis des Buches 7

1. KAPITEL
Die Jugend des Priesters 11

2. KAPITEL
Die ersten Tage in der Hütte 48

3. KAPITEL
Mein Leben im Hof 56

4. KAPITEL
Im Mumienkeller 65

5. KAPITEL
Die vier Höfe 84

6. KAPITEL
Die Prüfung im Tempel 104

7. KAPITEL
Das Opferritual 107

8. KAPITEL
Im Kanopenhaus 120

9. KAPITEL
Der heilige Stier 128

10. KAPITEL
Immer wieder: Die Pyramiden 155

11. KAPITEL
Krankenheilungen 170

12. KAPITEL
Der heilige Akt 183

13. KAPITEL
Astralwanderungen 185

14. KAPITEL
Auf der Suche nach einem Nachfolger 195

15. KAPITEL
Die letzte Prüfung 221

16. KAPITEL
Abschied von der Welt 241

Zum Verständnis des Buches

In diesem Buch wird die Existenz eines früheren Lebens beschrieben. Bevor ich aber selbst von dieser meiner Existenz erfuhr, mußten sich einige Zufälle ereignen.

Nachdem ich ein zweites Hochschulstudium über Pädagogik abgeschlossen hatte, erfüllte mich eine noch größere Sinnleere als vorher. Denn zu Anfang des zweiten Studiums glaubte ich, in der Wissenschaft Lorbeeren ernten zu können. Das Ergebnis der Diplomarbeit reichte aber an die guten Noten in den anderen Prüfungen nicht heran. Fast ein Jahr lang erledigte ich zwar meine Berufspflichten, aber die Ziellosigkeit und Sinnlosigkeit meiner Arbeit lähmten mich sehr. Im Herbst ergab sich der erste Zufall. Über eine Bekannte erfuhr ich von einem Hypnosetherapeuten, der in der Lage war, einem das Rauchen abzugewöhnen. Schon bei der ersten Begegnung ergab sich ein langes Gespräch, aus dem sich dann im Laufe der nächsten Monate eine intensive Arbeitsgemeinschaft entwickelte. Das Rauchen hatte ich schon nach wenigen Sitzungen aufgegeben, aber die Versuche mit mir führten eines Tages in einen Steinbruch, in dem für die Pyramide Steinblöcke gebrochen wurden. In der nächsten Sitzung sah ich mich an der Pyramide selbst arbeiten und auch abstürzen. In einer Lehmhütte starb ich auf dem Papyruslager an inneren Verletzungen.

Dieses Wissen um eine Existenz in Ägypten ließ uns nicht ruhen, und es ergab sich der nächste Zufall: Ich sah mich als ägyptischen Priester.

Von nun an verstärkten wir unsere Bemühungen, über dieses Priesterleben so viel wie möglich zu erfahren. In einem Urlaub über Weihnachten verbrachte ich fast ganze Tage in Hypnose.

Meine Frau konnte mich einmal erleben, als ich nach etwa zwei Stunden aus dem »Reinkarnationstrip« erwachte. Sie schilderte mich als völlig bleich, still, entkräftet und geistesabwesend. Zu groß waren wohl die Erlebnisse, die ich in meinem eigenen Körper, so fühlte ich es, erleben mußte.

Mein Wissen um ägyptische Ereignisse bezog sich vor diesen Erlebnissen auf allgemeines Wissen um die Pyramiden als Grabkammern und auf das durch Museumsbesuche erlangte Wissen um Echnaton und Nofretete. Natürlich begann ich nach Abschluß der Sitzungen mit der Suche nach der historischen Zeit. Aufgrund der Darstellungen im letzten Kapitel erscheint mir die Zeit um 2100 v. Chr. wegen der politischen Unruhe als die richtige. Ich meine auch, daß der Ort mit den beschriebenen Tempeln und Häfen Memphis sein könnte.

Ich kann behaupten, daß sich nach diesen für mich überraschenden Informationen über das Leben meiner Seele schon vor viertausend Jahren auch meine heutige Einstellung sehr stark geändert hat. Heute bin ich von den häufigen Vorleben meiner Existenz überzeugt. Warum aber ist diese Biographie eines alten Priesters heute noch lesenswert? Diese Frage möchte ich nicht dahingehend beantworten, daß wir über die historischen Begebenheiten und Ereignisse der damaligen Zeit Genaueres erfahren. Historiker leisten auf diesem Gebiet bessere und gründlichere Arbeit. Mir ist es wichtig, über die Fähigkeiten des menschlichen Geistes und der menschlichen Seele mehr zu erfahren, als in wissenschaftlichen Büchern darüber ausgesagt werden kann.

Noch heute bin ich beim Lesen der Texte fasziniert von den Kräften dieses Priesters, dem es gelang, seinen Körper absolut zu beherrschen, und der mit seinen Krankenheilungen einen anderen möglichen Weg zur Gesundung des Körpers detailliert beschreibt. Der Inhalt dieses Buches ist also keine erfundene Geschichte oder gar ein Roman. Alles wurde in Hypnose auf Bänder gesprochen und genauestens aufgezeichnet.

Das Manuskript dieser Bänder ist nur unwesentlich verbessert worden und auch nur an den Stellen, die den Satzbau oder die Ausdrucksweise betreffen. Der Inhalt wurde nicht korrigiert, denn der Sinn der Aussagen sollte nicht verändert werden. Ich ließ bewußt ungebräuchliche Formulierungen stehen.

Wer historische Fakten sucht, wird sicher enttäuscht werden, wer aber über die Fähigkeiten der menschlichen Seele etwas erfahren will, der findet in dieser Lektüre eine Fülle von bedenkenswerten Anregungen.

Die Neuverkörperung des Priesters

August 1986

1. KAPITEL

Die Jugend des Priesters

In der Mitte des Dorfes steht ein Brunnen, der eine Umrandungsmauerung hat, die fast so hoch ist, daß ich nicht darüberhinwegschauen kann. An beiden Seiten sind Holzgestelle aufgebaut, die durch eine Stange verbunden sind. Wenn die Frauen Wasser holen, nehmen sie vom Brunnen den Deckel, der dazu dient, daß kein Hund hineinspringt und kein Sand hineingeweht wird. Entweder haben sie einen leichten Ledereimer oder ein Ledergefäß; das lassen sie hinabfallen und ziehen es mit einem Strick hoch, oder aber sie nehmen den großen Holzeimer, der am Strick über dem Galgen hängt. An diesem Eimer ist ein Haken, damit man ihn an den Brunnenrand heranziehen und dann seine eigenen Gefäße vollfüllen kann. Der Brunnen ist die einzige Wasserquelle im ganzen Dorf. Das Wasser ist eigentlich sehr schön. Und die Frauen kommen zu diesem Brunnen, um ihre Rationen an Wasser für den Tagesbedarf zu holen.

Der Platz ist so groß, daß man auch Viehzeug hierherführen kann. Es gibt auch eine Tränke, in der wir Jungen meistens spielen, wenn es sehr warm ist, oder wir waschen uns in dieser Tränke, wenn wir dreckig sind. Diese Tränke ist aus Lehm gemauert.

Unter den Palmen ducken sich die Häuser. Es gibt nur wenige Häuser, die noch eine Etage haben, sonst sind alle Häuser flach. Manchmal, wenn es sehr warm ist, werden Tücher um das Dach herum aufgespannt. Dann lebt man auf dem Dach der Hütten, weil es innerhalb der Hütten zu dunkel und die Luft auch zu stickig ist. Draußen ist es frischer und freier, nur gekocht wird in der Hütte. Viele Arbeiten werden sowieso außerhalb der Hütte erledigt. Die Wäsche wird am Brunnen gewaschen, oder aber man geht zum Fluß hinab. Das Vieh wird am Brunnen getränkt, aber in den meisten Fällen hat man es hinter dem Hause in einem Gatter stehen. Aber gekocht wird im Hause, an einer offenen Herdstelle, über der ein Kessel hängt. Dieser Kessel ist ein kostbares Gerät.

Wir haben ein Haus, bei dem auf dem Dach noch einmal aufgemauerte Räume sind, die auch mit einem richtigen Dach versehen wurden, aber das haben nur wir, weil wir mehr Felder zur Verfügung gestellt bekommen haben, deren Ertrag uns gehört; nicht die Felder, die gehören uns nicht. Aber was geerntet wird, das gehört uns, und je mehr Land man für seine eigenen Zwecke beackern kann, um so reicher ist man. Eine ganze Menge Arbeiten müssen aber von allen Männern und Frauen des Dorfes zusammen gemacht werden. Die Bewässerung der einzelnen Felder geht immer von allen Dorfbewohnern aus, oder Kanäle reinigen oder vertiefen, oder auch verlängern, damit man vielleicht neues Land bekommt.

Solange wir Jungen noch klein waren, blieben wir eigentlich immer im Dorfe bei unseren Müttern, die sich in der Hauptsache um die Tiere kümmerten, die nicht für die Feldarbeit gebraucht wurden. Wir mußten auch die Steinmühle reiben oder Felle von den Haaren sauberkratzen, damit wir sie gerben konnten, oder wir mußten Kürbisse sauber aushöhlen, damit wir Gefäße erhielten, oder wir mußten auch Matten flechten. Aber sowie wir etwas größer sind, müssen wir Jungen mit den Männern auf die Felder.

Wir müssen das Wasser drehen, oder wir müssen die kleinen Deiche für die Bewässerung der Felder aufreißen und wieder zuschütten, wie man uns gezeigt hat und sagt. Wir müssen auch von manchen Früchten die Samen in den Schlamm stecken, oder wir müssen auch auf neue Gebiete Wasser schöpfen und dann darin herumlaufen, damit die Erde durchgewühlt wird. Es gibt eine Menge Arbeit, aber es geht uns eigentlich ganz gut.

Die Dorfbewohner bringen gute Ernten ein, und wir haben extra ein Haus, in dem wir diese Ernte aufbewahren können, und wir sind dafür verantwortlich, daß das Magazin für das Dorf von allen Bauern beschickt wird. Es ist für Getreide und Früchte und

Datteln, und es gibt eine Feldfrucht, aus der man Öl macht. Auch kann man mit ihr Wunden heilen, und man kann sie auch essen. Vieles wird in Krügen von den Bauern angeliefert.

Mein Vater muß die Listen führen für das, was in dieses Magazin abgeliefert wird. Eines Tages kommen dann Boote vorbei, die holen es immer ab. Die Männer schleppen alles zum Fluß hinab. Es ist nicht weit zum Fluß.

Aber wir liegen ein bißchen erhöht, damit wir vor den Überschwemmungen gesichert sind. Während dieser Überschwemmungszeit hat man das Gefühl, wir leben auf einer Insel, die im Wasser schwimmt. Von den Feldern ist nichts zu sehen, außer daß manche Felder von Baumgruppen umgeben sind, oder von Bäumen umgeben sind, von Bäumen wie eingefaßt sind. Manche Pflanzen müssen Schatten haben, sonst verbrennen sie. Dazu setzt man diese Bäume, und man pflanzt diese Bäume auch, weil das Land manchmal in Terrassen angelegt wird. Damit sich Schlamm fangen kann, werden zwischen den Bäumen Matten aufgespannt. Dieser Schlamm wird dann für noch höher gelegene Gebiete oder Felder gebraucht. Es wird dann hochgeschleppt, hochgetragen in Körben, in runden flachen Körben.

Ich kenne jeden Bewohner bei uns im Dorf, aber wir kommen mit ihnen nur dann zusammen, wenn wir zusammen arbeiten, oder wenn wir Feste zusammen feiern. Wir haben nur, so wie ich das weiß, nur während der Überschwemmungszeiten ein bißchen Zeit, um uns um andere Dinge zu kümmern als um die Feldarbeit. Manchmal geschieht es auch, daß wir Boote bauen, aber keine aus Holz. Die können wir uns nicht leisten, denn Holz ist zu teuer und zu selten. Wir bauen sie aus Schilf, wir flechten Binsenboote. Oder aber wir machen während dieser Zeit Ziegelarbeiten, damit wir Hütten bauen können. Oder wir legen in den oberen Gebieten, wo die Überschwemmungen nicht hingekommen sind, neue Terrassen an. Manchmal gehen wir natürlich auch, wenn es sich ergibt, während der Überschwemmungszeiten auf den Feldern fischen. Dann haben wir neben dem täglichen Einerlei der Nahrung etwas anderes zu essen. Es gibt zwar auch einige bei uns im Dorf, die regelmäßig fischen gehen, aber der Ertrag ist nicht sehr groß. Außerdem kann man sich diesen

Luxus nicht immer leisten; es ist zu teuer. Anderes Fleisch gibt es selten, denn die Tiere, die Schafe und die Ziegen, die wir haben, werden dazu gebraucht, daß sie Milch geben und daß man Wolle von ihnen hat. Das Fett und die Häute werden verarbeitet, aber Fleisch gibt es selten. Und die Rinder sind auch noch selten hier. Es gibt sie zwar, aber sie sind nicht sehr häufig, weil die Weiden knapp sind. Meistens wird jede kleine Stelle für Felder gebraucht, und sich eine Weide zu leisten, ist ganz schön teuer. Es ist besser, Weizen anzubauen oder andere Körner, als auf einem Feld zwei oder drei Rinder zu haben; mehr Erlös als dieses Feld in Weizen bringen die auch nicht.

Unsere Räume bestehen daraus, daß wir unten den Raum haben, in dem meine Mutter das Essen zubereitet und ihre Vorräte lagert, ein Raum auf dem Dach, in dem meine Eltern schlafen. Ich habe vor kurzem auch einen Raum dazubekommen, den haben wir angemauert. Wir trocknen dann die mit der Hand geformten Lehmziegel, in die wir Stroh geschnitten haben, und kleben sie mit Lehm auch wieder übereinander. Wenn das einigermaßen trocken ist, verschmieren wir die Wände nochmals mit Lehm, damit sie dicht sind, und gehen dann hin und suchen Kalksteine, die wir reiben. Das Pulver lösen wir im Wasser, und mit diesem weißen Schlamm bestreichen wir die Häuser. Ein Haus ist schnell aufgebaut, aber ich glaube, sehr lange halten sie auch nicht, dann muß man sie neu bauen.

Mein Vater muß wohl ein guter Verwalter sein, er muß wohl sehr viel von den Bauern eintreiben, oder die Äcker sind fruchtbar, ich weiß es nicht, jedenfalls besitzen wir mehr als die anderen Bewohner in diesem Dorf. Mein Vater hat schon davon gesprochen, daß ich, wenn ich ein bißchen größer und einige Jahre älter bin, schreiben lernen soll. Und das wäre eine sehr teure Ausbildung. Dafür müßten sie sparen. Ich habe noch mehrere Geschwister, aber das sind im Augenblick erst noch alles Mädchen, und die brauchen keine Ausbildung. Mein Vater will sogar versuchen, daß ich im Dorf bleiben kann, daß man vielleicht einen Schreiber für das Dorf bekommt. Obgleich mein Vater manches kann an Schreiben, die Lagerlisten führen, kann er aber auch wiederum sehr viele Texte nicht schreiben. Er hätte nur die einfache Schrift kennengelernt, sagte er mir einmal. Dann gäbe es noch eine Schrift, die nur gebraucht werden darf, wenn heilige Texte geschrieben werden.

Ich stehe auf diesem Dorfplatz, der eigentlich nichts anderes ist als eine erweiterte Straße. Unter mehreren Palmen ist dieser Brunnen gebaut. Die Palmen sind wahrscheinlich um diesen Brunnen herum angepflanzt worden. Ich sitze im Schatten der Bäume. Es ist ziemlich ruhig, es ist Mittag, die Sonne scheint erbarmungslos vom Himmel. Es ist glühendheiß, aber im Schatten ist es angenehm. Ich beschäftige mich damit, daß ich zwischen meinen Knien den Sand durch meine Hände rieseln lasse. Ich nehme ihn immer wieder hoch und lasse ihn hindurchrieseln, kleine Staubwolken steigen auf.

Die Türen in den Lehmhütten sind einfach nur durch Matten verhängt, sie haben also keine Holztüren oder Ähnliches, sie sind wirklich nur verhängt. Aus einer dieser Türen kommt gebückt eine Frau heraus. Sie hat ihr Haar, ihr langes strähniges Haar im Nacken zusammengebündelt. Auf dem Kopf trägt sie eine Kopfbedeckung, die einer flachen Bastschale ähnelt und zwar etwa der Schale, die die Frauen brauchen, wenn sie nach den gedroschenen Ähren die Spreu von dem Korn trennen wollen. Mit diesen Schalen schaufeln sie Korn und Spreu und werfen es hoch, so daß der Wind die Spreu wegfegen kann. Diese Wurfschaufel sieht dem Hut ähnlich, den sie trägt, und der sie vor den Sonnenstrahlen schützen soll. Er ist aus Schilf geflochten. Er ist ziemlich breitrandig hinten, weil er gleichzeitig das Baby, das die Frau auf dem Rücken trägt, mit beschatten soll. Die Frau hat ein langes Tuch über eine Schulter und unter einem Arm hindurchgezogen, und in dem liegt das Kind auf dem nackten Rücken, während es von diesem Tuch umfangen wird. Das Tuch zieht sich vorn durch die beiden Brüste hindurch, wo es zusammengeknotet ist. Sonst hat die Frau nur eine Art Tuch um, das ihr die Schultern und die Arme ein wenig bedecken soll, aber ihren Oberkörper sonst frei läßt. Sie trägt einen Rock, der ihr bis fast auf die Knie geht. Er ist aus einem Stück Tuch und ist um die Hüften gewickelt. An den Füßen trägt sie nichts, sie ist barfuß. Die Frau hat einen Krug in der Hand. Er ist gleichmäßig geformt. Sie kommt damit zum Brunnen und will Wasser holen. Hinter dieser Frau, die sehr jung ist, kommen noch einige Kinder aus der Tür. Die Kinder sind alle nackt. Sie kommt zum Brunnen, stellt den Krug auf die Erde neben die Tränke, wirft den Lederbeutel in die Tiefe und zieht ihn wieder hoch und gießt vorsichtig, indem sie ihn an der einen Stelle mit der einen Hand zusammenfaltet, ihren Krug voll Wasser. Den Rest läßt sie in den Brunnen zurückfallen. Der Krug hat einen Henkel, an dem sie ihn tragen kann, und sie geht in ihre Hütte zurück. Die Kinder folgen ihr schreiend.

Das Dorf ist ruhig. Es passiert nichts. Ich sitze da. Ich weiß nicht, ob ich auf irgend etwas warte. Ich scheine mich aber auch nicht zu langweilen, obgleich es keine intensive Arbeit ist, die ich dort mit dem zusammengekratzten Staub habe.

Ein Bauer kommt vorbei. Er hat eine Kuh vor den Wagen gespannt. Der Wagen ist beladen mit Schilfstengeln. Es ist ein zweirädriger Wagen mit einer Deichsel. Diese Deichsel führt an der einen Seite vorbei und ist der Kuh zwischen die Hörner gebunden. Der Mann geht vor der Kuh her und zieht sie an einem Strick, der ebenfalls an den Hörnern der Kuh festgebunden ist. Die Räder des Wagens sind geflochten. Sie haben das Aussehen von Korbdeckeln. Durch die Mitte der Räder geht ein ziemlich dicker Ast, und die Stopfen verhindern, daß die Räder sich abrollen. Dieser Wagen holpert zwar fürchterlich, aber da die Auflagefläche der Räder ziemlich breit ist, kann er auch auf Wegen gefahren werden, die einen losen Untergrund haben. Er sinkt dadurch nicht so sehr tief ein, während die Kuh mit ihren gespreizten Zehen doch ziemlich tief in den trockenen Sand eindringt.

Sie gehen gemächlich die Straße entlang. Der Mann trägt einen Rock, einen dieser Wickelröcke, auch einen von diesen Basthüten, die also weitmehr als nur eine Kopfbedeckung sind. Sein Oberkörper ist frei. Während er mit der linken Hand das Tier an einem Strick oder an einem Lederriemen zieht, hat er in der rechten Hand einen Stock, mit dem er hin und wieder die Kuh antreibt oder antreiben möchte. Sie geht darum keinen Schritt schneller. Die Kuh ist ziemlich mager. Ihre Beckenknochen stechen durch das Fleisch, das Euter ist auch klein und fast milchleer. Mir ist eben, weil ich gerade vom Euter spreche, an der Frau aufgefallen, daß sie lange, leergesaugte Brüste hatte, obgleich sie gar nicht so alt schien. Aber ich achte nicht sonderlich darauf, da diese Bilder alltäglich sind.

Je länger ich unter diesen Palmen im Schatten sitze, um so mehr habe ich das Gefühl, daß ich auf irgend etwas warte. Ich warte wohl auf einen Fremdling, der mir angekündigt wurde. Ich trage auch schon einen kurzen Wickelrock. Die Jungen ab acht oder neun Jahren tragen ebenso wie die Mädchen diese kurzen Röckchen. Die sind aber nicht da, um etwas zu verstecken, sondern sie sind zum Schutz da, damit man sich die Geschlechtsteile nicht verletzt und sich ein wenig vor dem Ungeziefer schützen kann. Man kann sich noch soviel waschen, trotzdem zieht es die Fliegen immer wieder zu den Genitalien. Da meine Mutter darauf achtet, daß ich immer gut gewaschen bin, entspricht meine Hautfarbe etwa der von getrocknetem Schilf. Ich bin ziemlich klein, aber nicht dünn. Ich bin gut genährt, da es meinen Eltern gut geht.

Und daß ich hier draußen sitze, ist eigentlich eine Seltenheit, denn entweder helfe ich meinem Vater oder meiner Mutter bei Arbeiten, die den Männern vorbehalten sind, während meine Schwestern die Arbeiten machen müssen, die den Frauen vorbehalten sind. Meine Mutter ist ziemlich groß, schlank mit kleinen Brüsten, während mein Vater groß ist, aber wie es sich gehört für einen Dorfschulzen, hat er eine ziemlich kräftige Statur. Er hat auch einen Bauch, auf den er stolz ist. Es ist ein Zeichen des Wohlstandes, denn es zeugt davon, daß er selbst nicht schwer körperlich arbeiten muß, daß er sich nicht häufig bücken muß, wie es die anderen Bauern machen müssen, die den ganzen Tag auf den Feldern stehen müssen, um sie entweder zu bewässern, Pflanzen einzustecken, den Boden zu lockern, zu pflügen oder zu hacken. Sie können es sich nicht leisten, daß sie einen Bauch haben. Der würde sie beim Arbeiten viel zu sehr behindern. Während mein Vater das sichtbare Zeichen seiner Würde stolz vor sich herträgt.

Meine Schwestern sind kleiner als ich. Ich bin das erste Kind in der Familie. Ich habe gegenüber den Schwestern manche Vergünstigungen. Ich darf essen, was ich will, während meine

Schwestern von ganz bestimmten Speisen zurückgehalten werden, oder erst dann nehmen dürfen, wenn wir Männer gegessen haben. Mein Vater trägt auch nicht nur den Rock, sondern auch eine Oberbekleidung. Sie besteht aus einem Stück Tuch und ist eine Art Umhang, in dem Ärmel sind und der fast so lang ist wie sein Rock. Wenn er seinen Amtsgeschäften nachgeht, hat er darum einen Gürtel geschlungen, an dem seine Utensilien hängen. Er braucht Griffel, und er braucht entweder einen Lederbeutel, in dem er Ton oder Lehm aufbewahrt, um sich kleine Tafeln machen zu können, oder aber er hat Wachsplatten bei sich, in die er mit dem Holzgriffel die Zeichen einritzen kann, wenn jemand etwas abliefert für das Magazin oder wenn Waren geholt werden.

Für meinen Vater müssen eine Reihe von Leuten arbeiten und seine Felder bestellen. Im Augenblick schläft er. Meine Mutter kümmert sich um die kleinen Mädchen. Plötzlich sehe ich jemanden die Straße entlangkommen. Er kommt aus dem Süden, denn er hat die Sonne im Rücken. Er kann mich nicht sehen, da ich an einem Baum lehne, der hinter dem Brunnen steht. Der Brunnen ist zwischen uns. Ich habe ihn nur deshalb gesehen, weil ich gerade ein bißchen aufgestanden war und über den Brunnen hinweggeschaut hatte. Es ist eigentlich nur eine Gestalt, eine weiße Gestalt, von der man weiß, daß sie sich bewegt, weil der Staub unter den Füßen aufsteigt. Es wird noch einige Zeit dauern, bis er im Dorf ist.

Die Ruhe wird unterbrochen, da hin und wieder irgendwo Kinder brüllen, oder da man das Knarren von den Holzgestellen hört, mit denen das Wasser geschöpft wird. Die Bauern ziehen es vor, über Mittag, wenn die Sonne am höchsten steht, Arbeiten zu verrichten, bei denen sie im Schatten sitzen können. Und die Schöpfstellen oder Wasserhebestellen sind häufig von Bäumen überschattet, so daß man dort gut sitzen kann. Die Stufen, auf denen das Wasser hochgereicht wird, was ich auch sehr häufig gemacht habe, bieten zum Teil eine angenehme Arbeit, da man immer von dem Wasser, das man hinaufreicht, ein paar kühlende Spritzer abbekommt. Oder man hört das Knarren von den großen Rädern, die von Kühen gezogen werden. Das sind Räder, über die große Eimer laufen und mit denen schneller und mehr Wasser hochgezogen werden kann. Es ist ein mühseliges Geschäft; die Kühe wandern 50 Schritt hoch und 50 Schritt zurück, 50 Schritt hoch und 50 Schritt zurück. Es ist eine sehr langweilige Arbeit. Außerdem zehrt sie bei den Kühen. Manchmal nehmen wir auch Esel dazu, aber die kann man sich schlecht leisten, denn sie sind teuer. In den meisten Fällen machen diese Arbeit Männer. Sie halten einen Stab vor den Bauch und drücken dagegen, so daß sie die Eimer über das Rad ziehen. Das Rad ist eigentlich nur dafür bestimmt, daß das lange Seil, das sie zu dem Eimer gespannt haben, nicht dauernd von dem festen Balken durchgescheuert wird. Das Seil, das über das Rad läuft, hält wesentlich länger.

Während ich dies alles erzähle, kommt der Wanderer immer näher. Ich bin aufgestanden, um ihm entgegenzugehen. Es ist wirklich eine drückende Hitze. Mir scheint, es ist für mich eine Selbstverständlichkeit, ihm entgegenzugehen, denn ich warte auf ihn, auf den Lehrer.

Mein Vater hat mir gesagt, daß er sich um einen Lehrer bemüht habe, der mir die Schrift beibringen solle. Denn ich solle, wenn möglich, einmal Dorfschulze werden oder aber vielleicht, wenn es möglich ist, auf eine Schreiberschule kommen, was natürlich noch besser wäre. Aber das glaubt er nicht, dazu sind seine Verbindungen zum Hofe nicht gut genug, und das Amt eines Dorfschulzen reicht selten aus. Man muß schon mehr sein, man muß schon höherer Beamter sein oder mit dem Pharao verwandt sein, wenn der Sohn Schreiber werden will. Es gibt immer junge Priester, die in ihrer Ausbildungszeit unterwegs sind und manchem gegen Beköstigung das Schreiben beibringen. Ich gehe dem Ankömmling entgegen. Der fragt mich, ob ich Hefer sei.

»Bist du des Dorfschulzen Sohn?« fragt er.

»Ja«, nicke ich. »Bist du mein Lehrer?« frage ich. »Du bringst mir Schreiben bei?«

»Ich will es versuchen«, sagte er.

Ich sage: »Wo sind deine Sachen? Wie machst du es?«

»Willst du mich nicht zu deines Vaters Hause führen?« fragte er.

Ich gehe vorweg, und der Stelle gegenüber, wo ich unter den Bäumen gesessen habe, steht ebenfalls unter einigen Bäumen unsere Hütte. Der Unterschied zu anderen ist, daß unsere Hütte größer und der Eigang auch größer ist. Wir gehen in den Eingang und kommen in einen großen Raum. In der einen Ecke, soweit das in der Dämmerung zu sehen ist, sitzt meine Mutter und versucht, auf dem heißen Stein die Brote zu backen, während meine Geschwister in der Nähe sitzen und kleine Bastflechtarbeiten machen oder ihr dabei helfen, den Teig zu kneten oder die Handmühle zu drehen.

Mein Vater ist nicht da. Ich muß ihn holen. Ich gehe zu einem Ausgang, der nach hinten führt, wieder hinaus und steige dann über eine Leiter aufs Dach. In dem Raum finde ich meinen Vater. Er kommt hinab. Ich führe den Gast ebenfalls durch die Hintertür hinaus, und wir setzen uns an die Rückseite des Hauses. Hier ist ein kleiner Garten, ein von einer kleinen Mauer umgebenes Stück Land, in dem kleine Bäume stehen, in dem es einfach grün ist. An der Hauswand ist eine gemauerte Lehmbank, auf die sich die beiden Männer setzen. Ich setze mich dagegen auf den Fußboden zu ihren Füßen. Sie verhandeln, daß er mir das Schreiben beibringen soll. Er bekommt dafür den Raum auf dem Dach, der bisher mir gehörte. Und er bekommt, wenn er geht, eine junge Kuh. Er scheint mit diesem Angebot einverstanden zu sein und willigt in diesen Vertrag ein. Er legt seine rechte Hand aufs Herz und nickt viermal. Ja, mein Vater macht das auch.

Dann stehen sie beide auf und umarmen sich, und wir gehen in die Hütte zurück, setzen uns in eine Ecke auf den Fußboden, der mit Matten ausgelegt ist, und bekommen jetzt von meiner Mutter etwas zu essen. Es gibt diese Brote, die sie eben gebacken hat. In einer Kürbisschale liegt gewürfeltes Fleisch mit Gemüse, das wir uns mit den Fingern herausholen. Sie hat in kleineren Schalen für jeden Früchte, und wir können entweder Milch oder aber Wasser trinken. Es scheint uns gut zu schmecken. Das Fleisch schmeckt sehr gut, und das grüne Gemüse schmeckt, als wären es von großen Blättern die Stengel oder die Rippen. Zwar muß man kräftig zubeißen, aber es schmeckt gut. Außerdem hat sie uns gewürfelte Zwiebeln hingestellt, die wir in die Fleischbrühe eintunken und dann in den Mund schieben. Sie sind sehr saftig und süß. Der Gast ist zufrieden. Er gehört ab heute zur Familie; er lobt das Essen, er lobt meine Mutter. Mein Vater, der mit untergeschlagenen Beinen dort sitzt, hat Schwierigkeiten, sich beim Vorbeugen aus den in der Mitte stehenden Kürbisschalen sowohl die Früchte zu holen als auch mit seinen dicken Wurstfingern Fleischstücke zu greifen, da er schlecht über seinen Bauch hinwegkommt. Da er im Hause keinen Umhang trägt, kann man sehen, daß Brust und Bauch bald zusammenhängen.

Nach dem Essen hat der Gast die Möglichkeit, sich im Garten zu waschen. Mir ist aufgefallen, daß er nach Schweiß riecht. Ich muß ihm vom Brunnen einen Eimer Wasser holen, damit er die Möglichkeit hat, sich abzuspülen. Nach dem Essen haben wir noch ein bißchen Pause. Ich versuche, mich mit dem Lehrer zu unterhalten.

Ich beachte die Regeln der Höflichkeit dem Lehrer gegenüber und habe sehr große Achtung vor ihm, da er ja schreiben kann. Irgendwie hab ich auch Angst vor ihm, es ist die Angst der Aufregung, denn schreiben zu lernen ist wirklich eine aufregende Angelegenheit.

Im Garten steht eine Art Hütte, bei der allerdings die Vorderfront fehlt, so daß es eine Art überdachter Schuppen ist. Dort können wir beide sitzen. Das hat mein Vater für uns bauen lassen. An einem vorbereiteten Tisch, der aus geschliffenem Stein besteht, zeigt mir der Lehrer, wie ich meine Tontafeln anfertigen kann. Im Schatten des Schuppens steht ein kleiner Holztrog, in dem Lehm ist. Diesen Lehm kneten wir. Indem wir ihn von einer Hand in die andere werfen, wird langsam eine Tafel daraus, die wir glätten, indem wir sie auf die Tischplatte werfen und nochmals mit der Faust draufdrücken. Mit einem Spitzel aus Holz machen wir sie glatt und gerade. Die runden Ecken werfen wir in den Lehmtrog zurück. Dann beginnen wir, auf dieser ziemlich dünn ausgewalzten Tafel, Figuren einzuzeichnen. Er fängt damit an, daß wir Gegenstände nehmen, die der Garten bietet. Wir zeichnen das Haus oder Bäume. Aber er läßt mich überhaupt erst einmal zeichnen und zwar Wellenlinien, oder sagt mir, daß ich mit dem Stöckchen, das vorne angespitzt wurde, Linien zeichne, und darauf wieder Linien stelle, daß ich lernen muß, meine Hand zu halten, so daß nur der Griffel den Ton berührt und nicht irgendein Finger von mir oder meine Hand. Ich muß gestehen, nach einiger Zeit tun mir die Finger weh, mit denen ich diesen Griffel halte, denn es strengt doch sehr an, in den Ton die Zeichnungen einzukerben. Wenn die Tafel voll ist, drehen wir sie einfach um, denn die Rückseite ist auch glatt, und ich zeichne dort weiter.

Auf diese Weise verbringen wir den Nachmittag, und indem er die Gegenstände zeigt, benennt er sie und sagt, was ich zeichnen soll, was ich dazu zeichnen muß und was einmal, wenn ich es besser kann, von dem Haus zu zeichnen übrig bleibt, damit man möglichst schnell schreiben kann. Man soll ja nicht das ganze Haus zeichnen, sondern es reicht ja, wenn man ein Dach zeichnet, meint er, dann weiß man schon, daß das ein Haus ist. Oder von einem Baum muß man nicht den ganzen Baum mit Wurzeln zeichnen, sondern es reicht, wenn man einen Stamm zeichnet und zwei Äste an den Seiten. Dann weiß man, daß das ein Baum ist, sagt er. Und so werden mit der Zeit aus den Malereien die Zeichen, die eine ganz bestimmte Bedeutung haben. Ich male und lerne von ihm die Zeichen der Namen für Gegenstände. Es ist ein mühseliges Geschäft, da viele dieser Gegenstände mir nicht bekannt sind, für die ich aber Zeichen malen muß. Und so passiert es häufig, daß wir auf Suche gehen, um diesen bestimmten Gegenstand zu finden, und damit er mir zeigen kann, wieso aus diesem Gegenstand dieses Zeichen geworden ist. Ich lerne auf diese Weise, indem ich schreiben lerne, daß es sehr viele Gegenstände gibt, die ich bisher in meinem Leben vorher gar nicht gesehen habe. Er zeigt mir auch, und das finde ich wunderbar, daß man aus der Zusammenstellung mehrerer Zeichen einen neuen Namen machen kann. Wir fangen an zu spielen und malen einen Mann, der auf einem Dach steht, oder wir malen einen Brunnen, ein Wasser und ein Wassergefäß. Ein Gefäß, das ist ein Brunnen. Ja, und indem man dieses Gefäß jetzt schräg stellt, sagt er mir, würde das schöpfen bedeuten. Es ist nämlich so, daß viele Gegenstände, die wir mit einem zusätzlichen Zeichen versehen, die Tätigkeit bedeuten. Wichtig sei überhaupt erst einmal, daß ich lernte, die Zeichen genau zu machen. Nämlich, wenn man sie nicht genau machte, dann wüßte der andere nicht, was sie bedeuten sollten. Und Schrift bedeutet, daß der andere mit seinem Wissen diese Zeichen deuten kann. So kommt Lesen zustande. Wir sitzen nun immer hier, da ich nun von jeder Arbeit freigehalten bin. Vom Sonnenaufgang, ich hätte beinahe gesagt, bis zum Sonnenuntergang sitzen wir entweder daran und schreiben, oder aber ich muß Zeichen malen, die er mir vorgemalt hat; es heißt immer einritzen oder einkerben, da wir die Zeichen in den Lehm eindrücken und nur die Umrisse malen. Oder aber wir sind zusammen unterwegs und machen Gänge, um Gegenstände zu suchen, die er mir zeigen will. So passiert es auch häufig, wenn in unserem Dorf die Gegenstände überhaupt nicht zu finden sind, daß wir mit unserem Boot flußaufwärts rudern, wobei wir uns mit unserem Schilfboot ziemlich dicht am Ufer halten und uns mühselig der Strömung entgegenstaken, bis wir an eine Stelle kommen, wo wir diesen Gegenstand finden. Es kann sein, daß wir dadurch mehrere Tage unterwegs sind, so daß wir also nach mehreren Sonnenaufgängen erst wieder zu Hause ankommen. Ich lerne auf diese Weise sehr viel, und ich lerne auch, wie man sich unterwegs ernähren kann. Es macht mir sehr viel Spaß, was er mir beibringt.

Aber manchmal, wenn ich ihn andere Dinge frage, dann sagt er mir, das dürfe er mir nicht sagen, oder dazu wäre ich noch zu jung. Es ist sehr schwer, von ihm mehr zu erfahren als die Zeichen der Gegenstände. Mein Vater kommt hin und wieder und prüft nach, ob ich auch Fortschritte mache, und er zeigt sich befriedigt. Manchmal sitze ich dann, da der Lehrer meinem Vater helfen muß, allein im Garten und hocke vor der Steinplatte und versuche Zeichen zu malen und komme dabei ins Träumen, und es wäre schön, denke ich, wenn es mir einmal gelänge, Schreiber zu werden. Dann setze ich mich so hin, wie mir der Priester gesagt hat, wie man Schreiber ist und wie man zeigt, daß man Schreiber ist. Man schlägt die Beine über und hat die Tafel zwischen den Knien auf der einen Hand und den Griffel in der anderen Hand und sitzt meistens noch auf einem breiten Hocker. Das ist toll, und ich probiere diese Sitzhaltung, und es gelingt eigentlich ganz gut. Bloß wie man mit den weichen Lehmtafeln dann auch noch richtig schreiben kann, das weiß ich nicht. Sie biegen sich nämlich, wenn sie größer als die Handfläche sind, über die Hand, so daß man auf ihnen gar nicht mehr schreiben kann. Wachstafeln sind manchmal auch nicht so gut. Wenn man in der Sonne sitzt, muß man schon aufpassen, daß einem das Wachs nicht schmilzt. Es gibt noch eine andere Möglichkeit, aber die ist sehr teuer: Man schreibt auf geschabten Fellen. Dann gibt es noch eine Möglichkeit, aber die ist noch teurer, und das habe ich noch nie gesehen. Man soll auf Holz schreiben können, sagt er. Man nimmt Ruß von Holz.

»Aber das lernst du alles, wenn du mal Schreiber wirst«, sagt er. »Oder aber, man kann auch Blut nehmen«, sagt er. »Wenn man die heiligen Rollen schreibt, nimmt man Blut und färbt dieses Blut mit anderer Farbe.«

Was ich dabei auch lerne, ist, wie man neben den Schriftzeichen Figuren malt, wie man Tiere malt, ich lerne Frauen, die zum Brunnen gehen, zu malen. Er sagt mir genau, daß sie den Krug entweder mit beiden Händen vor sich hertragen, und wie man das zeichnet. Er ist sehr streng mit mir. Wenn ich mal vergesse, zwei Arme zu malen, schlägt er mit seinem Stöckchen entweder in den Nacken oder aber auf den Unterarm. Auch auf die Hände hat er einmal geschlagen, dafür hat er sich aber entschuldigt. »Das wollte ich nicht«, sagte er. Die Hände seien zu wertvoll, als daß man sie verletzen dürfe. Aber es tut doch ganz schön weh, wenn er mit seinem Stock auf den Unterarm schlägt. Aber meistens kommt es vor, wenn ich geträumt habe.

Eines Tages mußte mein Vater ein Fest geben, weil in unser Dorf ein Mann kam, den wir noch nie gesehen hatten. Dieser Mann wollte aber auch nicht zu uns, sondern er sagte, er wäre auf Wanderschaft, und ob es die Möglichkeit gäbe, hier in dem Dorf zu übernachten. Er wäre bereit, etwas dafür zu tun. Er könnte auch kranke Tiere heilen. Wir hatten aber kein krankes Tier im Dorf. Die Tiere, die wirklich zu krank sind, die schlachten wir nämlich, damit sie nicht sterben und wir dann das Fleisch nicht mehr essen können. Kranke Tiere hatten wir nicht. Und die Kuh, die nicht kalbte, haben wir auch geschlachtet. Sie gab auch keine

Milch, deshalb war sie auch nicht gut. Wir haben sie ein bißchen fett gefüttert und dann haben wir eine ganze Menge Rauchfleisch von ihr machen können. Das große Fell hat mein Vater jetzt auf seiner Bettstatt liegen. Es ist ein Paradestück geworden. Er hatte es erst in dem Raum unten, aber er hat es dann doch weggenommen, weil ich versucht hatte, mit einer Steinklinge die Haare abzuschaben, um festzustellen, ob man auf der Haut schreiben kann. Es war ihm wohl zu schade, daß ich es zerstörte, und dann hat er es auf seine Bettstatt gelegt. Da ist es sicher, denn in das Zimmer darf ich nicht.

Er könnte auch Menschen heilen, sagte der Besucher, der bei uns im Dorf ankam. Wir hatten eine Frau, die konnte auf einem Auge nicht sehen, und die haben wir geholt. Ich bin hingelaufen und habe gesagt, also es wäre einer da, der könnte heilen, und sie sollte doch mit ihrem Auge kommen. Dieses Auge sah ganz eigenartig aus. Es war mit einer richtig dicken weißen Schicht überzogen. Er trommelte alle Leute zusammen. Am Brunnen legte er die Frau auf die Erde. Zwei Männer mußten das Auge aufhalten, während sie das andere schließen durfte, und dann tat er so, als ob er in dieses Auge hineinschaute. Alle standen jetzt drumherum, und ich hatte Schwierigkeiten. Während mein Lehrer in der ersten Reihe neben meinem Vater stehen durfte, hatte ich die Möglichkeit, mich mit dem Kopf dazwischenzumogeln. Wir standen ziemlich dicht an der Frau, die auf der Erde lag. So konnte ich dann sehen, wie sich tatsächlich die weiße Schicht über dem Auge immer mehr auflöste. Es war, als ob sie immer dünner wurde und durchsichtiger wurde, bis sie ganz weg war. Und die Frau schrie plötzlich: »Ich kann wieder sehen! Ich kann wieder sehen.« Und der Mann der Frau sagte: »Meine Frau kann wieder sehen.« Sie wollte in ihrer Freude gleich ein Schaf opfern, aber der Mann sagte: »Nein, ein Schaf, das ist zuviel für ein Auge, das geht nicht. Ein Schaf, nein das geht nicht.«

Eine Ente, die könnte er kriegen. Aber eine Ente wollte der auch nicht haben. Außerdem mit einer Ente, was sollte er damit – nein, eine Ente wollte er nicht haben. Nun wurde also hin und her gefeilscht, und schließlich kam noch ein Mann und der war auch krank. Der hatte eine offene Stelle am Oberschenkel. Er war beim Wasserschöpfen an den Balken gekommen und hatte sich die Stelle aufgerissen. Sie wurde immer tiefer, und sie sah schon ganz gelb aus. Manchmal blutete sie auch wieder, wenn er daran kam, jedenfalls lief ihm immer etwas am Bein hinab. Die Stelle war schon bald so groß, daß er nicht mehr richtig laufen konnte. Ich glaube, ich hätte schon meine Faust hineinlegen können, nicht ganz, aber sie war schon ganz schön tief, die Stelle.

Er mußte sich auch hinlegen. Dann legte der Mann seine Hand auf die Stirn des Mannes und es dauerte gar nicht lange, da schien dieser unser Bauer eingeschlafen zu sein. Der Besucher ging daran und kratzte die ganze Wunde leer. Er ließ sich einen Holz-löffel geben, den er an einer Seite scharf machte und kratzte da-mit die ganze Stelle leer und säuberte diese Stelle, indem er etwas Wein hineingoß. Damit weckte er den Mann auf, der sofort fürchterlich anfing zu schreien und versuchte, sein Bein zu hal-ten, aber die beiden Männer, die vorher die Frau festgehalten hat-ten, die hielten jetzt auch diesen Mann fest, und er schrie fürch-terlich, man brächte ihn um. Und das war also ganz schlimm. Er muß fürchterliche Schmerzen gehabt haben. Dieser neue Mann hielt sein Gesicht fest, und während der Bauer schreit, blickt er ihn an und plötzlich ist er ganz ruhig. Er schaut ihn unverwandt an, und diese beiden scheinen miteinander zu reden, aber wir können das nicht hören, obgleich wir also doch ziemlich dicht dabeistehen. Ich habe zwischen den Beinen meines Vaters ge-hockt und versuche, möglichst alles mitzukriegen. Und während wir noch in das Gesicht des Mannes sehen und auch in das des Bauern, der da eben so fürchterlich geschrien hat, haben wir völ-lig vergessen, auf das Bein zu achten. Es wird mir zu langweilig, immer nur in diese beiden Gesichter zu starren, und ich schaue auf den Oberschenkel von dem Bauern und sehe, wie sich dieses Loch ganz langsam, aber immer mehr zusammenzieht, und in der Aufregung muß ich meinen Vater wohl gekniffen haben, je-denfalls haut er mir einen Schlag in den Nacken, daß ich gleich auf dem sandigen Boden lande. Ich bin so überrascht und so auf-geregt über das, was sich an dem Bein tut, daß ich laut schreie:

»Das Bein, das Bein!«

Und jetzt scheinen alle es wohl zu sehen, nämlich, es ist ganz

ganz leise geworden auf dem Platz in der Runde. Es ist plötzlich totenstill geworden. Sie haben mich wohl alle schreien hören. Und sie sehen, wie sich diese riesige blutende Wunde immer mehr schließt. Es dauert eine ganze Zeit, aber sie schließt sich. Sie wächst zu. Sie wird immer kleiner, immer flacher und schließlich schiebt sich von den Rändern her die Haut über das rohe Fleisch. Und übrig bleibt ein heller Kreis, der von einem roten Kranz umgeben ist, auf dem das Blut getrocknet ist. Der Mann schaut jetzt auch auf das Bein, und der Bauer scheint aus einem Schlaf aufzuwachen. Er hebt mühsam seinen Kopf. Irgendwie habe ich das Gefühl, daß er noch das rote Bein sieht, das von dem Blut, das aus der Wunde quoll, nachdem sie ausgekratzt war, blutrot war. Plötzlich sieht er in der Mitte dieses roten Schenkels diese hellrosa Stelle seines heilen Fleisches. Er wollte wohl gerade noch einmal schreien, aber vielleicht ist es auch Erstaunen, sein Mund bleibt regelrecht offen stehen. Seine Augen scheinen starr zu werden, er reißt sich von den beiden Männern los, die ihn gehalten haben und die ihn, ohne daß sie es wollten, immer noch festhielten, ohne aber Kraft aufzuwenden, und er setzt sich hin, drückt fast vorsichtig tastend auf die Stelle, wo vorher die Riesenwunde war. Dann tut er etwas, was ich auch noch nie gesehen habe, er nimmt beide Hände des Mannes in seine und legt sein Gesicht in die geöffneten Handflächen des Fremden. Der verharrt so einen Moment, dann steht er auf und bedeutet dem Bauern, er möge auch aufstehen, um zu zeigen, daß er nun wieder richtig laufen kann. Der kann scheinbar gar nicht begreifen, daß also jetzt der Schmerz nicht mehr da ist. Vorsichtig setzt er sein Bein auf, das er vorher in einer angewinkelten Stellung hatte, um den Muskel zu entspannen, und streckt es jetzt und stellt tatsächlich fest, indem er einige Schritte auf- und abgeht, daß er auch keine Schmerzen mehr hat. Er stampft jetzt mit dem Bein auf, und er kann es kaum begreifen und fängt an zu tanzen, einige Minuten lang. Jetzt beginnt eigentlich das Kuriose, er fängt an, mit dem Fremden zu feilschen, wie schwer der Bock sein müsse, der jetzt geschlachtet werden solle. Schließlich, nach langem Palaver, während er die Hände ringt und die Haare rauft, und die Tränen fließen, wird endlich ein Ergebnis erzielt, das alle Dorfbewohner wohl befriedigt: Es wird ein Hammel geschlachtet, aber von meinem Vater. Wir machen am Brunnen zwischen den Bäumen für diese Nacht ein Fest.

Der Fremde kann bei uns schlafen. Er schläft in dem großen Raum, während der Lehrer oben in seinem Raum bleibt, und meine Eltern in dem anderen oberen Raum schlafen. Wir Kinder haben uns in die Nähe des Ofens gelegt. Das Feuer ist längst niedergebrannt. Ein bißchen Glut ist immer da. Die erhält meine Mutter sich, damit sie am anderen Morgen nicht so viel Mühe hat, ein neues Feuer zu schüren, wenn sie den Weizen kocht. Ich wage erst gar nicht, den Mann anzusprechen, der unser Gast ist. Er ist auch ganz ruhig für sich, aber plötzlich höre ich, wie er sich auf seinem Lager dreht und mich anruft. Und ich höre, wie er sagt: »Du heißt Hefer?«

Ich sage: »Ja.«

»Du lernst schreiben?«

»Ja, Herr.«

»Wie oft ist die Flut gekommen, seit du lernst?« fragt er.

»Zwei oder drei Mal.«

»Du hast immer denselben Lehrer? Den ich vorhin gesehen habe?«

»Nein, Herr. Es ist mein Dritter«, sage ich.

»Du kannst schon viele Zeichen?«

»Ja, Herr.«

»Kannst du schon Totentexte schreiben?«

»Nein, Herr.«

»Alle anderen Zeichen kannst du?«

»Ja.«

»Was willst du werden?«

»Ich darf es wohl nicht sagen, ich darf es wohl nicht sagen.«

»Du willst Schreiber werden«, sagte er. »Du hast den Wunsch, Schreiber zu werden und eines Tages mehr zu sein als dein Vater.«

Es ist dunkel in unserem Raum, er sieht nicht, daß ich nicke, und doch sagte er:

»Ich habe recht gehabt. Du bist der Sohn eines Dorfschulzen. Warum willst du Schreiber werden?«

Es entsteht eine Pause, weil ich nicht antworten kann oder auch nicht antworten will. Ich schäme mich zuzugeben, daß mir mein Vater gesagt hat, daß ich in die Nähe des Pharao soll.

»Du kannst Schreiber werden. Du kannst es besser haben als dein Vater. Du kannst mächtig und reich werden. Du kannst über viele Menschen bestimmen. Du kannst, statt einen Binsenrock zu tragen, einen Rock aus leichter Wolle tragen. Du kannst einen Kragen bekommen. Komm mit mir«, sagt er.

»Ich weiß nicht, Herr, ich habe Angst«, sage ich.

»Wovor? Vor der Fremde?«

»Ich bin noch so jung. Nur mit meinen Lehrern bin ich aus dem Dorf hinausgegangen, damit wir die Dinge kennenlernen.«

»Dann weißt du, wie man wandert«, sagte er.

Danach wurde es ruhig, und plötzlich hörte ich in meinem Kopf: »Du wirst Schreiber, wenn du nach Norden gehst. Du bleibst auf der Uferseite, du gehst nach Norden. Und wenn man dich fragt, wo du hingehst, dann gehst du nach Norden und fragst, wohin es geht, um Schreiber zu werden. Du willst Schreiber werden, du gehst nach Norden, du gehst zu den Treppen des Re, und an der Nordseite findest du einen Eingang. Dort fragst du nach Chufru. Chufru! Und sage ihm, daß der Vater dich schickt. Denke daran, der Vater schickt dich. Du willst Schreiber werden. Du mußt nach Norden.«

Die Stimme in meinem Kopf war wieder weg, und ich hörte, wie der Mann fragte:

»Nicht wahr, du heißt Hefer?«

Ich kann mich gar nicht so schnell von dieser inneren Stimme trennen, da höre ich ihn:

»Du heißt Hefer?«

Ich sage: »Ja, ja.«

»Was ist mit dir«, fragt er.

»Ich weiß es nicht, ich weiß es nicht. Mir ist so komisch. Ich glaube, ich bin müde.«

»Du bist nicht müde«, sagte er.

»Ich habe eine Stimme gehört.«

»Du kannst Stimmen hören? Was hat dir diese Stimme gesagt?«

»Mein Vater hat mir gesagt, ich soll nicht sagen, ich will Schreiber werden.«

»Du wirst Schreiber«, sagte er. »Du kannst Schreiber werden, wenn du das willst.«

»Die Stimme sagte, ich muß nach Norden.«

»Dazu mußt du nach Norden«, sagte er. »Das ist richtig.«

»Und wie soll ich das machen?«

»Frag deinen Vater, frag deinen Lehrer. Du kannst laufen, du bist jung.«

»Darf ich euch etwas fragen?«

»Aber ja, mein Sohn«, sagte er.

»Wie konntet ihr die beiden Kranken heilen?«

»Ich wollte, daß sie gesund werden. Und wenn ich etwas will, dann erreiche ich das.«

»Könnt ihr machen, daß ich Schreiber werde?«

»Ich kann machen, daß du Schreiber wirst. Ich kann es machen. Und du wirst es machen, wenn du es willst.«

»Nur, lerne ich auch, wenn ich Schreiber bin, wie man will, daß man Wunden heilen kann?«

»Das lernst du nicht als Schreiber, das lernst du nicht.«

»Wo hast du es gelernt?«

»Ich wollte einst Schreiber werden und bin in eine Schule gekommen, in der uns mehr gelehrt wurde, als die Finger zu gebrauchen. Ich kann heute meine Zeichen überall anbringen, wenn ich es will. Aber meine Hände brauche ich nicht zu bewegen.«

»Du kannst ohne Hände die Schrift zeichnen?« frage ich.

»Ich kann es ohne Hände, ich habe gelernt zu erreichen, was ich will.«

»Was muß ich tun, um das zu erreichen?«

»Du mußt es wollen, du mußt nach Norden gehen, immer nach Norden. Du wirst lange unterwegs sein, aber du erreichst dein Ziel, wenn du willst, daß du es willst. Dann kommst du an. Du bist müde, wenn du ankommst, aber du kommst an.«

Dann war wieder eine Pause, und es schien, daß sich in meinem jungen Kopf Bilder zeigten von einem Weg, der durch Dörfer führte, aber ich ging nicht durch diese Dörfer, ich schlich mich um sie herum. Und nachts ging ich auf die Felder und holte mir die Zwiebeln und manchmal stahl ich den Bauern das Brot, das sie unter Bäume gelegt hatten, während sie an den Schöpfeimern arbeiteten. Manchmal kam es auch vor, daß ich Frauen zwang, mir ihre Milch zu geben, weil ich nicht wußte, woher ich etwas bekommen könnte. Ich war kräftig geworden; so schien es mir ein leichtes, mir diese Nahrungsquelle zu erhalten. Diese Bilder hatte ich noch nie gehabt. Diese Gedanken hatte ich auch noch nie. Ich habe noch nie jemandem etwas weggenommen. Ich habe noch nie einer Frau die Milch gestohlen. Ich bin immer durch die Dörfer hindurchgegangen, ich habe noch nie nachts draußen geschlafen, denn die Feuchtigkeit auf den Feldern ist zu groß. Und die Wüste ist zu gefährlich. Ich habe immer nur in Hütten geschlafen.

Plötzlich waren die Bilder wieder weg, und er fragte mich: »Wirst du nach Norden gehen?«

»Ich muß meinen Vater fragen und meinen Lehrer. Ich bin noch jung. Ich weiß es nicht.«

Und es war wieder einen Moment Pause, und dann dröhnte in meinem Kopf die Frage:

»Warst du mit Mädchen zusammen?«

Die Frage kam sehr überraschend, aber dann war wieder Ruhe in meinem Kopf. Und ich war wieder verwirrt, war doppelt verwirrt, denn einmal habe ich es noch nicht erlebt, daß dauernd Fragen in meinem Kopf entspringen. Es wurde in der letzten Zeit nur noch unter uns Jungen besprochen, was wir mit Mädchen machten. Plötzlich war die Stimme in mir, und in mir dachte es:

»Denk die Antwort.«

Diese Aufforderung, die in mein Gehirn hineinplatzte, ließ sofort Bilder in mir hervorkommen, die ich zwar kannte, die aber nie vorher so deutlich waren. Wenn ich vorher über diese Bilder nachdachte, dann wollte ich sie haben, weil sie mich erregten. Aber diesmal war es gar nicht mein Wunsch, daß diese Bilder kamen. Ich wollte sie gar nicht, weil mir heute nacht nach dieser langen Feier, die für diesen Medizinmann veranstaltet worden war, gar nicht mehr danach zu Mute war. Außerdem kamen plötzlich Bilder, die ich glaubte, längst vergessen zu haben, denn für mich gab es, was Frauen anbetraf, nur eine, die ich gern hatte.

Es tauchten zuerst die Bilder von den Bauern und von den Frauen auf, die auf den Feldern unter den Bäumen den Geschlechtsakt betreiben, indem sich die Frau bückt und der Mann hinter ihr steht. Aber das war nichts Seltenes, diese Bilder kannten wir Kinder. Diese Handlungen wurden auch ohne Scheu in unserer Gegenwart ausgeübt. Wir lernten es als Selbstverständlichkeit kennen. Oder aber die Begattungszeremonien von meinen Eltern oder die anderer Frauen oder Bauern in den Hütten, die sich von denen auf den Feldern dadurch unterschieden, daß der Mann zwischen den Beinen der Frau hockte, oder aber die Frau auf dem Lager mit dem Rücken lag und der Mann vor ihr stand. Diese Bilder fingen an, in mir aufzusteigen. Ich war Zuschauer, ohne eigentlich zuzuschauen.

Manchmal passierte es, wenn wir während der größten Hitze im Schatten der Bäume saßen, aßen oder dösten, daß die Männer aus Langeweile den Frauen diesen Spaß bereiteten. Es war nichts Aufregendes, und meistens war es auch nur Sache der Beteiligten. Dann kam die Zeit, wo wir Jungen uns mit Mädchen balgten, aber es war nicht, um die Älteren nachzuahmen, sondern eigentlich nur, weil es uns Jungen Spaß machte, mit den Mädchen zu balgen, auch weil die es nicht wollten. Dabei machte es natürlich den größten Spaß, an die wachsenden Brüste zu fassen, und die Mädchen schienen sich zu schämen, daß man sie dort anfaßte, denn sie sahen wohl, daß ihre unfertigen Gebilde nichts im Vergleich mit denen älterer Frauen waren. Oder aber sie wußten sehr gut, daß ihre nackte Scham für unsere Begriffe etwas anderes war, als die behaarte älterer Frauen. Und aus diesem Grunde waren diese beiden Bereiche die von uns Jungen angesteuerten Ziele, ohne daß wir damit aber etwas anderes verbanden als eine Möglichkeit, die Mädchen zu ärgern.

Dann kam eine Zeit, wo meine jüngere Schwester genau die gleichen Merkmale zeigte wie die Mädchen, die ihren Müttern auf dem Felde helfen mußten. Aber da meine Schwester nicht auf die Felder mußte, hatte sie eine zartere Haut, und sie duftete angenehmer als die Mädchen draußen, und so war es fast selbstverständlich, daß ich mich lieber mit meiner Schwester balgte. Dabei geschah es dann des öfteren, daß sich mein Glied versteifte.

Meine Schwester schien das wohl zu bemerken, und sie schien sogar ein wenig stolz darauf zu sein. So passierte es immer häufiger, erst scheinbar ungewollt, dann immer absichtlicher, daß sie sich dieses Körperteiles bemächtigte und damit spielte. Dann kam eine Zeit, wo wir Jungen jetzt gegenüber der früheren Zeit so taten, als schliefen wir in der Sonne, aber wir genau zuschauten, wie es die Erwachsenen trieben. Und wir versuchten möglichst in die Nähe von Erwachsenen zu kommen, bei denen wir vermuteten oder hofften, daß es zwischen ihnen geschehen würde. Wir wollten möglichst genau sehen, was passiert und wie es passiert. Während wir zusahen, wie sich die Männer erst mit den Fingern an dem Teil der Frau beschäftigten und dann die Frau umdrehten, um sie von hinten zu besteigen, merkten wir uns wohl, was dabei geschah, und in welcher Art die Männer es machten. Da ich mich in diesem Falle aber schämte, nein, mehr ängstigte, es nicht so zu können, wie die Männer es uns vormachten, suchte ich deshalb ein Mädchen, mit der ich probieren könnte, denn bei meiner Schwester sollte es wirklich gut gehen. Es war fast selbstverständlich, daß wir es mit einer Gruppe von Jungen immer mit demselben Mädchen probierten, die damit auch ganz zufrieden schien. Wir Jungen – manchmal losten wir, oder manchmal kam der stärkere zuerst, das war ganz unterschiedlich – auf jeden Fall und das war, glaube ich, das Entscheidende, suchten wir Stellen aus, von denen wir wußten, daß sie von Erwachsenen nicht besucht wurden. Wir taten es nicht in Gegenwart der Erwachsenen. Aber es blieb nicht bei einem Mädchen. Dieses Mädchen brachte ihre Schwestern mit oder auch Freundinnen, die zufällig zu dieser Zeit ihren Müttern nicht helfen mußten, so daß es manchmal ganz amüsant wurde; und wir Jungen probierten aus, wer es am schnellsten und am längsten und am besten konnte. Und manchmal war es auch so, daß der Verlierer etwas geben mußte. Er mußte von zu Hause etwas Wein zu trinken mitbringen oder aber einen Brotfladen, vielleicht sogar ein Stück trockenes Fleisch vom Haken reißen. Das war natürlich am gefährlichsten, denn wenn jemand entdeckte, daß man trockenes Fleisch klaute, dann gab es mit Sicherheit Prügel.

Nachdem ich sicher genug war, daß es klappen würde, versuchten es meine Schwester und ich. Da meine Schwester nur wenig jünger als ich war, ging es wirklich gut und wir sagten zärtlich Bruder und Schwester zueinander. Ich war ganz aufgeregt, wenn ich in die Nähe meiner Schwester kam, und sie mich auch – sobald es sich einrichten ließ – in Gegenwart meiner Mutter, ohne daß die es jedoch merken durfte, versuchte zu streicheln.

Ich dagegen kraulte ihr die Achseln in Gegenwart meiner Mutter unter dem Vorwand, ich müßte Flöhe suchen.

Diese Bilder tauchten auf, und es tauchte noch ein anderes Bild auf. Einmal hatte uns eine Mutter überrascht, wie wir ihre Tochter stemmten. Sie hatte ihre Tochter weggeschickt und hatte gemeint, es wäre doch nicht richtig, daß wir zu dritt mit ihrer Tochter das Spiel betrieben. Dazu wäre sie noch zu klein. Ob wir Mut genug hätten, es bei ihr auch zu machen? Wir waren erst zu feige, aber dann ergab sich doch, daß die Frau wohl sehr viel Erfahrung hatte, denn nachdem sie uns der Reihe nach angefaßt hatte und ihren Rock hochgehoben und ihre Beine breitgemacht hatte, war das, was wir da sahen, von dem ihrer Tochter doch sehr unterschiedlich. Es ergab sich denn, daß wir drei Jungen es auch mit dieser Frau machten.

Mit der Zeit aber blieb ich meiner Schwester treu, und es war selbstverständlich, daß wir zusammenbleiben würden. Wir durften als Geschwister zusammenbleiben, den Bauernkindern war es nicht erlaubt. Die mußten sich einen anderen Partner suchen. Wir als Dorfschulzenkinder aber durften zusammenbleiben. Mir als Mann wäre es außerdem erlaubt gewesen, da mein Vater genug Felder besaß, daß ich mir auch noch eine oder vielleicht sogar mehrere Frauen hätte nehmen können, wenn ich alt genug war. Aber im Augenblick kümmerte mich das nicht. Da wir Kinder im großen Raum schliefen, hatten wir Zeit und Ruhe genug, uns miteinander zu beschäftigen. Diese Bilder standen deutlich vor meinen Augen in der Dunkelheit, als sich tatsächlich neben mir meine Schwester rührte. Sie hatte sich früher hingelegt, da sie noch jünger war und ein Mädchen war. Ich durfte als Junge schon länger bei dem Fest bleiben. Sie schien gar nicht richtig aufzuwachen, sie schien sich wohl nur unter ihrem Fell zu drehen, aber trotzdem stieß sie an mich und murmelte meinen Namen, dann schlief sie aber weiter. Ich strich ihr über den Kopf, aber ich tat es eigentlich wie geistesabwesend. Die Lichter in meinem Kopf waren wie ausgeblasen. Denn wieder hatte sich diese Stimme in mir breitgemacht. Diese Stimme, die bohrend fragte: Du besitzt eine Schwester? und sie schien das drei-, viermal zu wiederholen. Diese Stimme, die in meinem Kopf dröhnte, als wenn man auf einen hohlen Kürbis klopfte. Ich wußte in meiner Verfassung nicht mehr, was ich machen sollte. Ich bekam Bilder, ich hörte den Mann dort drüben, der mit dem Rücken an der Wand lehnte, wirklich reden. Ich hörte zwischendurch Stimmen in meinem Kopf, es wurden Wünsche in mir wach, die sofort wieder weggenommen wurden, weil sich Angst in mein Herz drängte – es war als träumte ich einen fürchterlichen Traum.

»Ist das deine Schwester?« hörte ich ihn jetzt von drüben reden.

»Ja«, sagte ich. »Ja, sie ist meine Geliebte.«

»Wie heißt sie?« fragte er.

»Hefertari«, sagte ich.

»Ihr seid ein Paar oder möchtet eins werden. Wolltest du mir nicht eine Antwort geben?«

»Ich dir? Ich euch? Herr, ich weiß nicht. Ich habe euch geantwortet. Ich gab euch die Antwort, die niemand weiß.«

»Gehst du nach Norden?« fragte er.

»Ich frage meinen Vater, ich frage meinen Lehrer, ich werde auch meine Mutter fragen. Was aber soll ich Hefertari sagen?«

»Du kannst sie nicht mitnehmen. Wenn du gehst, mußt du allein gehen.«

»Sie ist meine Geliebte. Und mein Vater ist mein Vater.«

»Willst du Schreiber werden?«

»Ich will Schreiber werden, aber, muß ich das Dorf verlassen?«

»Willst du Wunden heilen können? Willst du die Haut von den Augen ziehen können?«

»Ich möchte es können. Muß ich das Dorf verlassen? Ihr seid hier, ihr könnt es mir sagen, ihr könnt es mich lehren!«

»Morgen, noch früher als Re über die Berge steigt, werde ich schon auf dem Wege nach Süden sein. Wirst du nach Norden gehen?«

»Ich weiß es nicht, ich weiß es nicht. Ich habe Angst.«

»Hefer«, sagte meine Schwester, »was ist?«

Sie richtet sich auf. Ich habe das Gefühl, sie richtet sich auf und greift nach mir. Sie fühlt an mir hinauf und stellt fest, daß ich auch an der Wand lehne.

»Hefer«, sagt sie, schmiegt sich an mich, »schlaf.«

»Ich kann nicht schlafen, ich kann nicht.«

»Nimm mich in die Arme.«

Ich lege meinen rechten Arm um ihre Schultern – sie ist so schön warm, so glatt. Ihre Haare duften, sie hat sie eingerieben.«

»Schlaf du, Hefertari«, sage ich. »Schlaf du, ich muß nachdenken.«

»Ich will auch denken«, sagt sie.

Der Mann gegenüber ist ganz ruhig. Ich höre ihn nicht atmen, man spürt ihn kaum.

Meine Schwester ist so müde, daß sie sich wieder zurücklegt. Ich decke sie wieder zu, damit ihre Arme nicht kalt werden. Sie nimmt ihre langen Haare und legte sie über die Kopfstütze und schläft gleich wieder ein. Es ist, als täte sie mir leid. Ich komme mir plötzlich erwachsen vor.

Es ist, als ich in der Dunkelheit zu ihr hinüberschaue und nur einen kleinen Umriß sehe, weil alles sehr sehr dunkel ist, als ob ich Abschied von der Gestalt nehme, von der ich nur das Atmen wahrnehme. Ich bin traurig, daß ich mich von diesem Körper trennen muß, der so weich ist, so zärtlich, so anschmiegsam und wo auch der Schweiß so herrlich duftet, wenn zwischen ihren kleinen Brüsten die Tropfen perlen und ich meine Stirn daran reibe und sich ihr Schweiß mit meinem vermischt und ich dabei ihr Herz fühle und die zarte Haut auf ihrem Bauch, und den sanften Druck ihrer Schenkel spüre. Es war alles so schön. Ich habe das Gefühl, als müßte ich ihr ein Geschenk geben für alles das, was ich von ihr erhalten habe. Es ist, als müßte ich sie unendlich lange liebkosen, und scheue mich es zu tun, damit sie nichts merkt. Und plötzlich höre ich die Stimme von meinem Gegenüber wieder. Nur weiß ich jetzt überhaupt nicht mehr, ob ich sie mit meinen Ohren höre, oder ob ich sie in mir höre. »Du gehst nach Norden! Du nimmst Abschied! Was du dort siehst mit vielen Augen, mit Augen, die du nicht kennst, ist mehr, ist viel mehr als der Körper deiner Geliebten.«

»Sie gehört mir«, sage ich. »Wir waren dicht beieinander. Ich muß meinen Vater fragen.«

»Und deine Mutter?« höre ich.

»Meine Mutter ist eine Frau, die meinem Vater gehört. Sie gehört mir nicht. Mit Hefertari wollte ich leben.«

»Dich erwartet mehr.«

Und in meinem Kopf zerplatzt irgend etwas, und es wird wieder hell, und ich bin auf dem Wege nach Norden.

An den Feldrändern schleiche ich mich im Schatten der Bäume voran. Obgleich ich meine Schwester nicht vergesse, fällt mir der körperliche Abschied dennoch nicht schwer, da ich auf der langen Wanderung mich auch gewaltsam der Mädchen oder Frauen zu bemächtigen verstehe, von denen ich glaube, daß sie weit genug von ihren Gruppen entfernt sind, als daß sie gehört werden könnten. Selbst vor Frauen, die ein Kind in ihrem Bauch tragen, schrecke ich nicht zurück. Mit der einen Hand versuche ich ihre Arme auf den Rücken zu ziehen, und mit der anderen Hand halte ich den Mund zu, während ich die andere Schulter gegen einen Baum drücke, damit sie mir nicht davonlaufen können. Und während ich sie mit dem Kopf nach unten schiebe, nehme ich sie. Dabei stelle ich fest, wie kräftig ich eigentlich bin, wie stark ich geworden bin und wie schwer es doch diesen Frauen fällt, die an körperliche Arbeit gewöhnt sind, sich zu wehren. Ich scheue mich auch nicht, immer häufiger Männern ihr Brot zu nehmen, auch wenn es manchmal mit Gewalt sein muß. Und es passiert jetzt auch häufiger, je weiter ich von meinem Dorf entfernt bin, einfach andere Dörfer aufzusuchen und um Nachtlager zu bitten. Wenn ich dann in der gleichen Situation, in der unser Gast ist, mit Kindern in einem Raum schlafen muß, scheue ich mich nicht, mich den älteren Mädchen erfolgreich zu nähern. Aber ich versuche es nicht mit Gewalt, sondern erreiche durch Gespräche das Ziel. Es gibt Tage, an denen ich tagsüber trotz der Gluthitze durch die Wüsten gehe, weil ich mir die Bauten ansehen will, die in die Wüsten gebaut wurden. Ich stelle mit Erstaunen fest, daß einige von ihnen in ihrem Lehm genauso zusammenbrechen wie unsere Dorfhütten. Eines Tages gelange ich zu einer riesigen Anlage. Dort versuche ich jemanden zu finden, weil ich glaube, ich bin im Norden. Ich muß hier fragen, wo ich Chufru finde. Und ich muß fragen, was es bedeutet, daß ich vom Vater komme.

Das Bild ist wieder weg, ich sitze wieder in dem Raum der elterlichen Hütte, sitze wie vorher mit dem Rücken an der Wand, neben mir atmet meine Schwester. Mein Gegenüber fragt mich: »Schläfst du noch?«

»Nein, ich sehe ganz eigenartige Bilder, die ich nie in meinem Leben gesehen habe.«

»Was siehst du?«

»Ich sehe spitze Häuser, in die wir nicht hineingehen können, Häuser, die ich noch nie in meinem Leben vorher gesehen habe.«

»Das sind die Häuser, in denen sie leben und schlafen und warten, daß sie eines Tages wieder da sein werden. Fährst du nach Norden?« fragte er.

»Ich muß meinen Vater fragen. Ich möchte Schreiber werden, mein Vater wird das bestimmen.«

Schon leuchtete es wieder vor meinen Augen auf, aber diesmal noch deutlicher und eindringlicher. Es ist nicht, daß ich Wüste sehe, Wege, Dörfer, Frauen, Männer oder dunkle Hütten, in denen ich mich mit Mädchen balge, vor mir steht eine Gestalt, die ich noch nie in meinem Leben gesehen habe. Ich stehe vor ihr und frage sie: »Wo ist Chufru?«

Und er fragt, so wie wir unsere Gäste fragen, wenn sie ins Dorf kommen: »Woher kommst du, Fremder?«

Und ich antworte: »Ich komme vom Vater. Er schickt mich.«

Und ich bin selbst erstaunt über meine Antwort, die ich gebe, aber ich gebe sie und ich weiß nicht, warum ich sie gebe. Er schaut mich an, schüttelt den Kopf und sagt:

»Du mußt weiter nach Norden.«

Ich gebe mich mit dieser Antwort zufrieden, aber er ist bereit, mir ein Nachtlager zu geben. Ich bleibe die Nacht in einer Hütte, in die man mich mit verbundenen Augen gebracht hat. Am anderen Morgen, kaum daß sich der Horizont erhellt hat, werde ich wieder mit verbundenen Augen hinausgeführt. Man hat mir zu essen mitgegeben und einen Schlauch und stellte mich genau an die Stelle, an der ich am Tage vorher den Mann mit dem Kragen gefragt habe. Ich gehe an der großen Anlage vorbei weiter nach Norden. Diese Anlage werde ich nicht vergessen. Sie sieht aus wie ein verschlungenes Band, sie sieht aus, als ob man Wände versetzt gemauert hätte. Hinter diesen Wänden ragt eine Spitze hervor. Ich gehe weiter nach Norden. Der Schatten vor mir wird noch dunkler, und dann ist alles wieder weg. Ich bin wirklich der Meinung, ich träume, und ich sage es ihm auch.

»Ich habe eben von einer riesigen Wand geträumt, einer Wand mit vielen Zacken und Ecken, und eine Tür war da. Und ich habe gefragt, wo ich Chufru finde.«

»Weißt du, was Chufru ist?«

»Und ich habe gesagt, ich komme vom Vater. Der hat den Kopf geschüttelt und hat gesagt, ich muß weiter nach Norden.«

Mein Gegenüber, der Fremde, den ich nicht sehen kann, der vom Hammel abgebissen hat und die Stücke weitergegeben hat, er lehnt dort an der Wand, so glaube ich, und er antwortet: »Willst du nach Norden gehen?«

»Und Hefertari?« sage ich, und beuge mich über meine Schwester. Von ihr steigt ein leichter Duft auf, und ich wedele einmal mit der Hand über ihr Gesicht, um vielleicht einige der Mücken zu verscheuchen.

»Hefertari bleibt hier«, sagt er.

»Kommst du aus dem Norden?« frage ich. »Sagt mir, Herr, was soll ich tun. Ich bin jung, ich bin noch jung, ich kann noch lernen, aber ich bin alt genug, um schon mit meiner Schwester zusammenzuleben. Ich möchte lernen und ich möchte hierbleiben. Ich habe Angst vor dem, was ich nicht kenne.«

»Wir alle haben Angst davor«, sagt er. »Auch ich habe Angst vor dem, was kommt und was ich nicht weiß. Ich habe Angst, daß etwas kommt und nichts ist. Ich habe Angst davor«, sagt er, »daß du nicht nach Norden gehst.«

Und wieder platzte in meinem Gehirn ein Bild, das sich aus einer riesigen Blase entwickelte. Es wird immer klarer, und ich sehe, wovon manche Menschen reden, wenn sie zu uns kommen und uns erzählen, was im Norden alles zu sehen ist. Die Männer kommen auf ihren Schiffen, um zu holen, was mein Vater in dem Magazinhaus sammelt und verwaltet. Sie laden es in ihre Boote und bringen es nach Norden. Sie erzählen von diesen Häusern, von den Spitzen, die bis in den Himmel reichen, von den Treppen des Pharao, der Rutschbahn der Seelen, und von den Spitzen, auf denen der Pharao von Gott empfangen wird und mit ihm eins wird. Ich sehe sie. Ich sehe sie so deutlich, wie ich sie bei dem ganzen Gerede der Männer nie gesehen habe. Die Männer haben nur von riesiggroßen Blöcken gesprochen, haben sie in den Sand gemalt und wir haben gedacht, es wären schräge Scheiben, die dort ständen. Sie sind groß und groß, sagte einer der Männer, aber wir dürfen nicht in die Anlagen. Da laufen nur Priester rum, sagt er. Wenn wir Dorfbewohner die Männer fragen, wofür die Anlagen sind und was das ist, dann kriegen wir immer nur die Antwort:

»Vom Fluß aus sehen sie aus wie Rampen, die zum Himmel zeigen. Lange, lange Rampen, die nicht aufhören, die überhaupt nie aufhören, die mit den Spitzen den Himmel tragen.«

Sie deuten mit der einen Hand nach oben, um uns zu zeigen, wie hoch sie sind. Sie sind größer als ein Mann und breiter als ein Mann, breiter als ein Mann zeigen kann. Ein Frachtschiffer wollte es einmal ganz genau zeigen. Er hat am Dorfbrunnen angefangen und ist dann weggegangen, und als er aus dem Dorf hinaus war, da schrie er irgend etwas. Als er wieder zurückkam, sagte er: »Wo ich da hinten stand, so weit reicht das Haus!«

Und da haben wir ihm einen Schluck Wein gegeben und haben gesagt, er spinnt. So was Großes gäbe es gar nicht. Er hätte bestimmt geträumt, und er sollte jetzt lieber sein Korn ins Schiff laden. Mein Vater war freundlich zu ihm und hat ihm auf die Schulter geklopft, und er hat gesagt:

»Nun geh, mein Junge.«

Zu dem Aufseher aber hat er gesagt, sie sollten das nächste Mal gesunde Männer mitbringen.

Diese Häuser sehe ich jetzt. Spitz ragen sie wirklich in den Himmel. Die eine etwas gedrückter, aber schön anzusehen. Die beiden anderen sind schlank und hoch. Dann sehe ich noch etwas. Noch weiter im Norden. Eine kleine Mauer, eine kleine Tür und ich sehe mich anklopfen. Ich höre mich sagen:

»Ich will zu Chufru.«

Auf die Frage: »Woher kommst du?« werde ich sagen:

»Der Vater schickt mich.«

Und wieder ist das Bild weg. Aus der gegenüberliegenden Ecke kommt die Frage:

»Nun, mein Sohn, hast du immer noch Angst, nach Norden zu gehen? Schreiber zu werden? Zu wissen, wie man die Haut vom Auge zieht, damit auch dieses Auge wieder sehen kann? Wissen, wie man die gelben Dämonen aus dem Fleische holt? Das Blut stillt, ohne daß man das Bein abbindet und ohne daß es schwarz wird, und ohne daß man Blätter darüberbindet? Nur dadurch, daß man den Kopf des Kranken hält?«

»Seid ihr ein Gott?« frage ich. Mein Herz fängt an zu rasen vor Angst, daß ich den Gedanken nicht früher gehabt habe, daß dieser Mann dort drüben mehr sei als ein Wanderer.

»Ein Gott? Ich bin kein Gott. Ich weiß nur mehr. Ich weiß etwas mehr. Aber ich weiß nicht soviel, nämlich: Gehst du nach Norden?«

»Gehst du mit mir?«

»Nein«, sagte er. »Du mußt allein nach Norden, ganz allein nach Norden. Du mußt wollen, daß du nach Norden willst. Du ganz allein mußt das wollen. Du mußt wissen, daß du nur im Norden Schreiber werden kannst, daß du nur im Norden nach Chufru fragen kannst. Ich habe dir gesagt, wenn du nach Norden gehst, kannst du mehr, als alle hier im Dorf wissen. Du wirst die Götter kennenlernen, du wirst lernen, wie man Wunden heilt.«

Hefertari war weit weggerückt. Die Bilder, die vielleicht noch schwach in mir waren und die von meiner Mutter erzählten, waren weg. Mein Vater schien die Hand auszustrecken zum Gruße. Der Lehrer schien wieder, so wie er gekommen war, das Binsenboot zu besteigen, um wieder wegzufahren. Vielleicht kam der nächste wieder mit dem Schiff, oder er kam mit einem Tier. Ich weiß es nicht. Das Dorf versank um mich; es schien, als ob ich in einen tiefen Schlaf fiele.

Als ich am anderen Morgen erwachte, war mein Gegenüber

weg. Er hatte sich von dem getrockneten Fleisch einen Streifen genommen, er hatte von dem kalten Brot genommen und er hatte aus dem einen Krug Milch getrunken. Der Fremde war weg. Meine Schwester war schon längst aufgestanden. Sie hatte sich schon gewaschen. Meine Mutter hatte schon das Feuer angezündet, mein Vater war schon draußen im Magazin, um Säcke in Empfang zu nehmen und die Krüge, und ich lag und war wie krank. Meine Mutter wußte nicht, was sie mit mir machen sollte, und ich konnte ihr nicht sagen, was ich hatte. Ich hatte keine Schmerzen, ich hatte keinen Hunger, ich war traurig. Unendlich traurig. Indem ich sagte – schon fast trotzig – ich bin völlig gesund, schon da schien es mir, als hätte ich Abschied genommen. Mein Lehrer, der an diesem Tage versuchte, mir neue Zeichen beizubringen, gab, bevor die Sonne im Zenit stand, verzweifelt auf, denn ich hatte bis dahin nicht einmal den Griffel berührt.

Ich ging zum Fluß hinab, versäumte das Essen, setzte mich an meine gewohnte Stelle in den Binsen, hörte, wie nebenan die Enten raschelten, lauschte dem Plätschern eines Krokodils, sah wie ein Fisch aus dem Wasser sprang. Ein Binsenboot zog vorbei, ein großes Holzboot zog vorbei. Das Holzboot wurde mühsam gegen Norden gerudert. Es lag tiefer im Wasser, und das Wasser war niedrig, die Strömung war schwach. Und die vier Ruderer auf dieser Seite hatten Mühe, in dem flachen Wasser die Fahrrinne zu finden für das schwer beladene Schiff. Und weit auf der gegenüberliegenden Seite sah ich einen Bauern, der zwei Rinder antrieb, um vor der großen Flut noch einen Acker zu bestellen.

Ich ging wieder ins Dorf hoch, ging in den Garten, legte mich in den Schuppen und versuchte, einen klaren Gedanken zu fassen. Es kreiste immer nur darum:

»Gehe ich? Frage ich? Gehe ich? Fragen?«

Ich wußte es von vornherein, mein Vater würde nein sagen. So gern er wünschte, daß ich Schreiber würde, aber nach Norden gehen, das kam nicht in Frage. Ich war der einzige Sohn. Es gab keine Frage. In dieser Nacht, kaum waren die Eltern weggegangen, schmiegte ich mich verzweifelt an Hefertari, und es war das erste Mal, daß ich weinte. Ich sagte ihr nicht, daß es Trauer wäre, sondern daß es das Glück sei, in ihren Armen zu liegen, und sie war so gerührt, daß sie auch anfing zu weinen. Meine kleinere Schwester schalt, wir sollten endlich ruhig sein, denn sie sei müde. Über unserem Schluchzen kam es dennoch dazu, daß wir zusammen waren – und es war irgendwie eine Erlösung. Ich hatte wieder etwas mehr Abstand.

Der andere Tag war noch fürchterlicher. Ich vermied den ganzen Tag, überhaupt nach Hause zu kommen. Am Abend bekam ich eine Tracht Prügel, die mich aber nur sinnlich aufstachelte. Ich nahm noch einmal Abschied von Hefertari.

Auch der dritte Tag ging auf die fürchterliche Art und Weise vorbei. Auch diese Prügel stachelten mich zu einem erneuten Abschiednehmen auf, obgleich ich eigentlich gar keine Lust mehr in mir hatte. Es war, als herrschte in mir ein Bewußtsein vor, tu es, tu es. Es ist das letzte Mal. Auf diese Weise gingen mehrere Tage hin. Bis es in einer Nacht so schlimm war, daß wir überhaupt nicht mehr zum Schlafen kamen. Mir tat alles weh. Die Hüften, der Rücken, ich hatte Kopfschmerzen, mir taten die Beine weh, und meine Schwester war überhaupt nicht mehr in der Lage, am folgenden Tag ihr Lager zu verlassen. In der Nacht schlief meine Schwester fest und tief und erschöpft neben mir ein. Während ich darauf achtete, daß ich das ruhige, gleichmäßige Atmen meiner Schwestern hörte, holte ich mir einen Umhang und verschwand; ich begab mich unter den Schutz der Sterne. Zwar suchte ich nach dem Stern, den ich gesehen hatte, aber ich lief los, bevor ich einen fand. Ich lief und lief. Da ich den Weg bald nicht mehr kannte, und es auch bald keinen Weg mehr gab und ich auf den Ackerrändern entlangstolperte, durch den Matsch kroch und der Lehm sich an meinen Beinen festsog und ich über die Gräben stolperte und ich in breiten Gräben versank, über die Hebebalken fiel und mir sogar an einer Schöpfleine die Zähne anschlug, daß mir die Lippe blutete und ich das süße Blut schmeckte, und ich eigentlich liegen bleiben wollte, weil ich nicht mehr konnte, und zu erschöpft war. Ich war müde, mir taten die Beine weh. Trotzdem rappelte ich mich wieder auf, kroch einen Teil der Strecke auf dem schmalen Damm, der die beiden unter Wasser gesetzten Felder voneinander trennte, entlang und schlug, weil ich nicht hochgeschaut hatte, mit der Stirn an einen

Baum, der direkt an der Ecke des Feldes stand. An ihm zog ich mich aber hoch und stolperte weiter auf dem schmalen Grat, den ich durch mein Stolpern fast zerstörte.

Als der Morgen anfing, silbern heraufzuleuchten, verkroch ich mich in einem Gebüsch, das zwischen zwei Bäumen stand, und legte mich zum Schlafen nieder. Als ich um die Mittagszeit von der Gluthitze, die in diesem Gebüsch herrschte, aufgeweckt wurde, stolperte ich noch ermattet weiter. Mir taten die Augen weh, es spannten sich die Lider. Ich hatte Hunger! Ich hatte Durst! Mir war übel! Ich war traurig! Es war fürchterlich! Ich dachte an Hefertari. Meine Mutter tauchte auf, mein Vater, der jetzt wahrscheinlich in dem Dorfe von Hütte zu Hütte lief! Meine Schwester, die zusammengesunken auf dem Lager, auf ihren Knien zusammengebrochen war und weinte und hemmungslos schluchzte! Meine jüngere Schwester, die gar nicht so richtig begriff, was eigentlich passiert war, und meine Mutter, die auf dem heißen Stein vergaß, die Fladen zu backen. Sie brütete vor sich hin, und der Teig war über ihren Händen zusammengeklappt.

Ich saß auf der Rippe der überfluteten Felder und hatte gar nicht gemerkt, daß meine Füße im Wasser hingen. Erst als die Kälte in mir emporstieg, die scheinbare Kälte, die aber nichts anderes war als die ungeheure Müdigkeit in meinen Gliedern und in meinem Kopf, erst als mich einige Bauern ansprachen und ich ihnen sagte, ich hätte mich verlaufen und ich hätte Hunger – erst als ich einen Becher voll Milch mit Heißhunger hinuntergeschluckt hatte und einen Fladen Brot hinterhergestopft hatte, gierig, ohne darauf zu achten, daß meine Hände voll verkrustet von Schlamm waren, erst da erwachte ich und dankte und erzählte, wie es dazu gekommen sei, daß ich mich verlaufen habe. Sie schickten mich auf den richtigen Weg nach Norden.

Es geschah, zwar nicht mit den gleichen Bildern, aber doch in fast ähnlicher Form, was ich in der Nacht schon in der elterlichen Hütte gesehen hatte.

Während ich von Tag zu Tag weiter nach Norden ging, wurde mein Mut von Tag zu Tag größer. Der Abschied fiel mir immer weniger schwer, die Trauer verblaßte in meinem Gehirn, und es beschlich mich ein Gefühl der Freiheit. Diese Freiheit kostete ich mit einem Mut der Verzweiflung aus. Ich scheute mich nicht mehr, alles zu nehmen, was mir vorher verwehrt war. Daher passierte es nicht selten, daß ich Tage opferte, um eine Frau zu einem günstigen Zeitpunkt zu überraschen, und ich opferte wirklich Zeit und alle meine Überlegungen, um es irgendwie zu schaffen, und ich war frech genug, ihr in die Hütte zu folgen, wenn ich sah, daß der Mann nicht zu Hause war. Die Kinder störten mich dabei nicht. Es war eigentlich erstaunlich, wie frei und willig sie waren, wie oft ich ohne Gegenwehr zu meinem Ziel kam. Die Gleichförmigkeit oder auch die Schwere der Arbeit, vielleicht auch die Hitze, vielleicht auch der kranke Mann – alles das waren wohl Gründe, die manche Frauen zu selbstbegehrenden Objekten machten. Ich zog weiter nach Norden. Daß ich Schreiber werden würde, war mir plötzlich völlig gleichgültig. Ich hatte nur eins im Sinn, und das füllte mich den ganzen Tag aus; ich wollte nach Norden, ich wollte nach Norden! Und an zweiter Stelle kam: Ich habe Hunger, ich habe Hunger! An dritter Stelle: Ich brauche eine Frau.

Je mehr Erfolg ich hatte und je weniger Prügel ich von Tag zu Tag bezog, weil ich es immer geschickter anfaßte und selbstsicherer wurde und dadurch glaubhafter, mein Blick hatte sich wohl auch geändert, er war reifer und in seinem Lauern vielleicht auch offener, um so mehr Draufgängertum bewies ich und um so weniger Widerstände fand ich. Meine Geschicklichkeit hatte wirklich zugenommen, denn die Sonne mußte mehrere Male untergehen, bevor mich ein Bauer erwischte.

Und schließlich hatte ich es geschafft. Ich fragte nach Chufru und ich gab zur Antwort: »Vom Vater.« Ich übernachtete wieder in einer Hüte, von der ich nicht wußte, wo sie stand. Am nächsten Morgen wurde ich weitergeschickt. Mitten in der Wüste befand ich mich. Im Süden glänzte die helle Mauer, und ich war auf dem Weg nach Norden.

Unter meinen Füßen hatten sich Schwielen gebildet, in meinen Armen hatten die Muskeln zugenommen, und der Wille in meinem Kopf war unbändig geworden. Wenn ich jetzt durch Dörfer kam, dann setzte ich mich frech auf den Brunnen und fragte:

»Von wem bekomme ich zu essen?«

Und wenn man mich fragte, woher ich komme, dann log ich, daß der Nil vor Scham austrocknete und daß die Ziegen sich krümmten und sich weigerten, begattet zu werden. Ich zog weiter nach Norden, bis eines Mittags ein Stern über der Wüste aufging. Ein flammender Stern!

Und da wußte ich, ich war in der Richtung nach Norden! Von diesem Moment, wo mir der Strahl dieses Sternes ins Auge drang, kümmerte ich mich nur noch sehr wenig um Essen und gar nicht mehr um Frauen. Sie hätten mich nur aufgehalten. Ich wollte nach Norden. Ich wollte zu diesem glänzenden Stern. Er wuchs langsam. Nur zur Mittagszeit hatte ich das Gefühl, er leuchtete mir. Dieser Stern glänzte mir, obgleich mir die Sonne im Rücken stand. Nur dann leuchtete er mir. Tagsüber – hauptsächlich morgens – und zur Neige des Tages, war ich allein ohne Strahlen. Aber ich wartete fast wie gebannt – daß jetzt, jetzt gleich müßte er auftauchen der Stern – und dann plötzlich explodierte da hinten im Norden der weiße Glanz. Eines Mittags stand er vor mir! Dreifach.

Ich setzte mich hin und wartete, bis der Abend kam, weil ich mich von diesem Anblick nicht lösen konnte und weil ich Angst hatte, daran vorbeizugehen. Am Abend, als die große Stille kam und als die Schakale anfingen, in meinem Rücken zu heulen, da suchte ich Schutz und suchte unter dem matten freundlichen Glänzen der Sterne im Norden dieser spitzen Häuser die kleine Tür, an der ich nach Chufru fragen sollte. Aber in dieser Nacht fand ich sie nicht. Ich irrte umher, ich irrte verzweifelt umher und fand sie nicht. Ich kam an langen Mauern vorbei, an Straßen, die gepflastert waren, an riesigen Figuren, die nach Osten blickten, an riesigen Häusern mit Säulen, Treppen, Anlegeplätzen für Schiffe, an Häusern ohne Türen und Fenstern, aber ich fand nicht die Tür. Erst am anderen Morgen, nachdem ich gefragt hatte, wo ich in einer Mauer eine kleine Tür fände und wo ich auf die Frage, warum, wieso, weshalb nur antwortete:

»Ich soll die Tür suchen!«

Da endlich wies man mir die Tür, und ich sagte, ohne daß ich mich besinnen mußte:

46

»Wo ist Chufru?«

Als man mich fragte, woher ich käme, antwortete ich nicht, wie es sich gehörte, vom Süden, sondern vom Vater. Man ließ mich eintreten! Und ich kam in eine dunkle Hütte.

2. KAPITEL

Die ersten Tage in der Hütte

Ich habe einen Priester gefragt, woher sie ihr Wissen haben. Daraufhin sagte er mir, ich soll mich ausweisen, damit er sähe, ob ich berechtigt wäre, es zu erfahren. Ich nannte ihm den Namen des Totengottes. Das schien ihn nicht zu befriedigen. Dann nannte ich ihm die Göttin der Gerechtigkeit und Wahrheit.

Da sagte er: »Setz dich hin, mein Sohn. Was ich weiß, kann ich dir sagen. Wir haben unser Wissen erworben und behalten, von dem, was wir auf unserer Wanderung erlebten, von dem, was wir auf unserer Wanderung erfuhren und behielten. Wir sind immer nach Osten gewandert. Wir sind jeden Morgen in die Richtung gezogen, aus der uns die Sonne entgegenkam. Wir haben uns nach der Sonne gerichtet, wir haben nach der Sonne gelebt. Und wir haben hier, seitdem wir hier sind, jeden Tag unsere Zeichen gemacht. Wenn du in unseren Garten schaust, wirst du für jeden Stern ein Stöckchen finden. Auf diesen Stöckchen steht, wann er kommt und wann er geht. Und wir haben gelernt, daß alles, was um uns ist, lebt, daß alles, was geht, wiederkommt, daß das Blatt zwar seine Gestalt verändert, es aber Blatt bleibt. Wir haben eins, was es für andere nicht gibt, die Zeit. Wenn du noch mehr erfahren willst, mußt du Amenhotep fragen.«

Er gibt mir das Losungswort mit. Es heißt Re kehrt wieder. Er sitzt in einem dunklen Raum. Vor der Tür stehen einige Wächter. Er hockte auf einem fellbespannten Stuhl. Man kann ihn kaum erkennen, er ist sehr alt. Ich rede ihn mit Vater an.

Als Begrüßung frage ich ihn: »Wann ist die Zeit gekommen?«
»Wenn wir fertig sind.«
»Wird das bald sein?«
»Wenn ich weiß, daß nichts verloren geht.«

»Wann ist das erreicht?«

»Wenn wir alles jederzeit wiederholen können.«

»Woher weißt du das?«

»Ich kann es sehen, ich kann es hören. Ich schreibe nur ab.«

»Wer kann es noch?«

»Dem ich es sage.«

»Wem sagst du es?«

»Der übrigbleibt.«

»Wer bleibt übrig?«

»Der, der weiß, wann ich zu gehen habe.«

»Wer ist das?«

»Der, der durch mich lebt.«

»Das verstehe ich nicht!«

»Du bist noch nicht so weit. Wende dich an den, der dich zu mir geschickt hat.«

»Bist du der zukünftige Vater?«

»Wenn er es will. Wenn ich er bin, und er ist ich.«

»Wann ist das?«

»Wenn ich bescheiden genug bin abzutreten, damit er Platz hat.«

»Was heißt das?«

»Wenn sein Wissen durch mich nicht verloren geht!«

»Kannst du mir die Maße sagen?«

»Miß das Delta aus.«

»Wer kam darauf? Wo bauen wir?«

»Du stellst Fragen. Woher weißt du die Losungsworte?«

»Ich habe sie mir gedacht.«

»Dann geh und mach die Prüfungen. Dann wirst du erfahren, was wir wissen. Dann wirst du erfahren, weshalb wir nicht sterben.«

»Werdet ihr nie sterben?«

»Das hängt davon ab, was nach uns kommt. Das hängt davon ab, wer nach uns kommt. Je weniger sie wissen, um so mehr werden wir sterben. Je weniger wir ihnen sagen, um so schneller werden wir sterben. Geh hin und mache die Prüfungen. Sie führen dich vom Sonnenaufgang zum Sonnenuntergang und wieder zurück.«

»Was werde ich dort erfahren?«

»Was willst du wissen?«

»Über die Toten!«

»Dann geh in die Kammer und stell fest, daß du eine Hülle bist, die jeder ausfüllen kann. Du aber wirst dich ohne Trauer betrachten.«

»Was muß ich lernen?« habe ich gefragt.

»Als erstes die Schrift. Sie ist wie ein Siegel, das der Fuß im Lehm zurückläßt. Hinterlasse deine Spuren, so daß man dir folgen kann. Du mußt lernen, deine Spuren deutlich zu machen. Deine Zeichen sind wie die Sprossen der Leiter, auf denen man auf- und absteigen kann. Lerne sie, damit die Nachfolgenden nicht stolpern.«

»Was muß ich noch lernen?«

»Lerne, woher du deine Kraft beziehst, damit du weißt, warum du deinen Blick nach Osten richtest. Damit du dem dankst, der über dir herzieht.«

»Deine Kraft?«

»Die habe ich aus mir. Aus dem, was du ißt, und was er gemacht hat.«

»Was muß ich noch lernen?«

»Wie du diese Kraft erhalten kannst. Die Hülle ist notwendig, damit du an ihr deine Kraft ausprobieren kannst. Deine Hülle ist notwendig, damit du dir durch deine Kraft zeigen kannst, daß du sie nicht brauchst.«

»Was muß ich noch lernen?«

»Wie du dich beherrschen kannst, damit du es andern gegenüber zeigst. Damit du lernst, daß du keine Angst zu haben brauchst, weil du Zeit hast. Du mußt lernen, daß du Zeit hast. Kein Mensch hat sonst Zeit. Erst wenn du gelernt hast, daß Zeit unwichtig ist, kannst du mit Zeit umgehen!«

»Woher kommst du? Was hat dir der Vater gesagt? Ich bringe dich jetzt dahin. Du bist wie ein Kind, das über die Felder schaut und nichts sieht, weil es zu weit blickt. Du kannst dir überlegen, wie weit du willst, und wir überlegen, wie weit du gehen kannst. Wir sagen dir nichts, was du nicht richtig verstehst, und wir zeigen dir nichts, was du nicht siehst. Wir sprechen nichts, was du nicht richtig hörst. Wir tun das, was uns erhält. Hier übergebe ich dir einen neuen Unwissenden!«

Damit wendet er sich ab. Ich komme durch eine kleine Pforte, die hinter mir von einem Wächter geschlossen wird. Es nimmt mich ein Priester in Empfang, der mich mustert. Er ist hager, einen Kopf größer als ich. Ich muß zu ihm aufschauen. Er hat ein Fell um die Hüften geschlungen. Er nimmt mir meinen Anzug ab, deutet mit den Fingern auf ein Waschbecken und sagt: »Geh dich waschen! Du bist dreckig.«

»Ich bin gekommen, um bei euch zu lernen«, sage ich.

»Ich habe dich nicht gefragt, geh dich waschen!«

»Der Vater hat mir gesagt...«

Er winkt mit der Hand, es ergreifen mich zwei, zerren mich zu dem Bade, und währenddem höre ich noch: »Wärest du nicht von ihm, wärest du draußen.«

Ich werde in das Wasser gestoßen. Schließlich sehe ich ein, daß es gut ist, wenn ich bade. Es ist ziemlich lehmig das Wasser. Trotzdem ist es angenehm. Ich steige aus dem Wasser, man wirft mir ein Tuch zu, das ich um die Hüften binde. Der Priester heißt wohl Chu-chu. Ich werde von ihm in eine Unterkunft geführt, indem er einfach wortlos vor mir hergeht. Er geht in eine Hütte, so wie sie die Bauern haben. Ein Lehmkäfig, von der Sonne hell gebleicht. In diesem Lehmkäfig steht eine Liege, nichts weiter. Ich folge ihm in diese Hütte. Vor der niedrigen Tür hängt ein Tuch, ein dunkles Tuch, ein billiger, dunkelgetönter Sack.

»Hier bleib, bis wir dich holen.«

»Ich habe Hunger«, sage ich.

»Auch das muß gelernt sein.«

Er dreht sich um und geht. Ich weiß nicht, wie ich ihn anrufen soll. Ich möchte hinter ihm herlaufen. Ich mache den Vorhang auf und kriege einen Stoß vor die Brust. Ich versuche dasselbe noch einmal, um ihn zu erreichen, bevor er mir wegläuft. Ich muß doch wissen, was passiert. Es ist, als ob ein Gitter vor der Tür wäre. Ach, jetzt sehe ich es. Es stehen rechts und links von diesem Eingang zwei Wächter und halten eine Stange quer vor die Tür.Gegen die bin ich gelaufen. Der Priester ist fort. Ich bleibe in der Hütte. In diesen alten Hütten halten sich meistens

Skorpione auf, die Dämonen der Nacht. Ich nehme etwas von dem Binsenstroh, das auf dem Lager ist, und fege die Ecken dieser Hütte aus, damit ich in Ruhe auf meinem Lager sitzen kann. Erst, nachdem ich festgestellt habe, daß keine Skorpione in der Hütte sind, setze ich mich beruhigt hin. Ich ärgere mich über den Priester. Schließlich bin ich durch den Vater hierhergekommen. Ich möchte wissen, ob sie andere auch so behandeln. Außerdem habe ich Hunger. Hätten sie mir gleich sagen können, daß ich nichts bekomme, dann hätte ich vorher etwas gegessen. Ich frag ihn ganz harmlos, und er steckt mich in einen Käfig. Ob die Wächter draußen noch stehen? Ich hebe vorsichtig den Vorhang hoch. Es hat keinen Zweck. Ich hocke mich auf die Pritsche, so daß ich das Kinn auf die Knie legen kann, umschlinge meine Beine, um mich möglichst warm zu halten. Es wird kühl. Außerdem kann man auf diese Weise das Knurren des Magens unterdrücken. Ich versuche nachzudenken. Worüber soll ich nachdenken? Ich hätte doch meinen Eltern Bescheid geben sollen, daß ich jetzt hier bin. Sie werden sicher noch warten. Mein Vater wird sich Sorgen machen. Das läßt er sich bestimmt nicht träumen, daß ich in diesem Käfig sitze. Ich versuche noch einmal, über das nachzudenken, was mir der Vater gesagt hat. Wie alt war er wohl? Er schien uralt. Er hat auch in einer ähnlichen Hütte gesessen. Er hat noch nicht einmal ein Bett gehabt. Er hat ja nur auf diesem Sitz gehockt. Wo schläft er wohl? Das weiß ich nicht. Ich habe Hunger. Den Göttern Dank, daß ich gebadet habe. Ich krümme mich jetzt zusammen und versuche zu schlafen. Was heißt eigentlich: Wenn ich soweit bin, daß er in mir Platz hat? Wenn ich soweit bin? Was hat er gesagt? Daß er bereit ist, mich aufzunehmen? Ich soll an das Delta denken. An das Delta, an das Delta. Wo die Pyramide steht. Delta. Warum bauen sie Pyramiden? Das Volk tut, was der Pharao will, und der Pharao tut, was wir denken. Das Volk tut, was wir wollen. Eigenartig. Ich bin neugierig, ob noch andere in Hütten sind, die ich gesehen habe. Ich glaube, andere lassen sich das nicht gefallen. Ob die Wächter noch draußen sind? Es sind zwei andere.

»He!« Der reagiert überhaupt nicht!

»Ich will den Priester sprechen!«

Als ob sie gemeißelt wären. Die stehen wie Säulen. Ich hocke mich wieder auf die Pritsche, umschlinge meine Füße. Ich versuche jetzt, nur auf meinen Füßen zu hocken. Es ist mit nacktem Oberkörper zu kalt, wenn man sich an die Wand lehnt. Außerdem kratzt es. Sie hätten die Wände auch ein bißchen glatter mit Lehm verschmieren können.

Ich habe Hunger! Kalt wird mir jetzt auch. Ich habe aber auch gar nichts, womit ich diese Wächter bestechen könnte! Vielleicht ein Fladen oder eine trockene Dattel, irgend etwas, das wäre ganz gut. Ich stecke mir einen Strohhalm in den Mund, das bildet Speichel und löscht den Durst. Wenn die stur sind, dann bin ich es auch. Jetzt will ich nicht mehr reagieren. Ich denke noch einmal an den Vater, und stelle mir vor, wie er gesessen hat. Ich probiere den Sitz aus, es ist eigentlich ganz angenehm. Er hat auf seinen Fußsohlen gesessen, das ist gut! Warum sperren sie mich hier ein? Ich schließe die Augen, versuche irgendwelche Geräusche zu hören, es ist alles ruhig. Es ist alles totenstill, totenstill. Ich bin doch noch kein Toter! Solange ich noch denke, bin ich noch nicht tot. Man kann mich doch hier nicht einfach krepieren lassen! Morgen früh werden sie schon kommen.

Zwei Tage sind vorbei. Ich habe es eigentlich nur daran gemerkt, daß sich die Dunkelheit mit dem Dämmer abgewechselt hat, wenn die Hitze vom Dach her zunahm oder abnahm. Mein Magen knurrt nicht mehr. Durst habe ich auch nicht mehr. Ich habe auch keine Spucke mehr. Aber die Bilder, die ich denke, werden immer klarer. Wie lange ich jetzt unbeweglich sitze, weiß ich nicht. Ich bin nicht mehr wütend. Ich habe eigentlich keine Lust mehr, hinauszugehen, es gefällt mir in der Hütte. Es ist herrlich, ungestört zu sein. Ob die Wächter draußen stehen, interessiert mich nicht. Ich glaube, ich bin in der Haltung eingeschlafen und auch wieder aufgewacht. Ich sitze völlig entspannt. Es geht mir gut. Plötzlich wird der Vorhang weggezogen. Drei Männer kommen herein. Der Priester und zwei andere, vielleicht sind es die Wächter.

»Hör zu, Hefer«, sagt er zu mir. »Du hast die Prüfung hinter dir.« Ich mache ganz langsam die Augen auf und sage nichts.

»Du hast die Tage hinter dir«, sagt er. »Steh auf!«

Ich bewege mich nicht. Da nehmen mich die beiden, die mit hineingekommen sind. Rechts und links fassen sie unter meine Arme, heben mich hoch. Ich bin in meiner Sitzhaltung so verkrampft, daß die Beine angezogen bleiben. So tragen sie mich hinaus, gehen zu der Waschgrube und lassen mich hineinfallen. Meine Arme werden durch den Auftrieb des Wassers nach oben gedrückt, sinken dann aber wie der ganze Körper hinab. Ich nehme unter Wasser die gleiche Haltung ein wie in der Hütte. Ich bin unfähig, mich zu bewegen. Es fängt an zu dröhnen in meinem Kopf. Ich kann mich nicht bewegen. Als ob mein Kopf explodieren wollte! Ich mache den Mund auf, und ein Schwall Wasser dringt ein. Ich schlucke und huste. Dieses Husten reißt mich aus der Verkrampfung. Ich stoße mich mühsam vom Boden ab, schlage um mich, kriege den Rand des Wasserbeckens zu fassen, ziehe mich mit den Armen hoch, weil die Beine immer noch nicht richtig wollen. Den Rest helfen mir die beiden. Sie ziehen mich hinaus und lassen mich dort liegen. Ich huste noch immer. Auch in der liegenden Haltung sind meine Beine gekrümmt. Ich hab überhaupt keine Gewalt in ihnen. Die beiden fangen an, meine Beine zu massieren. Sie streichen die Oberschenkel, sie streichen mit den Handkanten die Innenseiten. Es tut weh, wenn sie über die Nerven und Sehnen fahren. Aber ich sage nichts. Ich finde es angenehm. Durch die Berührung werden die Beine warm. Sie streichen immer weiter nach unten. Dann nehmen sie Zwiebeln und reiben meine Knie ein und meine Waden. Es fängt an zu kribbeln. Ich merke, wie die Beine warm werden. Jetzt reiben sie, daß ich das Gefühl habe, die Beine sprühen vor Hitze. Es schmerzt jeder Griff, den sie machen. Dann stellen sie mich auf die Beine. Ich beuge mein Kreuz und schaue zu Chuchu hoch.

»Können wir gehen?«

Ich nicke. Die beiden Wärter lassen mich nicht aus den Augen, als ob sie mir nicht trauten. Ich versuche ein paar Schritte, versteife dann aber ganz schnell die Beine, damit ich nicht in den Knien einknicke. Ich wehre ab. Sie wollen mir helfen. Ich will nicht. Ich will es selber schaffen. Er führt mich zu dem Stall zurück. Vor dem Eingang steht eine Kanne Milch. Ein Tonkrug Milch. Ein Tonkrug voll Milch.

»Du mußt lernen, deinen Körper zu berücksichtigen«, sagt er. »Du hast Zeit.«

Ich weiß, was das bedeutet. Ich nehme den Krug, trinke ihn aus und gehe in die Hütte. Hinter mir fällt der Vorhang. Daß ich ganze Tage in einer Haltung sitzen bleibe, werde ich nicht noch einmal machen. Ich gehe erst einmal auf und ab, versuche ein paar Kniebeugen, beim nächsten Mal falle ich um. Ich brauche Stunden, bis mir meine Beine nicht mehr weh tun. Die Sonne muß schon wieder untergegangen sein. Es wird kühl. Diesmal strecke ich mich auf dem Lager aus, aber ich krümme meinen Oberkörper so weit wie möglich zusammen, ziehe auch die Oberschenkel so weit wie möglich an, um möglichst meinen eigenen Körper zu wärmen. Ich liege jetzt auf der Seite wie eine zusammengerollte Katze und stelle fest, daß man so am meisten Wärme speichert. Nach drei Stunden wechsele ich die Seite, hocke mich zwischendurch hin, aber immer so, daß die Oberschenkel am Körper liegen. Ich lerne, mir keine Gedanken über mich zu machen. Denn Antworten kann ich mir auf die Fragen, die ich mir stelle, nicht geben. Ich versuche auch gar nicht, mir Antworten zu geben. Ich versuche eigentlich nur noch, Fragen zu stellen. Immer nur Fragen. Aus einer Frage sprießen immer mehr Fragen. Die Fragen gehen auf wie Lotosblüten. In der Mitte bleibt nichts als das Wesentliche. Meine Fragen zielen wie die Blütenblätter ins Unendliche, aber die Antwort steht in der Mitte. Das wußte ich noch nicht. Zwischendurch kommt mir die Frage: Wozu, wofür ist das? Ich gebe mir die Antwort: Damit ich frage. Nicht der, der die Antworten weiß, weiß etwas, sondern der, der fragt.

3. KAPITEL

Mein Leben im Hof

In der Mitte der gesamten Anlage steht ein Tempel. Um diesen Tempel sind in U-Form die abgeschlossenen Höfe gelegen. Jeder Hof bedeutet eine Stufe für die Eleven. Ich bin in einer Hütte im ersten Hof. Jeder einzelne Hof ist wieder in U-Form angelegt, rechts und links stehen die Hütten. Links liegen die Einzelhütten, rechts die gemeinsamen und in der Mitte ist der Tagesraum. In der Mitte des noch freibleibenden Hofes liegt die Waschanlage. Alle Höfe sind von der Außenwelt durch Mauern abgeschirmt. Die Waschanlage, die für die Exerzitien im Tempel notwendig sind, liegen direkt hinter dem Tempel. Sie liegen in keinem Hof, sondern sie gehören zum Tempel. Dieser Tempel darf nur vom Priester betreten werden. Um die ganze Tempelanlage ist noch einmal eine Mauer gezogen.

Ich liege in meiner Hütte. Ich bin gerade aufgewacht. Ich habe wohl sehr lange geschlafen. Es ist hell draußen. Die Sonne scheint. Ich stehe jetzt vor meinem Bett und mache Freiübungen, um mich von der Verspannung zu lösen. Die Hütte ist nicht höher, als daß ich die Decke gerade mit den Fingerspitzen erreichen kann, wenn ich auf den Zehenspitzen stehe. Sie hat ein flaches, lehmgeputztes Dach. Irgendwie ist in mir Stille. Ich weiß von Wünschen, aber irgendwie habe ich keine. Ich fühle mich wohl. Ich bin am Überlegen, ob ich die Hütte verlasse, schaue, ob ich noch Wächter habe. Ich schiebe den Vorhang beiseite und stelle fest, daß meine Wächter verschwunden sind. Aber ich habe kein Bedürfnis hinauszugehen. Ich will aber anzeigen, daß ich wach bin. Ich klemme den Vorhang hoch, so daß man in den Eingang hineinsehen kann und setze mich in die Mitte der Hütte, um zu warten. Ich schließe die Augen und versuche mir auszumalen, was auf mich zukommt, ohne daß ich es mir wünsche, daß es kommt. Es ist der Gedanke über einen Gedanken. Ich versuche, diesen Gedanken zu denken, ohne daß er durch meinen Körper oder mich belastet ist.

Ich versuche zu folgern, ohne daß ich will, daß ich berücksichtigt werde. Ich versuche einfach die Frage zu beantworten: Was ist notwendig, damit das Notwendige geschehen kann? Chu-chu tritt ein, das heißt, er bleibt unter dem Eingang der Hütte stehen. Ohne daß ich die Augen geöffnet hätte, habe ich ihn bemerkt. Aber ich glaube nicht, daß ich ihn gehört habe. Ich habe ihn wahrgenommen. Ich spüre plötzlich, daß noch etwas da ist. Irgendwie war ich sogar ärgerlich, daß er da war, da ich glaubte, daß ich einen wichtigen Gedanken hätte. Er sagt aber nichts. Doch weiß ich, daß er da steht. Ich habe meine Augen geschlossen und warte ab. In mir taucht der Gedanke auf: Es ist Zeit oder die Zeit ist da. Ich zweifle an diesem Gedanken. Ich fühle, daß sie nicht da ist die Zeit. Ich mache die Augen auf, um nachzuprüfen, ob er meinen Gedanken ebenfalls gespürt hat. Ich sehe noch, wie er geht. Das einzige, was ich mache, ich stehe auf und lasse den Vorhang wieder hinabfallen und setze mich an die gleiche Stelle, an der ich gesessen habe. Und ich frage mich, was kommen muß, damit die Zeit da ist. Ich hatte doch vorher das Gefühl. Vor meinen geschlossenen Augen ziehen dunkle Kleckse vorüber. Es ist das Nichts, das sich durch das Nichts ausweist. Ist das Hunger? Nein, ich habe keinen Hunger. Ich bin irgendwie mit mir zufrieden. Ich bin sogar froh, daß man mich meine Entscheidung allein treffen läßt. Obgleich abgeschlossen, habe ich nicht das Gefühl von Gefängnis. Es ist, als wäre ein Wunsch in Erfüllung gegangen, obgleich ich das, was ich mir wünsche, nicht weiß. Mir kommt der Vater wieder in den Sinn. Das ist paradox. Obgleich ich die Augen geschlossen habe, und es völlig dunkel ist vor meinen Augen, ist dennoch das Bild von ihm da, ohne daß ich es aber sehen kann. Es ist, als wäre er in einem nicht faßbaren Gedanken vorhanden, in einem nicht sichtbaren Gedanken. Es ist, als ob dieser Gedanke an ihn nur Trauer in mir auslöste. Trauer darüber, daß er recht hat. Trauer darüber, daß er sieht, daß auf jedem Wege ein Verlust eintritt, obgleich man, um das Ganze zu erhalten, schon mehr von sich gibt. Sehen, daß von dem, was man will, nur ein Teil ankommt. Hat das etwas mit Zeit zu tun? Ein Wächter kommt herein. Ich habe meine Augen immer noch geschlossen. Er schiebt den Vorhang beiseite. Ich fühle es, weil es frisch wird. Er stellt etwas auf den Boden. Ich öffne die Augen.

»Ein Krug Milch«, sagt er, läßt den Vorhang fallen und verschwindet.

Ich nehme diesen Krug und trinke. Es ist warme Milch, warme Milch, auf der, so scheint es, noch die Blasen des Frischgemolkenen stehen. Sie ist würzig und schmeckt nach Blumen. Sie schmeckt nach dem Duft der Blumen. Und ich überlege, wo die Kühe wohl geweidet wurden. Auf welchen Weiden stehen hier Kräuter? Wenig später kommt wieder Chu-chu.

»Folg mir«, sagt er.

Ich stehe auf, folge ihm, trete in die Helligkeit. War es bei mir stickig in der Hütte, so hab ich jetzt das Gefühl von frischer, freier Wärme. Aber auch in dem Innenhof ist es drückend. Er geht mit mir zum Bad. Ohne ein Wort zu sagen, steige ich in das Wasser und stelle dabei fest, daß an der einen Seite neues Wasser zufließt, während an der gegenüberliegenden Seite anderes Wasser abfließt. Es führen einige Treppen in dieses Bad hinunter. Sie sind von ausgetretenen Kalksteinen. Es liegt wieder ein Tuch am Rande des Beckens, an dem ich mich abtrocknen kann. Dann folge ich ihm. Ich fühle mich leicht. Obgleich ich schlank war, als ich in diese Anlage kam, habe ich das Gefühl, daß mein Magen eingefallen ist. Ich weiß nicht, wie viele Tage ich in der Hütte zubrachte, ob es drei oder vier waren oder sogar fünf. Er geht zu der Gemeinschaftshütte. Wir treten durch die Tür. Es ist ein länglicher Bau. Die Rückwand ist weißgetüncht. Auf der einen Seite ist eine offene Feuerstelle, an der Essen bereitet wird. Auf der rechten Seite ein langer, etwas erhöhter Lehmblock. An beiden Längsseiten liegen Matten; auf diesen Matten sitzen einige. Ich nehme an, es sind die anderen, die in diesem Innenhof leben. Mir wird mein Platz angewiesen. Er ist am weitesten von der Feuerstelle entfernt. Ich bin der letzte, der wohl dazugekommen ist. Mein Nebenmann, der links neben mir sitzt, ist kleiner als ich. Er sieht fast so aus, als wäre er eine Mischung zwischen den Langgewachsenen und den Ureinwohnern. Er hat ein rundes, freundliches Gesicht. Ich bin der einzige, der in dieser Runde Haare hat. Niemand stört sich daran. Da wir so dicht zusammensitzen, daß wir uns fast berühren, hat man das Gefühl von Geborgenheit. Es ist erstaunlich, ich kenne niemanden in dieser Runde, und trotzdem habe ich das Gefühl, wir sind uns verwandt. Dieses Gefühl des Vertrauens, das Dazugehörens ist erstaunlich. Auf dem Tisch steht eine Art Salat von grünen Blättern. Man legt mir ein Stück Fladen auf den Platz. Ich nehme es in die Hand und lasse es sofort wieder fallen, weil es zu heiß ist. Mit Erstaunen sehe ich, daß sich andere an dieser Hitze nicht stören. Sie reißen sich von diesem Fladen Stücke ab, halten es mit der linken Hand, während sie mit der rechten Hand Früchte halten. Ich nehme es also wieder auf und möchte es am liebsten sofort wieder wegwerfen, aber ich stelle fest, daß sich meine drei Finger nur bis zu einem bestimmten Punkt erwärmen, dann hört es auch auf. Das ist nicht die Grenze, daß es weh tut, sondern es ist nur die Ahnung gewesen, daß es weh tun könnte. Ich kann es also genauso halten wie die anderen. Ich esse wenig, ich habe keinen großen Hunger. Zu trinken gibt es auch hier Ziegenmilch, aber nicht aus Steinkrügen, sondern aus Holzbechern, die zwar außen eine zylindrische Form haben, aber innen eine Kegelform zeigen. Plötzlich stehen alle auf. Sie sind wohl fertig mit dem Essen und gehen. Nur mein Gegenüber und mein linker Nebenmann bleiben sitzen. So bleibe ich auch sitzen. Sie fragen mich, wie ich heiße.

»Hefer! Wie heißt du?« frage ich mein Gegenüber.

»Ku-fu«, höre ich. »Und du?«

»Em-het!«

Sie sagen mir, sie seien sitzengeblieben, weil sie mich jetzt rasieren müßten. Ich stecke mir also noch schnell ein Stück von dem schwarz gebackenen Fladen in den Mund, trinke einen Schluck dazu, nehme eine Dattel und stecke auch sie noch in den Mund. Sie führen mich in die Hütte, die rechts neben diesem Tagesraum liegt. Dort ist das, was ich eben als Tisch hatte, in erhöhter Form als Bett. Sie legen mich hinauf, so daß mein Kopf nach hinten hinüberhängt, ziehen ebenfalls die Arme nach hinten und beginnen, mich zu rasieren mit einem sehr scharf geschliffenen

Stein. Damit sie mich nicht verletzen, haben sie mir die Haare eingeölt und die Kopfhaut auch. Während sie in den Nacken hineinrasieren, ziehen sie mir die Haare entgegengesetzt. Das gleiche machen sie mit meinen Achselhaaren und mit den Schamhaaren. Dann kratzen sie mir die Beine ab. Es ist, als würde ich sehr stark massiert. Es zieht, aber es ist kein Schmerz. Mein Barthaar, mein Barthaar, wird mir ausgezupft. Sie massieren mich mit Öl. Da mein Bart gewachsen ist, kann man jedes Haar sehr gut herausziehen. Sie machen es mit zwei Stäbchen, die sie aneinanderklemmen, ein bißchen drehen und dann hochziehen. Deshalb waren die anderen so glatt. Aber in dem Öl muß noch etwas sein. Jedesmal, wenn sie ein Haar ausgerupft haben, bestreichen sie die Stelle mit einer Lösung. Sie sind jetzt fertig. Ich kann aufstehen, binde mir meinen kleinen Schurz wieder um, der eigentlich nur aus einem kleinen viereckigen Tuch mit einem Lederriemen besteht. Wir gehen wieder in den Innenhof. Sie führen mich zu dem Bad, waschen mich mit einer Paste, damit sich das Öl löst, reiben dann aber die rasierten Stellen und meinen Körper ein und schicken mich in meine Hütte. Dies ist das Leben für die nächste Zeit. Plötzlich wird mir klar, daß sich in nächster Zeit nichts ändern wird an diesem Ablauf. Es ist also jene Art von geballter Introversion, Essen, das Gefühl haben, irgendwo geborgen zu sein, aber trotzdem nur auf sich selbst angewiesen zu sein.

Wie lange dieses Leben so geht, weiß ich nicht. Es endet jedenfalls damit, daß man statt zum Essen geholt, aus dem Innenhof hinausgeführt wird. Zwischen den Innenhöfen führen ganz schmale Gänge, die überdacht sind, entlang. Durch einen dieser Gänge führt man mich fort. Ich habe zwar das Gefühl, ich bin aufgeregt, aber ich habe keine Angst. Der Gang neigt sich, er geht in die Erde. Es riecht modrig. Ich höre von ferne Wasser, das Plätschern von Wasser. Ich rutsche manchmal mit meinen nackten Füßen auf dem Lehmboden aus. Plötzlich stehen wir vor einem unterirdischen Teich. Es ist ein kleiner Teich, in dessen Mitte eine Insel liegt, die eine Manneslänge im Durchmesser mißt. Auf dieser Insel steckt ein Stab. Ich erhalte den Auftrag, diesen Stab zu holen. Als ich an das Bassin herangehe, springe ich entsetzt drei, vier, fünf Schritte zurück, weil Krokodile auf mich zugeschossen kommen. Ich bin allein, wo die anderen geblieben sind, weiß ich nicht. Es herrscht Dämmerlicht.

Nachdem ich mich von meinem Schrecken erholt habe, über- lege ich, wie ich auf diese Insel kommen kann. Rechts an der Wand lehnen drei lange Stäbe. Unter der Decke entlang führt eine Leiter. Wenn ich mich hinüberhangeln würde, reichten meine Beine so weit hinunter, daß die Krokodile sie erreichen könnten. Das geht also nicht. Was bedeuten diese drei Stäbe da? Mir kommt der Gedanke, die drei Krokodile wieder aus dem Waser zu locken und ihnen diese Stäbe quer ins Maul zu schie- ben. Ich muß es versuchen. Aber mir ist bewußt, daß ich sie nicht verletzen darf, es sind sicher heilige Tiere, die hier unten leben. Ich muß also nur schneller sein. Ich nehme die Stäbe in die linke Hand. Sie sind etwa zwei Ellen lang. Langsam gehe ich wieder an den Teich heran. Schon kommt eins herausgeschossen und dicht daneben das zweite. Ich muß ein Krokodil ablenken. Ich laufe quer zu meiner vorher eingeschlagenen Richtung. Auf diese Weise kommen sich beide Krokodile ins Gehege. Sie sind nicht ausgewachsen, deshalb sind sie besonders flink. Ich schaffe es, daß ich einem Krokodil einen Stab zuwerfe, nach dem es gierig schnappt. Bei dem zweiten mache ich das gleiche. Während sie wütend mit ihren Schwänzen ins Wasser schlagen und auf diesen Stäben herumkauen, kommt nun noch das dritte. Bei dem mache ich es ebenso. Ich springe mit einem Satz auf die Insel, drei Meter sind es vielleicht, nehme den Stab, stecke ihn in die Mitte und stoße mich an ihm ab, wie bei einer Fähre, so daß ich auf der von den Krokodilen entgegengesetzten Seite wieder lande und tauche in dem Gang unter.

Ich bin ziemlich erschöpft. Meine drei Begleiter sind plötzlich wieder da. Sie nehmen mir den Stab ab, sie freuen sich. Sie berüh- ren alle drei nacheinander mit zwei Fingern meine Stirn. Wir ge- hen den gesamten Gang, den wir gekommen sind, zurück. Aber wir gehen nicht in den Innenhof durch die Tür, durch die wir die- sen Gang erreicht haben, sondern gehen weiter. Wir kommen auf einen zweiten Innenhof. Sie öffnen die Tür, lassen mich höflich vortreten und schließen hinter mir die Tür. Ich stehe allein in dem Innenhof. Es ist ein anderer. Ich mache in meiner Verlegen-

61

heit das, was mir schon fast zur Selbstverständlichkeit geworden ist. Bevor ich irgend etwas anderes tue, gehe ich baden. Ich gehe auf die Badestelle in der Mitte des Hofes zu, tauche unter, wasche mich.

Es ist dunkel geworden. Ein strahlender Himmel steht über dem Hof. Jetzt wird mir erst bewußt, was ich geleistet habe. Da sinke ich in die Knie, beuge mich, lege den Kopf auf die Handrücken und danke Re. Mir kommt noch ein Gott in den Sinn, aber ich weiß nicht, wer das ist; Sokar.

Ich glaube, ich weine vor Dankbarkeit. Mir wird klar, wie viele von denen, die hier die Prüfungen nicht bestehen, als Krüppel ins Leben zurückkehren. Oder wie viele, die bestraft werden müssen, diesen Weg gehen. Ich liege dort unter dem Himmel, der mich umfängt, in dem ich mich gedanklich eingehüllt fühle, mit dem ich mich, obgleich er so weit weg ist, trotzdem verbunden fühle, so sehr, daß ich gar nicht wieder aufstehen möchte.

Ich fühle plötzlich, wie meine Arme ergriffen werden, und ich hochgezogen werde. Ich sehe mein Gegenüber im Lichte der Nut. Er faßt meinen Kopf, daß meine Ohren zwischen seinen Fingern liegen und berührt meine Stirn mit seiner. Der andere macht es genauso. Dann führen sie mich über den Hof in eine Hütte, in denen drei Lager stehen. Eines davon wird mir angewiesen. Die anderen beiden gehören denen, die mich geholt haben. »Du gehörst jetzt zu uns«, höre ich den einen sagen. Ich setze mich auf die Kante. Es ist dunkel in dem Raum. Ich kann kaum etwas erkennen. Mir fällt ein, daß ich noch nie irgendwelchen Unterricht bekommen habe. Das habe ich aber nur gedacht. Der andere antwortet.

»Jede Minute deines Lebens in diesen von der Welt abgeschlossenen Räumen ist dein Unterricht, der dir die Welt verständlich macht.«

Ich denke darüber nach, ich habe auch nichts anderes zu tun. Es wird auch nichts mehr gesagt. Es ist, als wäre es ein Programm. Mir scheint, daß vor jeder neuen Erkenntnis der Anstoß steht. Das sind die von der Welt Abgeschlossenen. Es wäre das gleiche, als wenn er mir gesagt hätte: »Je weiter du von dir selbst wegkommst, um so näher kommst du dir.«

Ich erinnere mich eines Satzes, den mir Chu-chu gesagt hat: »Die Dinge, die scheinbar am weitesten auseinanderliegen, sind sich am nächsten. Von der Welt, in der ich lebe, erfahre ich nur etwas, wenn ich von ihr getrennt bin. Nur bei geschlossenen Augen kann man klar schauen. Wenn du hier fertig bist, wirst du die Welt, die du in dir gemacht hast, dort draußen in die Tat umzusetzen versuchen. Du hast Zeit. Du hast die Zeit, die du brauchst, um zu erkennen, daß dir die Zeit nichts bedeutet. Jetzt denkst du darüber nach, worüber du nachdenkst.«

Es ist, als ob man mich in ein Labyrinth gesteckt habe. Egal, welchen Gang ich langlaufe, er endet da, wo mit Sicherheit die blinde Tür ist. Egal, welchen Gang ich entlanglaufe, am Ende ist die Tür, bei der ich weiß, es gibt dahinter eine Welt, die mir hier verschlossen ist. Aber mir fehlen die Schlüssel, die Türen zu öffnen. Solange du an Türen kommst, solange bist du am Laufen. Erst wenn du hindurchgehen kannst, kannst du ruhig bleiben, kannst du sitzen bleiben. Ich verschränke die Hände unter dem Kopf, starre gegen die nicht sichtbare Decke. Ein Labyrinth steht mir vor Augen, in dem ich mir vorkomme wie ein Grabräuber. Jeder Gang verlockt mich, und bei keinem weiß ich, ob er der richtige ist. Ich werde mich in die Mitte setzen und einfach überlegen, bevor ich loslaufe. Wenn ich dem Sonnenaufgang entgegenlaufe, ist die Sonne am Mittag, wenn ich im Osten bin. Laufe ich zu der Sonne im Mittag, verliere ich mich, und sie geht im Westen unter. Wenn ich aber in der richtigen Weise nach Westen laufe, in der richtigen Weise, werde ich im Osten ankommen. Ich bin glücklich, daß ich hier bin und Zeit habe. Mitten in der Nacht wache ich auf. Ich schaue nach dem einen, ich schaue nach dem anderen. Nachdem sich meine Augen an die Dunkelheit gewöhnt haben, sehe ich, daß sie wie ich auf der Kante sitzen. Wir stehen plötzlich alle gemeinsam auf, setzen uns in die Mitte des Zimmers, halten uns bei den Händen, machen die Augen zu und versuchen zu denken. Keiner von uns hat ein Wort gesagt.

Wieder taucht das Bild von dem Labyrinth auf. Es nimmt Sternenform an. Plötzlich habe ich nicht mehr das Gefühl, in der Mitte des Sterns zu sitzen, sondern über dem Stern, und ich kann in jeden Gang hineinschauen. Plötzlich kann ich feststellen, daß jeder Strahl eine Tür hat. Solange ich mich also in der Welt bewege, werde ich nicht aus dieser Welt herauskommen. Der eine sagt: »Das ist es.«

Der andere sagt: »Um die Welt hinter sich zu lassen, muß man die Welt kennen.«

Worauf der andere wieder sagt: »In die Welt kommen bedeutet, in ein Gefängnis kommen.«

Plötzlich geht mir auch der Sinn auf. Es ist, als ob wir jedesmal von irgend jemandem einen Satz bekämen, über den wir so lange nachdenken müssen, bis wir den Sinn gemeinsam begriffen haben. Bis wir den Sinn gemeinsam begriffen haben. Mir kommt in den Sinn: Nur in der Gemeinsamkeit ist Einsamkeit zu begreifen. Der Stern liegt unter mir, liegt unter uns wie eine in den Sand gekratzte Form. Solange wir die Ameisen sind und uns in den Strahlen bewegen, solange kommen wir nicht hinaus. Erst wenn wir bereit sind, uns von dem Bekannten zu trennen, sind wir in der Lage, das Bekannte zu sehen. Die Dämonie ist also die Angst vor dem, was wir in uns haben und nicht begriffen haben.

Wir drei hocken auf dem Fußboden. Ich habe das Gefühl, als ob wir zusammen denken, als ob mein Herzschlag sich mit denen der anderen verbindet, als ob der Puls uns in gleiche Schwingungen versetzt. Wir sind müde. Wir stehen auf. Legen uns hin. Und ich sage noch: »Ich hege große Hoffnung auf morgen.«

Der andere sagt zu mir: »Nichts erwarten! Nichts erhoffen, alles erwarten.«

Der andere sagt: »Sich leermachen, damit man voll wird.«

4. KAPITEL

Im Mumienkeller

Die Treppe, die hinunterführt, ist aus einem massiven Block geschlagen. In der Mitte liegt ein Gang, rechts und links stehen jeweils Säulen, die die Decke tragen. Man hat das Gefühl, als wäre
der Keller aus einem Stück Felsen herausgeschlagen. Die Sarkophage, in denen die Salze und Öle und Kräuter liegen, stehen hinter den Säulen. Man hat sie in dem Felsen stehengelassen, es sind
einfache Felswannen, Felsmulden. Zwischendurch hat man
kleine Tritte, damit man in sie hineingreifen kann. Zwischen den
jeweiligen Felswannen hängen an der Wand blakende und ru-
ßende und stinkende Funzeln. In der Mitte ist ein ziemlich großer Felsen als Stütze stehengelassen worden. Rechts und links
davon führen Gänge in einen dahinterliegenden Raum, in dem
die präparierten Leichen eingewickelt werden. Ich bin nun in
diesen matschigen Gewölben, die fürchterlich naß sind und stin-
ken.

»Du kannst nicht erwarten, daß du hier nur niedliche Tote
siehst«, sagt ein Priester. Er fährt fort: »Du gewöhnst dich an den
Anblick, du siehst ihn nachher nicht mehr, du riechst nicht mehr,
wie es hier stinkt, und denke daran, es sind unsere Götter, die
hier leben.«

Dabei holt man ihnen den Dreck aus dem Leibe.

»Du kannst dich auch ein bißchen mehr vorsehen!« schreie ich
einen Priester an, der einem Toten den Darm ausdrückt. Der Inhalt spritzt mir über die Füße! Ekelhaft! Dieses gelbe Fett ist wi-
derlich, wenn es herausgeschnitten wird. Sie können sich darüber amüsieren, daß es mir schlecht geht.

Auf der anderen Seite ist es interessant, denn sie wissen hier
unten mehr als manche andere dort oben. Sie wissen hier unten

auch, warum manche sterben mußten. Wenn das Gift den Darm schwarz gefärbt hat!

In der Mitte des Raumes steht der lange Tisch, der mit gebrannten Ziegeln gepflastert ist, und rechts und links stehen die Steinsarkophage, in denen die Leichen liegen. Sie liegen in Salzen oder in Ölen, manche liegen aber auch in Kräutern. Es stehen Kanopen herum. Es sind aber nur Tragekanopen, in denen vorbereitet wird. Nicht alle Eingeweide kommen in Kanopen. Manche Därme oder Organe sind so zerstört, daß sie beim Herausnehmen schon zerreißen.

Jeder der Priester hat sein Spezialgebiet. Der eine kümmert sich um die Gedärme, der eine macht den Magen, der eine extrahiert das Gehirn, der andere kümmert sich um die Genitalien, der eine versucht das Fettgewebe der Brust zu lösen. Es stehen manchmal so viele um den Tisch herum, daß ich gar keinen Platz finde zum Zuschauen. Manchmal ärgern sie mich, während sie einen Teil aus dem Körper herausnehmen. Wenn sie sich drehen, muß ich aufpassen, daß sie es mir nicht durch das Gesicht ziehen. Dann freuen sie sich, wenn es ihnen gelungen ist.

Das Herz ist am besten zu behandeln, während die Lunge und die Leber, wenn sie aus den Salzen herauskommen, so zusammengeschrumpft sind, als wären es dürre Blätter im Wind. Auch von den Gedärmen bleibt nicht viel. Es ist, als ob man ein bißchen Papyros zusammenrollt. Manchmal machen sie es auch so, daß sie einfach ein Stück Leder nehmen, glattgeschabte Ziegenhaut, die sie in die Kanopen stecken, und dafür die Gedärme einfach wegwerfen. Es ist erstaunlich, welche Auffassung hier unten besteht. Keiner von denen hier unten ist überzeugt, daß keine Leiche wiederkehrt, wie sie auf dem Tisch liegt.

Der eine sagt gerade: »Der kommt auch nicht wieder. Den haben wir so auseinandergenommen, den kriegen sie nicht wieder zusammen.«

Und wenn ich frage, warum sie es überhaupt versuchen, dann meinen sie, man kann ihnen ja den Gefallen tun. Und wenn ich frage, was mit ihnen passiert, wenn sie mal tot wären, dann antworten mir fast alle: »Wir werden im Wüstensand schlafen unter dem ewigen Westwind!«

Ich habe gefragt, warum ich hier unten bin. Man sagte mir, um zu lernen. Mehr habe ich noch nicht erfahren. In der Mitte des Raumes steht ein Podest. Es ist auch von dem Felsen stehengelassen. Es sieht aus wie ein ziemlich hoher Sockel mit einer flachen Mulde in der Mitte, in die die Leichen kommen, so wie sie angeliefert werden. An diesem Tisch werden die Leichen ausgenommen, gewaschen und vorbereitet für die jeweiligen Wannen. Ich habe hier überhaupt erst einmal erfahren, wie ein Mensch von innen aussieht. Man versucht, die Leiche so wenig wie möglich zu zerschneiden, obgleich kaum etwas von ihr übrigbleibt. Sie wissen sehr gut Bescheid. Selbst die Hauptarterien werden durchgespült. Nachdem man das Herz herausgenommen hat, stößt man in die Arterien und Venen bei den Handgelenken mit einer Spritze aus einer Fischblase. Man drückt etwas in die Adern hinein, damit das Blut hinausläuft und die Flüssigkeit, die in der Fischblase ist, strömt hinein. Das gleiche macht man mit den Beinen. Diese Arbeit scheint ziemlich schwer zu sein. Man macht das in zwei Abschnitten, einmal rechts und links vom Knie und einmal rechts und links vom Knöchel.

Danach löst man das ganze Unterhautfettgewebe. Man schält also den Fettbauch regelrecht weg. Bei der Frau wird das Fettgewebe der Brust herausgenommen, so daß nur die Haut als Beutel zurückbleibt. Man schneidet aber nicht die Brust auf, sondern geht vom Rippenfell aus.

Das Gehirn wird auf zwei verschiedene Arten herausgezogen, einmal durch den Hals und das Stirnhirn durch die Nase. Dann wird alles gut durchgespült, möglichst freigemacht vom Blut. Dieser Muldentisch hat ein Gefälle. Das Wasser läuft in einen Röhrenabfluß in den Boden.

Nur der Aufseher in dem Keller ist ein Priester. Alles andere sind Laien, die aber gut Bescheid wissen. Sie haben an den Füßen Binsenschuhe, damit sie nicht dauernd nasse Füße haben, und einen langen Rock, der aus Ziegenfell gemacht ist. Der Oberkörper ist mit einem Felljäckchen bekleidet, wobei sie das Fell auf der Haut tragen.

Man kann in diesen, in den in Fels gehauenen Schalen oder Felswannen, wenig sehen. Sie sind bis obenhin voll. Es ist feingemahlener Kalk, in dem die Körper liegen. Wichtig sind nicht diese Steinwannen, in die sie die Toten legen, sondern wichtig ist ein Sieb. In dieses Sieb wird die Leiche gelegt. Unter dem Sieb wird ein Feuer gemacht, so daß der Rauch um diese Leiche herumstreicht, und durch einen kräftigen Zug wird gleichzeitig der Körper ausgetrocknet. Das ist wichtiger als alles, meint er. Daß sie in dem Salz liegen, ist gar nicht so wichtig. Dieser Prozeß ist nur dafür da, daß das Gewebe später nicht zerfällt. Sonst hätte man geröstetes Fleisch. Wichtig ist, daß man die Adern mit Öl vollspritzt, damit die Haut bei den schnellen Trocknungsprozessen nicht reißt. Deshalb spritzt man auch unter die Haut Öl. Später wird heißes Wachs hineingespritzt. Erstens kann man es gut spritzen und zweitens nimmt es gut die Formen an. Wenn die Adern erst ölig gewesen sind, dann rutscht das Wachs gut durch, meint er. Auf diese Weise modelliert man auch die Gesichter. Die Hohlkörper werden mit getrockneten Fellen ausgestopft. Selbst die Geschlechtsteile werden mit dem Wachs behandelt, damit sie möglichst lebendig wirken. Dann werden sie dick eingestrichen mit flüssigen Harzen, die gekocht werden und in heißem Zustand aufgetragen werden.

Danach werden alle Glieder einzeln umwickelt. Das alles ist eine mühselige Geschichte. Jeder einzelne Finger wird umwickelt. Das sind Prozeduren, die sich über einen langen Zeitraum erstrecken. Ich habe gefragt, ob wirklich jeder für das begraben wird, was er einmal gewesen ist.

»Es kommt drauf an, wie eilig es ist«, sagt er. »Wenn wir jemanden haben, der schnell neu Pharao werden muß, und der ja die Mumie öffnen muß, damit er von ihm die Nachfolge als Bestätigung erhält, dann müssen wir ersatzweise einen anderen nehmen. Später tauschen wir sie wieder aus. Es ist doch egal, denn es schaut sowieso niemand hinein. Aber wir bemühen uns, wenn er beliebt war.«

Ich habe hier unten gefragt, wofür die Pyramiden sind, und da sagte man mir, sie wären Altäre für den Sonnengott. Die Spitze wäre nur dafür, daß der Pharao vom Sonnengott in Empfang genommen werden könnte. Das heißt, auf der Pyramide wird der Pharao geopfert. Er wäre der erste, der sie aufgehen sehe, und er wäre auch der letzte, der sie untergehen sehe. Und er wäre es, der über alle vier Seiten herrschte.

Sie sind sehr freundlich zu mir, behandeln mich auch wie jemanden, der zu Besuch kommt und den man höflich behandeln muß. Aber trotzdem habe ich das Gefühl eines Außenstehenden. Es ist auch erstaunlich, in die hinteren Gewölbe komme ich nicht. Ich stehe immer vor der mächtigen Steinsäule in der Mitte. Diese Steinsäule trennt dieses unterirdische Gewölbe in einen vorderen und einen hinteren Teil fast völlig ab. Nur ein kleiner Gang bleibt auf beiden Seiten.

Er sagt mir: »Während oben an den Pyramiden gebaut wurde, hat man hier unten die Felsen ausgehöhlt. Das ist ziemlich schnell gegangen.«

Ich habe meinen Führer gefragt, wie man das gemacht hat. »Mit Feuer«, meint er.

Wir stehen an dem Muldentisch, auf dem ein kleines Kind präpariert wird. Ich werde über die jeweiligen Organe aufgeklärt. Woran ist das Kind gestorben? Es ist ein kleiner Junge. Es ist mager. Die Rippen sind zu sehen, ganz dünne Beinchen, als ob es verhungert wäre. Die Speiseröhre ist kurz vor dem Magen zugewachsen gewesen. Es muß also gleich nach der Geburt gestorben sein. Die Mutter soll eine unwichtige Nebenfrau des Pharao gewesen sein. Meket-Erit hieß sie.

Ich sage: »Es hat kein eigenes Grabmal.«

»Braucht es auch nicht«, meint er, »braucht es auch nicht. Wir lagern es hier unten nach der Mumifizierung erst einmal. Wir beschriften es, und wenn das Grabmal fertig ist, wird es bestattet. Wenn sie aber keine eigenen Grabkammern bekommen, werden sie zu anderen gelegt, jedoch unter der Bedingung, daß sie zu unbedeutend waren, oder aber sie bleiben hier unten in den Vorratskammern liegen. Richtige Grabkammern bekommen nur die Großen. Die Schätze, die die Pharaonen oder die aus dem Pharaonenhaus mitbekommen, werden vorher aussortiert. Es gibt zwei wichtige Kasten, einmal die weltlichen Herrscher und auf der anderen Seite die geistlichen Herrscher. Da sie aber alle aus königlichem Geblüte sind, werden den weltlichen Herrschern genau die Angaben gemacht, was sie für ihre Grabkammern liefern müssen. Meistens sind es sehr wertvolle Gegenstände, die gefordert werden. Einige Dinge kommen in die Grabkammern, manche gehen aber in den Tempelschatz über. Manchmal ist es so, daß bei den Bestattungszeremonien zu viele wissen, was mitgegeben wurde. Dann bringt man sie erst hinein und bevor das Grab geschlossen wird, holt man sie wieder heraus. Es kommt immer auf den Oberpriester an, ob er in einem freundschaftlichen Verhältnis zum Herrschenden steht oder nicht.«

Es kommt mir vor, daß man die Oberwelt nur begreifen kann, wenn man in der Unterwelt war, als ob die Fäden, die zu sichtbaren Entschlüssen in der Oberwelt führen, in der Unterwelt geknüpft werden. Jemand, der hier unten war, darf nie Pharao werden, sonst durchschaut er das ganze Spiel.

Sie bringen schon wieder eine Frau. Sie sieht sehr gut aus. Sie starb während eines Abendessens. Ihre Nebenbuhlerin konnte nicht begreifen, daß der Pharao sie mochte. Es ist eine Stiefschwester der jetzigen Geburtsträgerin. Sie trägt ein ganz leichtes Musselingewand. Das Haar ist auf dem Kopf zusammengebündelt mit feinen goldenen Knoten. Sie hat Halsschmuck, und um die nackte Hüfte hat sie ein Goldband geschlungen, wie auch über dem Musselingewand. Ebenso trägt sie um die Fußknöchel und um die Oberarme dicht unter der Achsel so eng, daß man sie nicht abbekommt, Ketten. Sie werden aufgekniffen. Wir entkleiden sie vorsichtig, legen den Schmuck in das Gewand, bündeln es zusammen. Mit einem Stück Holzkohle muß ich eine Kartusche schreiben. Das beschriebene Stück Leder legen wir auf den Schmuck. Sie ist noch warm. Sie kann also noch gar nicht lange tot sein. Als wir ihr die Haare aufmachen, sie hat wirklich schöne lange, schwarze Haare, fällt eine Schlange aus dem Bündel Haaren. Es ist eine kleine Schlange, die aber von einem der Mumifizierungskünstler totgeschlagen wird. Als wir ihre Kopfhaut untersuchen, stellen wir fest, daß es diese Schlange gewesen sein muß, der sie den Tod zu verdanken hat. Es konnte niemand von außen sehen. Wahrscheinlich war es eine der Dienerinnen, die diese Schlange beim Frisieren hineingeschmuggelt hat. Als der eine Mumienpriester die Halsarterie öffnet, fließt dickes, blaues Blut heraus. Auch in der Leber finden wir es. Woran ist sie gestorben? Sie ist erstickt. Das ganze Blut ist verklebt, verdickt. Mit ihr haben wir nicht viel Arbeit. Sie ist schlank. Es braucht nicht viel Fett herausgeschnitten zu werden.

Während sich die eine Gruppe nur um die Arbeit kümmert, gibt es immer zwei Priester, die regelrecht untersuchen, ob die Leichen irgendwo ein Geschwür hatten. Sie schauen sich alles genau an. Die haben feine Messer, mit denen sie sogar die Lungen aufschneiden können. So können wir auch bei dieser Dame feststellen, daß die Lungenbläschen verstopft sind. Das muß durch das Gift gekommen sein. Das Blut ist in den Bläschen geblieben.

Eben kommt einer die Treppe herunter und erzählt, was passiert ist. Er hätte es von einem Diener aus dem Palast erfahren. Der Pharao sei sehr wütend auf seine Schwester gewesen, da sie ihre eigene Stiefschwester umgebracht hätte. Es muß also allen bekannt gewesen sein, daß sich diese beiden Damen nicht mochten. Oder es muß bekannt gewesen sein, daß der Pharao sie begehrt hatte. Amet-Karem war sehr hübsch. Sie war sehr beliebt, während die jetzige Schwester nicht beliebt ist. Aber der Geburtsträgerin wagt man nichts zu tun. Sie kann es sich erlauben, und man sagt nicht laut, daß sie sie umgebracht hat. Aber jeder weiß es. Wäre sie nicht an diesem Gift gestorben, sie wäre sehr alt geworden, denn sie war völlig gesund. Sie hat den Mund weit offen. Die Augen hat man ihr geschlossen. Ich schiebe ein Augenlid nach oben, sie blickt mich fürchterlich an.

Die Finger sind verkrallt. Selbst die Fußzehen haben sich nach innen gebogen, als ob sie große Schmerzen gehabt hätte. Die Verkrampfung ist auch der Grund, weshalb wir die Armspangen so schwer abziehen konnten, denn sie hatte die Muskeln angezogen. Sie ist hellbraun, hat eine ganz niedrige Nase, ziemlich breite Lippen, aber sie sind jetzt lang und schmal wegen des geöffneten Mundes. Die Frauen sind alle stark geschminkt. Wir müssen diese auch waschen. Wir reiben sie mit Öl ab. Oker und Henna lassen sich schlecht abwaschen. Gold- und Silberstaub auf den Lidern sitzt auch sehr fest. Sie muß sehr groß gewesen sein, aber schlank. Sie wird vorsichtig behandelt, denn man will aus ihr eine schöne Mumie machen. Man läßt ihr auch das Gehirn, man träufelt nur in die Nase Öl und Wachs.

Der eine sagt: »Es ist wichtig, daß sie möglichst frisch hierherkommen, möglichst, wenn sie noch warm sind, denn dann sind die Poren noch beweglich und man kann sie öffnen, indem sie mit heißem Harz ausgefüllt werden. Dadurch bleibt die Haut gut erhalten und geschmeidig.«

Wenn hübsche Frauen nach hier unten kommen und es ist gerade kein Aufseher in der Nähe, dann vergehen sich die Männer an der meist noch warmen Leiche.

Es ist bei strenger Strafe verboten, übertage an den Menschen zu operieren. Wenn Operationen durchgeführt werden, dann nur unterirdisch oder in Kammern, in die Re nicht hineinleuchten kann. Sonst entflieht die Seele aus der Wunde, und nur der Körper bleibt zurück. Wer also nicht darauf achtet, daß die Räume nur von Fackeln erleuchtet sind und daß kein Sonnenstrahl in den Raum hineinfällt, kann nicht damit rechnen, daß eine offene Wunde nicht zum Tode führt. Aber diese Menschen haben das Glück, schneller wiedergeboren zu werden.

Diese Anlage scheint die Totenstadt zu sein, in der nur die Menschen, die am Hofe leben, versorgt werden. Das heißt, der Reichtum der Tempel kommt aus den Zuwendungen des Hofes. Niemand sieht es, wenn sie aus diesen unterirdischen Kammern kommen, denn diese kennen nur wenige. Sie sehen sie nur in dem Tempel. Vor dem Tempel kommt die bandagierte Mumie in einen Holzsarkophag. Der wird an den Nahtstellen vergossen. Die Träger bringen den Sarg weg. Sie gehen die Prozessionsstraße empor. Die Mumie wird mit dem Kopf voran getragen, so daß sie nach Osten blickt. Da die Prozessionsstraße schräg emporführt, kann die Mumie die drei Gestalten sehen, die hinter ihr folgen. Diese drei Gestalten tragen Abbilder. Nicht von allen Mumien, aber von manchen Mumien werden Wachsabdrücke gemacht. Nach diesen Wachsabdrücken werden die drei Gestalten, diese drei Seelen, diese drei Abbilder gefertigt. Diese drei Abbilder sich wichtig, damit der volle Mensch begraben wird. Es sind nur die Priester, die auf dieser Prozessionsstraße entlanggehen und die Träger. Angehörige des Hofes betreten dieses Reich der Toten eigentlich nur als Mumie. Deshalb weiß auch niemand zu Lebzeiten, wie sein Grab aussieht, man kümmert sich zwar darum, daß es gebaut wird, aber man betritt es nicht. Das machen andere für ihn. Dieser riesige Komplex ist nur für die Priester und für Bauleute und Hilfspersonal.

Ich habe mich dort unten kennengelernt, wie ich von innen aussehe, wie meine Organe sind und wie mein Körper gebaut ist, und wie schnell man sterben kann. Es ist die Lehre festzustellen, wie wenig man sich eigentlich selbst trauen kann. Kein höherer Priester läßt einen anderen an sich heran. Was seinen Körper betrifft, macht er selber. Er schert sich selber, er pflegt sich selber, er wäscht sich selber, er bereitet sich selber seine Nahrung vor und er ist sein eigener Arzt. Und er steht in einer Versammlung in der äußersten Reihe, damit niemand hinter ihm steht. Alle Menschen aber glauben, die Priester stehen deshalb in der äußersten Reihe, weil sie durch ihren Kontakt mit den Göttern den festen Kreis um die Menschen schlössen. Auch Priester haben Angst vor dem Tode. Jeder, der hier unten war, weiß, wie schnell das geht. Jeder, der hier unten war, weiß, wie anfällig der Mensch ist. Jeder, der hier unten war, weiß, daß sein Geist nur so viel wert ist, wie sein Körper ertragen kann. Der Wille kann nur über den Nil springen, wenn es die Beine schaffen.

»Darum schau dir an, wie empfindlich du von innen bist, härte dich ab und pflege dich. Lebe mit jedem Gedanken daran, daß das, was gestern war, seine Wirkung morgen zeigt. Du lebst zwischen Osten und Westen, solange du lebst, und wenn du eine Treppe emporgehst, so sei bescheiden und geh als letzter, du fällst am wenigsten tief und du siehst, was auf dich zukommt. Wenn du eine Treppe hinabgehst, sei höflich und lasse alle vorausgehen. Wenn du fällst, bist du der letzte, der fällt.«

Diese Weisheiten gibt mir der Priester mit auf den Weg.

Während ich die Treppen hinabsteige, kann ich den Raum überblicken, kann in einige Steinwannen hineinschauen und feststellen, daß einige von ihnen mit Leichen belegt sind. Auf dem Muldentisch bemühen sich einige Priester um eine frische Leiche.

»Mir scheint«, meine ich, »daß der Raum für diese Arbeit zu dunkel ist.«

»Eure Augen müssen sich erst an die Dunkelheit gewöhnen«,

sagt man mir. Ich stelle wirklich fest, es ist zu dunkel, und so werden auf meinen Wunsch neben den Steintisch einige Fackeln gestellt. Kienspanträger, die nichts weiter sind als Anch-Zeichen. So kann ich besser sehen. Ich stelle fest, es ist ein alter Mann, der hier liegt.

Der eine Priester sagt: »Wir werden ihm viele Wachsfüllungen machen müssen. So hält er die Fahrt nie durch.«

Der andere sagt: »Dann können wir auch das kleine Boot nehmen, an dem ist nicht mehr viel dran.«

Ich stelle plötzlich fest, welcher Unterschied zwischen ihnen und mir besteht: Wir sind die Priester der Innerlichkeit, während das hier die Priester des äußeren Lebens sind. Sie sind Verwalter. Sie sind Wissende, während wir die Erkennenden sind. Sie wissen mehr davon, wie man was macht, sie wissen, mit welchen Techniken Mumien präpariert werden, damit sie erst nach 100 Jahren verfallen, oder daß man schon in 20 Jahren nichts anderes als Staub findet. Sie wissen, wie Wachsreste auf der Erde zurückbleiben. Sie sind sehr von ihren eigenen Gefühlen abhängig. Wenn sie hören, wer diese Toten sind, die vor ihnen liegen, reagieren sie entweder mit Tränen oder sogar mit Faustschlägen. Nach ihren Gefühlen richtet sich auch, wenn es niemand anders anordnet, wie lange sie ›leben‹. Hier unten wird bestimmt, wie lange der Himmel dauert. Es sind dieselben, die mir damals gezeigt haben, wie man mit dem Steinmesser die Schnitte anlegt, die mir gezeigt haben, wie man mit den Klammern arbeitet und wo man Zangen ansetzt und wo es besser wäre, die Finger zu nehmen.

Dieser Mann ist daran gestorben, daß er einen Tumor hatte. Man hatte zwar schon eine Trepanation durchgeführt, aber der Tumor saß gar nicht unter der trepanierten Stelle. Während aber durch den Tumor die Geschwulst immer weiter zunahm, wurde das Gehirn durch den Trepanationsschnitt so weit hinausgedrückt, bis die Schädelhaut geplatzt war. Er muß fürchterlich gelitten haben. Er scheint nicht besonders beliebt gewesen zu sein. Man macht auch hier nicht viel Aufhebens mit ihm. Während man sein Gehirn aus dem Kreisschnitt der Trepanation herauszieht, nimmt der andere die Nasenzange und durchstößt ihm den

Knochen. Beide kommen mit ihren Haken in Berührung und verhaken sich. Während sie zerren und sich ärgern und schimpfen, verhaken sie sich vor dem Chiasmus, und plötzlich sind beide Augen verschwunden.

»Na ja, macht auch nichts«, sagt der eine, »der hat sowieso nicht mehr sehen können.«

Dieser Vorfall hat aber zur Folge gehabt, daß sie versuchen, ihre Haken vorsichtig voneinander zu lösen. Während der andere in Schlangenwindungen seinen Haken aus der Nase zurückzieht, hatte sich bei dem einen der Muskelstrang um den Haken gewickelt, und er zieht auf diese Weise die Augen des Toten aus dem Schädel. »Wollen wir ihn erst räuchern oder erst in Salz legen?« fragt der eine. Sie können sich nicht entscheiden. Der eine macht einen dreckigen Witz über das kleine Genital.

»Dafür muß ich wieder alle meine Kunst aufwenden, um ihm Ansehen und Stattlichkeit zu verleihen«, sagt er.

»Und sein Hintern, der so faltig ist?«

»Wird vollgespritzt, der ist nachher richtig glatt«, sagt er.

Ich schaue mir auf dem Nebentisch die Gedärme an. Während vor meinen Augen der Magen umgestülpt wird, der nurmehr höchstens faustgroß ist, stellen wir fest, daß der Mann unter irrsinnigen Schmerzen gelitten haben muß. Er hat nämlich die Perlen, die ihm, in Essig aufgelöst, helfen sollten, nicht mehr auflösen lassen, sondern vor Gier heil geschluckt. Der Darm und der Magen sind voller Perlen. Bei einigen ist die Oberfläche angerauht, aber andere scheinen glatt zu sein. Er hat eine grüne Masse im Magen, die sich aus gestoßenen Blättern zusammensetzt.

»Was ist das?« frage ich den, der den Magen umgestülpt hat.

»Das ist ein Betäubungsmittel«, sagt er. »Aber es wird nicht geholfen haben. Sein Zustand war zu schlimm. Der Arzt hat wenigstens den richtigen Schnitt gemacht!«

Ich sage: »Was heißt, den richtigen Schnitt gemacht?«

Er sagt: »Ja, du weißt es ja nicht. Er ist ›zufällig‹ an den trepanierten Schädel gekommen, und sofort war er tot!«

»Meinst du, daß er geholfen hat?«

»Das weiß ich nicht«, sagt er. »Ich kann jedenfalls einen Schnitt von einem Riß unterscheiden.«

»Es wird nicht lange gedauert haben«, sage ich. »Außerdem wird er nicht viel gespürt haben!«

So wie der Magen von ihm ausgewaschen wird, macht er es auch mit dem Herzen, wäscht das Blutwasser heraus und die Blutkruste ab, streift den fast leeren Darm aus, achtet aber sorgfältig darauf, daß keine Perle verloren geht. Er sammelt alle Perlen sorgfältig auf und wäscht sie in einem Bottich ab und steckt sie in ein Lederbeutelchen und schreibt eine Kartusche mit dem Namen des Toten.

»Ihr arbeitet hier so viel mit Wasser«, sage ich. »Wo bleibt das?«

»Es läuft ab in den Nil«, sagt er. »Es läuft in einen eigenen Schacht und wird von dort aus in den Nil geschöpft oder auf die Felder.«

»Woher bekommt ihr das Wasser?«

»Durch eine unterirdische Leitung, die vom Nil hierher geleitet ist. Wenn wir Wasser brauchen, wird der Behälter nachgefüllt.«

»Aber das Wasser ist doch lehmig!«

»Wenn es aus dem Behälter kommt, nicht mehr. Im Behälter setzt sich der Dreck, weil das Wasser zur Ruhe kommt. Das mußt du dir merken«, sagt er, »das ist wie beim Menschen. Wenn Menschen zur Ruhe kommen und über sich nachdenken, dann setzten sich die Schlechtigkeiten!«

Ich habe nasse Füße. Ich glaube, ich habe genug gesehen. Ich gehe.

Während ich durch den kühlen Tempel nach draußen gehe, stelle ich mich genau auf die Grenze des Schattens. Die Sonne steht im Mittag, eine Hälfte meines Körpers steht im Mittag, die andere steht im Norden. Ich versuche, diesen Zustand für kurze Zeit auszukosten, indem ich gleichzeitig die Kühle und die Wärme fühle. Ich schaue nach Osten, schaue über das Wasser hin. Einige Fellachen arbeiten in den Feldern. Das sind die, die in der Zeit der Morgenkühle ihre Arbeit nicht geschafft haben, oder die das Wasser in dem Schatten der Palmen drehen. Einige Fischer lassen sich träge auf dem Nil hintreiben. Sie treiben so langsam, daß selbst ihr Netz noch vor ihnen herschwimmt.

Ich wende mich nach Norden, erklimme die Stufen, die direkt zum Westen führende Anhöhe und strebe unserer Unterkunft, die im Norden liegt, entgegen. Die Sonne scheint mir so heiß auf den Rücken, daß ich wünsche, ich hätte einen Umhang bei mir. Der aufgewehte Sand unter meinen Füßen – sobald er die bloße Haut berührt – ist heiß. Ich beeile mich, zu meiner Unterkunft zu gelangen. Ich klopfe an die Tür, man öffnet einen Spalt, schaut, wer es ist, und öffnet mir wortlos. Ich trete ein, gehe den Gang entlang, betrete unseren Hof, wasche mich sofort und wende mich dann zu unserer Unterkunft. Ich bin allein. Die anderen beiden sind nicht da. Ich werfe mir einen Übermantel über und gehe in den Gemeinschaftsraum, weil ich glaube, daß ich etwas zu essen bekomme. Einige sitzen dort. Ich habe das Glück, eine Gurke zu bekommen und ein Stück Brot. Von einem Salzstein kratze ich mir ein wenig Salz ab.

Während ich bedächtig esse, höre ich den Gesprächen zu. Ich höre, daß es Schwierigkeiten im Palast gibt. Sikamankare ist nicht beliebt, heißt es. Er vernachlässige das Volk. Er will keine öffentlichen Bauten mehr. Das Volk hungert. Er hat Schwierigkeiten im Süden. Die Grenzen sind nicht sicher. Das Vieh im Norden leidet an Krankheiten, es fällt plötzlich um und ist tot. Vorher hat es rote Augen bekommen. Im Tode stellt man fest, daß die Zunge vereitert ist. Es sind die gelben Fieberdämonen. Wir müssen einen Krieg gewinnen, um sie zu verscheuchen.

Völlig harmlos und ohne jede Überlegung werfe ich, fast noch kauend, die Frage dazwischen: »Wer weiß eigentlich, wie es Amen-Hotep geht?« Es war, als ob ich mich erkundige, wie es dem Pharaonennachfolger geht. Alles war sofort ruhig, es war fast totenstill im Raum. Weil ich keine Antwort bekomme, schaue ich auf. »Habe ich etwas Falsches gesagt? – Was ist?«

Schließlich bricht einer das Schweigen und fragt:
»Wer ist das?«
»Wer das ist? Wer das ist? Das ist der Vater!« sage ich.
»Wo ist er?« frage ich. »Wie geht's ihm?«
»Wie soll es ihm gehen? Warst du bei seiner Pyramide?« fragt er.
»Bei seiner Pyramide, was soll das?«

»Hast du ihn gesehen?« fragt mich einer.

Ich sage: »Mir fällt das gerade ein!«

»Wie kannst du nach Geistern fragen!«

»Nach Geistern? Ist er tot?« frage ich.

»War er je lebendig?« fragt man mich darauf.

»Ich hab doch mit ihm gesprochen«, sage ich.

»Wann?«

»Bevor ich hierherkam.«

»Amen-Hotep ist verschollen seit einem Sotis-Jahr«, klärt mich einer der Schüler auf.

»Nein, so lange ist es noch nicht her. Re hat sich zwar viele Male gewandelt, seit vielen Überschwemmungen«, sagt der andere.

»Na ja, das ist wahr!« sagt er.

»Als manche Sterne noch im Nordosten standen, die jetzt im Nordwesten stehen!« sagt der andere.

»Aber wieso habe ich ihn gesprochen?«

»Du hast geträumt«, sagt er. »Du hast das geträumt. Wem hast du davon je etwas gesagt?«

»Nie jemandem!«

»Du hast ihn gesehen?«

Ich sage: »Ja!«

Da geschieht das Unfaßbare, es scheint, als ob sie von mir wegrücken. Ich hab aber keinen Arg daraus und kaue an meinem Brot, trinke meine Milch und kratze bedächtig Salz vom Stein. Nachdem ich gegessen habe, nehme ich mir noch einige Früchte, trinke auch danach, weil sie sehr süß waren, noch eine Schale Milch und gehe dann, weil noch immer wieder kein Wort gefallen ist, in meine Hütte zurück und versuche darüber nachzudenken. Ich hocke mich auf meinen Sitz und gebe mir den Auftrag, zu erfahren, wo Amen-Hotep ist.

Mich zieht es immer hin und wieder in die unterirdischen Gemächer, in den Mumifizierungsraum, in dem die Palastangehörigen ihre letzte Vorbereitung finden. Nachdem ich in der Zwischenzeit häufiger im vorderen Raum gewesen bin, in dem ersten Raum, in dem man sich um den Körper bemüht hat, versucht man jetzt in dem zweiten Raum, in dem ich jetzt häufiger zusehe, sich um die Erziehung des Ka zu kümmern. Auch hier trifft das zu, was ich schon feststellen mußte: Nur die Priester, die die Erfahrung haben, die sie selber erfahren haben, sind in der Lage, die verbalen Manifestationen ihres Glaubens darzubringen. Der Unterschied ist groß. Die anderen Priester pflegen Texte vorzulesen. Es ist eine schwierige Vorstellung, zu glauben, daß die das Ka bedrängenden Dämonen von diesen in Einzelheiten gehenden Vorschriften ferngehalten werden können. Aber ist es nicht genau so, wenn wir das Abbild immer wieder versuchen zu korrigieren mit unseren Händen, bis wir schließlich das Sein korrigiert haben. Warum sollte es bei diesen Texten nicht möglich sein, warum sollte nicht der Geist dieser Texte übermittelt werden können? Haben nicht die Buchstaben, die Wörter, die Bilder nicht nur ihre sichtbaren, sondern auch ihre unsichtbaren Kräfte? Es kommt nicht darauf an, daß die Worte gesprochen werden, es kommt darauf an, daß durch das Sprechen der Geist übertragen wird.

Die Priester haben aufgrund ihrer Erfahrungen mit ihrem Geist Texte erstellt, mit denen genaue Anweisungen gegeben werden, welche Verse und welche Worte verlesen werden müssen, wenn welches Glied mumifiziert wird. Aber viele Priester nehmen die Texte, die sie schon auswendig hersagen können, und halten sie nur dem Toten vor. Sie stellen sich an das Fußende und geben nur noch Anweisungen. Der Geist der Verwandlung aber geht verloren. Während die einen bandagieren, stehen die eigentlichen Sprecher nicht daneben.

»Der Geist ist wichtig, der ankommen muß, und der Geist ist auch wichtig, daß er auf die Geister trifft«, klärt mich ein Priester auf. »Nur in diesem Abbildverfahren ist es möglich, daß das Leben seine Schattenseiten hat, und daß das Ka seinen Schatten hat. Es ist wichtig, daß jeder sichtbare kleine Teil die ihm zustehenden Aufgaben vermittelt bekommt, indem man sie ihm vorliest. Nicht, damit er die Worte hört, sondern damit der Geist der Worte in den Geist der Hand eingeht. Nur so kann man die körperliche Gestalt in einer geistigen Gestalt mit seinem Schatten vereinigen. Nur so ist es möglich, die Wesen zu trennen, indem man sie vereinigt. Manche Priester tun diese Aufgabe ungern, sie ist zeitraubend und mühselig. Manche glauben, sie könnten diese Arbeit nur ertragen, wenn sie sich heimlich an irgendwelchen Stoffen berauschen. Der eine schluckt heimlich, ohne daß er glaubt, daß die anderen merken, den Saft der ausgekauten Blätter, und der andere meint, er könne nur von den Getränken leben, die durch Sieden von Hölzern und Kräutern erworben wurden. Aber sie haben nicht begriffen, welche Aufgabe sie hier eigentlich vollziehen. Denn wenn sie sich wirklich vorstellen könnten, was hinter den Worten steht, was hinter den Worten wartet, freigelassen zu werden, damit es das gemeinte Bestimmungsziel erreicht, dann wären sie nicht mehr in der Lage, Texte zu lesen, sondern sie kämen über einen Begriff nicht hinaus. Für sie sind es mechanische Arbeiten geworden. Wäre es anders, würden sie wahrscheinlich irre an ihrer Arbeit. Sie haben etwas Sichtbares vor sich und behandeln dieses Sichtbare, indem sie tätig sind und ihre Sinne reichlich gebrauchen und ihre Hände beschäftigen.«

Ich hatte mich vorher daran gestört, daß diese Texte heruntergeleiert wurden oder aber falsch gesagt wurden. Es kommt nicht auf die Betonung an, es kommt auch nicht darauf an, was der einzelne denkt, während er spricht, obgleich es ein Unterschied im Zuhören ist; es kommt darauf an, daß die Worte frei gesetzt werden. Der Aufseher scheint mehr zu wissen. Dieser Priester ist einen Grad höher, aber er zeigt mit keiner Miene, daß jedes einzelne Wenden, Drehen und Binden und Aneinandernähen und Aneinanderweben nur dazu dient, diese Gestalt als Hülle zu erhalten, damit das Ka eine unendliche lange Zeit eine Heimat hat, dort einkehren kann und sich zurechtfindet und nicht in einem anderen Körper gebunden wird. Mumien haben nicht die Aufgabe aufzuerstehen, Mumien sind dafür da, daß sie eine Heimat bilden. Zu dieser Heimat gehört alles, was dem Körper Heimat war. Wenn wir sehen, daß es nichts gibt, was nicht lebt, dann hat alles sein Leben gewonnen, wenn wir die Worte zum Leben finden. Es ist auch notwendig, diese Welt zu umgeben mit einem Schutz, denn sie wird nie einen Zuwachs über das hinaus erhalten, was sie selbst zu Lebzeiten erkannt hat. Während wir, die wir viele Menschen in diesen Zustand versetzen, an Kenntnissen überragen, bilden wir um sie mit unserem Wissen und unseren Worten eine unsichtbare Hülle. Wir spinnen sie ein in unsere Erkenntnis, auf daß sie auch in ihrem zweiten Leben ein glückliches Leben haben, daß sie nicht von der Glut verbrannt werden, daß sie einen Punkt erreichen, von dem aus sie alles sehen, erleben können, und auch im Erkennen genießen können. Aber sie sind nicht in der Lage, hinter Dinge zu schauen, die sie auch vorher nicht gesehen haben. Unsere Totentexte, die sorgfältig zusammengestellt wurden, und die man ihnen aus Vorsicht, weil eventuell das eine oder das andere Wort vergessen oder überlesen wurde, noch mitgibt, damit sie selbst nachlesen und es aussprechen können, vermitteln nur jeweils so viel, wie jeder Tote erfährt, wenn er tot ist. Ich weiß es nicht, aber ich glaube, für uns brauchen wir keine Totentexte zu schreiben, da wir in der Lage sind, einmal uns selbst zu schützen, da wir die Erkenntnis haben, daß jeder böse Geist auch gleichzeitig ein guter ist. Wir wissen, daß jeder Geist, wo immer und wie immer er auftaucht, aus einer Kraft kommt, zu der wir alle gehen. Es ist, daß wir einmal uns alle in der Spitze der Pyramide versammeln und Raum genug haben und nicht ins Gedränge kommen. Wir alle sind in der Lage, auf der Schärfe des Rasiersteines wie auf einer Brücke zu wandern, und viele können nebeneinander gehen, ohne daß einer hinabfällt oder sich einer schneidet. Ob das Metall oder Stein ist, ist völlig gleich. Unsere Totentexte sind nur zur Bildung der Hülle geeignet, nicht zur Ausbildung des Eies in der Hülle. Wir glauben aber, daß irgendwann diese Hülle durchstochen wird und das Ka befreit wird. Wir legen sichtbare Zeichen auf den Körper, damit er sich jederzeit vergewissern kann, daß alle wichtigen Stellen des Körpers, die notwendig sind, das Leben zu erhalten und zu schützen, vorhanden sind. Und wir schützen sie mit dem Zeichen, die wir ihnen vorher übersetzt haben. Damit können wir das Ka auf Reisen schicken, und es weiß, daß es jederzeit eine Heimat hat und nichts verloren ist. Es ist schwer für einen Menschen, ein Ka zu bekommen, es sind nur wenige, die das schaffen. Den meisten folgt eigentlich nur der Ruf ihres eigenen Namens und sobald der vergessen ist, sind auch sie ein Teil der unendlichen Finsternis geworden. Sie sind die Körner, die der vom Westen her wehende Wind mitbringt. Während die Sonne sich vom Osten nach Westen windet, überflutet uns der Wind mit den im Westen nicht gewünschten Seelen. Das Schöne an unserem Leben ist, daß wir das, was wir an Erkenntnissen sammeln, in Muße in uns hin- und herdrehen können, von allen Seiten betrachten, von allen Aufgaben befreit uns diesen Erkenntnissen hingeben können, so daß wir angefüllt von ihnen sind, unberührt von der Welt in uns eine eigene entstehen lassen. Wir sind wie die Skarabäen, die Kugeln vor sich her drehen, und wenn sie groß genug sind, platzen sie und heraus kommt neues Leben, auch wenn die Hüllen unscheinbar aussehen. Der grüne Goldton ist schon ein Wunder.

Ich sitze auf der Stufe des Tempels und schaue hinab nach Osten. Unter mir zieht sich der Fluß. Zum Süden hin erkenne ich den grünen Streifen, der von den Bauern angelegt und gepflegt wird. Auf der gegenüberliegenden Seite die scharfen Bänder, gelb und grün geschnitten wie mit einem Pflug. Wenn ich genau hinsehe, kann ich erkennen, wie die sich mit ihren Umhängen geschützten Fellachen das Wasser schöpfen oder sich über die kleinen Wasserflächen beugen, um Getreide zu säen, die Kürbispflanzen zu setzen und Dattelkerne aufrecht in den Sand zu stecken. Ich sehe, wie sie den Weizen auf die Felder bringen, und ich sehe, wie sie ihn mühsam Halm um Halm dicht über dem Boden abschneiden.

Es ist schön hier. Die Sonne steht im Nordwesten. Der Stein hat die Wärme gespeichert, und mir ist warm, obgleich ich im Schatten sitze. Es ist herrlich zu wissen, daß man wichtig ist und gleichzeitig zu wissen, daß man zu nichts verpflichtet wird. Wir sind Freigelassene an einem langen Band, und dieses Band spinnen wir selber. Die Freiheit, die wir haben, hängt von unseren eigenen Erkenntnissen ab. Je mehr wir wissen, um so weniger sind wir von anderen zu fesseln. Und was uns auch schon beigebracht wurde, daß alles, auch die tanzenden Schatten zwischen den Sandkörpern, die rieselnd sich immer bewegen, wie ein unendliches Gesetz auch eines wohl umfassen wird, das ich noch nicht begreife: Meinen eigenen Tod! Ich sah so viele dort unten im warmen Zustande; sie alle zogen vorüber an mir, aber sie zogen nicht durch mich hindurch. Meine beiden Genossen kommen rein zufällig, sie setzen sich neben mich, schauen ebenfalls nach Osten, und wir sehen jetzt, wie im Tal die Dunkelheit schon hereinbricht, während sie auf den gegenüberliegenden Zacken der Berge noch weit entfernt ist. Noch liegt heller Mittag auf den Spitzen dort drüben, die sich aber sanft verfärben, vom Gelb ins Rötliche hinüberwechseln und aussehen, als finge der Himmel an zu lodern, als glömmen rings um uns unendlich viele Feuer auf, Feuer, die schön sind, vor denen man sogar Angst bekommen kann, aber wir wissen, daß sie nichts verbrennen. Die Welt wird verändert, ohne daß sie hinter den Bildern eine andere wird.

Wie auf ein Kommando stehen wir auf, gehen die Treppe hinab und wenden uns nach Norden zu dem Tempel der Hathor.

5. KAPITEL

Die vier Höfe

Ich habe einen Begleiter, den ich aber gar nicht so richtig wahrnehmen kann. Der sagt: »Nun komm, mein Sohn, ich muß dir noch etwas zeigen.«

Er nimmt mich am Arm und führt mich weg. Wir stehen jetzt wieder in diesen unterirdischen Gewölben. Es ist ebenfalls eine Mumifizierungskammer, aber hier sind keine Leute, hier sind auch keine Leichen, die mumifiziert und vorbereitet werden. Wir stehen uns dort an dem Tisch gegenüber, an diesem Muldentisch. Er hat ein langes Gewand an; es sieht so aus, als wäre das eine gewebte Bahn, in die oben einfach ein dreieckiger Schlitz geschnitten worden war, so daß ein Kragen entsteht. Unter diesem Kragen trägt er eine Kette, die sich zu einem Gürtel verschlingt. Seine Arme sind bloß, aber an den Handgelenken hat er Ketten oder Armbänder. Um sein Haar hat er einen Fellstreifen gebunden oder eine Fellmütze oder so etwas Ähnliches. Und dann trägt er einen ziemlich langen Krummstab. An den Füßen hat er Bastsohlen, die mit Lederriemen festgebunden sind. Meine Kleidung dagegen: Ich trage einen weißen Schurz oder ein weißes Röckchen, an den Füßen habe ich auch diese Bastsohlen, die mit Lederriemen festgebunden sind, und um den Oberkörper habe ich eine Art Stola gelegt.

Er sagt jetzt: »Du hast gesehen, was in den Toten ist, was mit den Toten geschieht, aber du hast nur die Körper gesehen. Du siehst nicht den Weg, den sie gehen müssen. Den werden wir jetzt gehen. Erschrick nicht, mein Sohn, denn du bist nicht tot, du bist nicht hinübergetreten über die Schwelle, denn deine Empfindungen gehen mit. Denke daran, daß du noch einen Körper hast, den du brauchst und den du noch schützen mußt. Aber denke auch daran, daß du erleben mußt, um anderen zu sagen, was sie erwartet. Du mußt lernen, deine Angst zu überwinden, du mußt lernen, sicher zu sein in einem Leben, das dir fremd ist, das aber eines Tages auf dich zukommt!«

Er geht jetzt voraus, und statt wie in der anderen Mumienkammer, ist diesmal der Durchgang auf der rechten Seite. Er nimmt eine Fackel aus der Wandhalterung. Die Halterung besteht aus einem Anch-Zeichen. Selbst die Flamme wird hier als ewiges Leben bezeichnet. Und die Halterung ist an der Wand festgemacht, so daß die Fackel schräg in dem Anch-Zeichen steckt und an der Mauer ihren Halt findet.

Er nimmt eine von diesen Fackeln, nickt mir zu, was soviel bedeutet, daß ich mir auch eine nehmen soll. Wir gehen los. Wir drücken uns durch den engen Durchlaß an der Wand entlang. Ein ziemlich langer Gang, dunkel und feucht. Ich habe das Gefühl, er geht nach unten, er wird abschüssig. Er ist so schmal, daß wir die Fackeln vor uns hertragen müssen, damit sie nicht an der Wand entlangrutschen. Der Gang ist gerade so hoch, daß ein Mann von der Größe meines Führers schon mit etwas gebeugtem Kopf hinabgeht. Ich weiß nicht, wohin er führt. Manchmal habe ich das Gefühl, ich höre von ferne Plätschern.

»Denk immer daran, mein Sohn, du gehst nicht den Weg des Todes, du gehst den Weg, der im Tode liegt«, sagt er. »Versuche dir vorzustellen, daß das, was du mit deinen Augen hier siehst, die Seele der Seele zu fühlen bekommt.«

Wir sind noch an mehreren Abzweigungen vorbeigegangen. Plötzlich wendet er sich in einen schmalen Gang unten rechts. Ich habe das Gefühl, als müßten wir uns jetzt in Richtung Nil bewegen. Ist es das, was ich als Plätschern gehört habe? Ich habe das Gefühl, die Feuchtigkeit kriecht in meinen Körper. Die Fackeln erhellen den Weg nur so weit, daß wir unseren Schritt sehen können. Es zieht. Ich habe das Gefühl, es wird noch kühler, noch feuchter. Der Weg geht jetzt wieder nach oben. Erst ein bißchen schräg nach oben, dann folgen Stufen. 10 Stufen, 1 Absatz. Wieder 10 Stufen, 1 Absatz, 8 Stufen, 1 Absatz, 8 Stufen, 1 Absatz, nochmal 8 Stufen. Wir stehen in einer etwas größeren Halle. Die Halle ist aber eigentlich nichts anderes als ein Raum, der so dunkel ist, daß ich nichts sehen kann. Man hört es eigentlich nur, weil sich die Wände ausgedehnt haben. Der Klang der Schritte wird weiter. Er wendet sich nochmals nach rechts und wir stehen in einem ummauerten Hof. Ringsherum festes Mauerwerk. Ich habe das Gefühl, es sind genau die gleichen Räume an allen Seiten. Durch einen ähnlichen sind wir eben gekommen. Es führt um den Innenhof ein Gang, ein schmaler Gang, der von Säulen begrenzt ist. Hinter uns ist die Wand hochgeführt. Der Gang ist überdacht.

Ich beuge mich durch zwei Säulen hindurch und stelle fest, daß es tiefer hinabgeht, daß der Innenraum ein Becken ist. Ein Becken, in dem es von riesigen Krokodilen wimmelt.

Wir gehen auf die gegenübergelegene Seite. Zwei Männer kommen mit einem Sklaven in der Mitte durch eine Tür, durch einen Durchgang, gehen auf die Säulen zu. Hinter ihnen kommt ein Priester mit einem Papyrus in der Hand.

»Damit der Weg der Toten freundlicher und gefahrloser wird. Damit die Dämonen deiner Verwandten friedlicher sind. Damit die Geister deiner Bekannten, deiner Freunde, Kinder und Väter nicht mehr hungrig am Wege liegen und nach allem schnappen, was vorüberzieht.«

Es ist ein Sklave, ein fetter nubischer Sklave. Und während die, die ihn geführt haben, mit ihrer linken Hand ihn am Oberarm festhalten und die Hände nach hinten drehen und die Schulter nach vorn beugen und mit der rechten Hand runterdrücken, läßt jetzt der Priester sein Papyrus hinabfallen, stößt ihm den Dolch in den Rücken, und durch diesen Stoß fällt er über die Mauer in das Becken. Er hat noch nicht einmal geschrien! Welch ein fürchterliches Getümmel da unten!

Die Krokodile sehen aus wie ein großer flammender Stern. Von allen Seiten stürzen sie sich auf ihn und während ihre Schwänze nach außen ragen und das Wasser schlagen, ist es ein flammender Stern, der sich um ein blutiges Knäuel bildet.

»So wird dein Ka zerrissen, wenn du nicht weißt, wie der Weg ist. Wenn du nicht weißt, wie die Worte heißen, die du den Toten mitgibst, mitgeben mußt. Habe dieses Bild immer vor Augen, damit du weißt, wie hungrig, wie ausgehungert diese Dämonen sind nach allem, was an ihnen vorüberzieht. Nun komm weiter, mein Sohn.«

Er führt mich durch den gleichen Gang, durch den die Wärter den Gefangenen eben geführt haben, und wir kommen in eine ähnliche Anlage, nur daß über diese Anlage eine ganz schmale Brücke führt. Eine ganz schmale Brücke ohne Geländer.

»Bleib stehen, ich werde dir zeigen, wie du hinüberkommst.« Es ist, als ob man ein langes Seil mehrfach geknotet hätte, so daß es Fußbreite erhält, und über diesen Teich gespannt hat. Er geht vor mir her auf dem schaukelnden Steg. Er schaut nicht nach unten, er schaut geradeaus. Es ist, als schwebe er darüber, denn sein Gewand verdeckt das vor ihm liegende Stegstück. Kaum, daß man sieht, wie er die Füße voreinander sorgfältig aber sicher setzt, um über diesen Abgrund hinwegzuschweben. Während ich fasziniert nachschaue, wie er diesen Weg beschreitet, sehe ich aber sehr deutlich, daß er seinen langen Stab genommen hat, um ihn als Balancierstange zu benutzen. Ich habe keine. Was mache ich? Ich drehe mich um und sehe, daß da wohl rein zufällig ein Schilfbündel liegt. Ich nehme mir von den Schilfstengeln soviel, wie sich mit Fingern und Daumen umfassen läßt, versuche sie auszugleichen, daß sie auf beiden Seiten gleich schwer sind und folge jetzt meinem Führer. Ich halte dieses Schilf, dieses von mir gebündelte Schilfbündel so weit vor mich, daß ich gezwungen bin, meine Augen darüberhinzurichten und nicht unter mich zu schauen und nach dem Steg zu schielen. Es ist ein fürchterliches Gefühl. Ich darf mich auch nicht von dem Platschen irritieren lassen, das die Krokodile verursachen, indem sie aus dem Wasser springen, um mich zu erreichen, und dann mit Getöse zurückplatschen ins Wasser oder auf dem schuppigen Panzer ihrer Genossen aufschlagen. In der Mitte biegt sich der Steg nach unten, so daß ich sorgsam aufpassen muß, um nicht hinabzurutschen, während er auf der vor mir liegenden Seite hinaufführt. Aber das Stück, das hochgeht, wird immer steiler, da ich die Delle vor mir hertrete. Bis zum Schluß habe ich die Delle so weit durchgetreten, daß letztlich ein großer Schritt nach oben bleibt. Dieser Schritt ist fast so groß, daß ich kaum den Beckenrand erreichen kann. Ich stehe nun davor. Ich wähle den sicheren Weg. Ich werfe mein Schilfbündel auf die Mauer, greife mit den Händen an die Kante und ziehe mich hoch.

Mein Führer sagt nur: »Auch diese Krokodile waren sehr hungrig!« Und er sagt noch eins: »Auch auf dem Weg, den die Lebenden gehen, kommen viele vom Pfade ab. Und darum, mein Sohn, mußt du dir klar darüber sein, mußt du wissen, daß von all denen, die anfangen, sich eine Pyramide der Weisheit ergibt. Es beginnen viele, aber es kommen wenige an. Je weiter dein Wissen wird, um so schmaler wird der Weg, den du gehst. Du lebst wie in einer Sanduhr. Bist du mit deinem Wissen von der Spitze los-marschiert, so mußt du dir klar sein, daß du zu einer Spitze mar-schierst, wenn du das Glück hast, am Leben zu bleiben. Willst du weiter oder willst du umkehren? Willst du umkehren, mußt du auf diesem Steg zurück. Willst du weiter, werden weitere Stege auf dich warten.«

»Was erwartet mich noch?«

»Alles, was du überwunden hast, dient dir dazu, dich selbst zu finden. Alles, was dich überwunden hat, trennt dich in der glei-chen Entfernung wie die von dir gegangenen Schritte und von denen, die hinter dir zurückbleiben. Egal wo du stehst, wenn du dich umdrehst, hast du die Pyramide vor Augen, und wenn du dich jetzt umdrehst, mein Sohn, kannst du von hier aus gerade die Spitze sehen. Das ist dein Ziel. Ist es auch dein Wille?«

Ich stehe unentschlossen. Nach dem, was hinter mir liegt, muß es fürchterlicher werden, was vor mir liegt. Ich habe Angst und möchte doch weiter.

»An dieser Stelle verzweifeln die meisten. Gibst du auf, befin-dest du dich für den Rest deines Lebens auf der Flucht vor dir sel-ber. Du wirst dir nie verzeihen, nicht weitergemacht zu haben. Gibst du nicht auf, mußt du immer damit rechnen, daß das, was dir jetzt so lieb ist, verloren geht.«

Ich kann mir kaum vorstellen, was noch schrecklicher ist, als über einen derartigen Steg, der über einen Haufen hungriger Krokodile führt, hinwegzuschreiten.

»Wenn diese Prüfungen dazu dienen, meine Angst zu über-winden, daß ich die Selbstbestätigung finde, mehr zu sein, als an-dere erreichen können, dann will ich weitermachen.«

Er führt mich durch eine kleine Galerie, wir kommen in den nächsten Hof. Er ist trocken. Man sieht unten eine schöne glatte Sandfläche. Rechts und links liegen kleine Steine, die aber scheinbar nicht ganz auf dem Sand liegen. Es führt eine ganz dünne Mauer über diesen Hof. Es sind eigentlich nur dünne Säulen, die mit einem dünnen Stein belegt sind, so daß man also schrittweise hinübergehen kann. Ich frage nicht, ich folge meinem Führer dicht auf.

Er setzt auf jede Säule seinen Fuß und schreitet Säule für Säule über diesen Hof hinweg. Ich folge ihm, so gut ich es vermag. Ich habe das Gefühl, die Säulen schwanken unter mir. Man kann nur die Zehenspitzen aufsetzen, so dünn sind sie. Sie sind wie Nadeln, bei denen man die Spitze abgebrochen hat. Es sind lauter kleine Obelisken. Als wir drüben sind, nimmt er aus einem Eimer ein Stück Fleisch und wirft es in diesen Hof. Und jetzt sehe ich, was ich überwunden habe. Er hat dieses Stück Fleisch ziemlich dicht an einen dieser Steine herangeworfen und schon stoßen unter diesem mehrere Skorpione hervor.

»Auch das sind die Geister, die du überwinden mußt. Du mußt zwei Dinge lernen: Du darfst wißbegierig sein, aber nicht neugierig. Du mußt Gefahren erkennen können, ohne eigentlich ihr Ausmaß zu erkennen. Sonst ist die Wand, die du zu überwinden hast, so groß, daß du es nicht schaffst. Hättest du mich gefragt, wie es viele gemacht haben vor dir, was in diesem Hof ist, dann hättest du es nicht geschafft. Aber wisse, auch diese Lebewesen sind zu überwinden, wenn du die Worte weißt.«

Er faßt in einen kleinen Steinsarkophag, auf dem ein Deckel war, greift hinein und holt einen Skorpion heraus, der auf der Hand in wütender Gebärde in der Sonne seinen Schwanz hochreckt, aber dann Augenblicke später, sich scheinbar wie wohlig auf der Hand dreht. Das, was er murmelt, hört sich an wie: »Kata mene holep – kata mene holep.«

»Ist deine Angst größer als deren Angst, dann stechen sie zu.« Er bewegt sich trotzdem wieder vorsichtig zu dem kleinen Steinsarkophag, schiebt den Deckel ein wenig zur Seite und läßt nun blitzschnell den Skorpion hineinrutschen.

»Die Welt ist voller Wunder, wunderbar aber ist, wenn du es

schaffst, dir diese Wunder untertan zu machen. Möchtest du weiter, mein Sohn?«

Mir ist das alles noch so fremd, ich habe eigentlich gar nicht richtig begriffen, was ich überwunden habe. Wir schreiten durch eine dritte Tür. Wir kommen in den dritten Hof.

Alle drei Höfe haben die gleiche Anordnung. Rings um den Hof die Säulen, der Hof niederiger gelegen, und scheinbar rings um diese Säulen herum kleine Tempel oder dunkle Anlagen. Was dahinter ist, weiß ich nicht. Es ist, als ob diese Höfe hintereinander im Quadrat aufgereiht sind. Aber auch hier führt über den Hof eine Reihe von Obelisken. Ich kann wiederum nicht erkennen, was in diesem Hof ist. Irgendwie liegt dieser Hof im Dämmer oder im Dunkeln. Es ist dunkler dort unten, als sonst in den anderen Höfen. Mein Führer befiehlt mir aber, meine Sandalen diesmal auszuziehen.

»Es sind heilige Obelisken, über die wir schreiten«, sagt er. Wieder geht er voraus, wie leichtfüßig wandelt er über diese Obelisken hinweg. Ich folge ihm und stelle mit Entsetzen fest, je weiter wir uns der Mitte nähern, um so spitzer werden die Obelisken. Ich habe das Gefühl, sie werden nadelscharf. Sie drücken sich derart in die Fußsohlen ein, daß ich glaube, Schwierigkeiten zu haben, sie beim nächsten Schritt wieder herauszuziehen. Zum Ende werden sie wieder stumpf, bis ich wieder auf der Mauer lande. Ich glaube, ich bin noch nie so schnell über Steine hinweggehüpft. Ich versuche, das nächste Mal mit den Hacken aufzusetzen, aber an Umdrehen denke ich gar nicht. Ich versuche nur, vorwärtszukommen. Ich muß sogar noch einen Schritt nach oben machen, der Obelisk ist zu hoch, als daß ich über ihn hinwegschreiten könnte. Die nächste Spitze ist zu weit weg, als daß ich sie übergehen könnte. Mich an den Händen herumschwingen, geht nicht, weil der mittlere Obelisk zu niedrig ist. Ich muß hoch. Ich steige hoch, er dringt in das Fleisch ein. Er ist zu scharf. Und auch der nächste Schritt nach unten ist fürchterlich, da ich mit der Haut hängengeblieben bin. Ich habe mir ein Stück Haut beim Runtersteigen herausgerissen und beim nächsten Aufsetzen dringt mein Fuß auch wieder ein. Ich gehe aber weiter, es sind noch vier, fünf Stück. – Ich komme an. Meine Füße bluten.

»Mein Sohn«, sagt er, »schau in den Hof, und du wirst sehen, was du überwunden hast.«

Ich versuche, meine blutenden Füße nicht mehr zu untersu-chen, stelle mich wieder auf meine Sohlen und stelle jetzt erst fest, wie scharf eigentlich die Binsenmatten sind, auf denen wir die ganze Zeit schon laufen. Die Fasern dringen jetzt in die Wun-den ein. Es ist, als ob ich auf einem Stoppelfeld laufe. Ich will sie wieder ausziehen, aber er befiehlt mir, sie anzulassen, da wir keine Blutspuren hinterlassen wollen. Seinen Füßen hat dieser Weg nichts ausgemacht. Ich wende mich schließlich in den Hof, schaue hinab und sage: »Ich kann nichts sehen.«

Da sagt er: »Es ist auch nichts. Du hast deine Angst überwun-den, und du hast geglaubt, da unten wäre sie.«

»Wie weit ist der Weg noch?«

Zurückgehen? Das, was hinter mir liegt, noch einmal?

»Erfahrungen, die man gemacht hat, soll man vermeiden.«

Ich frage ihn: »Wie viele Höfe haben wir noch vor uns?«

»Wenn ich dir das sage, mein Sohn, verzweifelst du hier. Gib dich zufrieden mit dem, was du hinter dich gebracht hast. Sei stolz auf das, was du geleistet hast. Noch hast du kein Anrecht auf eine Mumifizierung. Du bist nichts als die billige Beute des Anubis. Deine Seele ist schwerer als eine Feder. Und was wir für dich aufschreiben können, ist das, was du getan hast, aber nicht, was du nicht getan hast. Folge mir!«

Ich wage kaum, aufzutreten. Die Füße schmerzen. Von der Angst habe ich fürchterlichen Durst bekommen, meine Zunge klebt mir am Gaumen. Der Schweiß steht mir auf der Stirn, ob-gleich es in diesen Hallen kühl ist. Meine Hände sind feucht und blutig, weil ich die Füße untersucht habe und ich sie hochgeho-ben habe, um zu sehen, wie groß die Verletzungen sind.

»Folge mir, mein Sohn.«

Was wird denn nun noch kommen?

»Du mußt lernen, dich in einer Welt zurechtzufinden, die dir fremd ist.«

Er biegt in einen Gang ab, obgleich ich den Hof schon vor mir hatte. Ich dachte, wir würden ihn wieder überqueren, aber er biegt ab. Wir kommen in einen Raum, der stockdunkel ist. Plötzlich fällt mir ein, daß wir unsere Fackeln schon im ersten Hof abgelegt hatten. Ich suche eine Fackel, aber hier ist nichts zu finden. Er geht in diesen dunklen Raum, und ich folge ihm; hinter uns fällt ein dickes Fell herunter, so daß nicht ein Lichtfunken übrigbleibt. Es ist nichts, nur eine fürchterliche Feuchtigkeit, Dunkelheit und Kälte. Plötzlich habe ich das Gefühl, ich stoße irgendwo an, berühre irgend etwas. Ich weiß auch nicht mehr, wo mein Führer ist. Ich höre ihn nicht. Irgendwo gluckst Wasser. Tropfen fallen von der Decke und schlagen in einer Wasserlache auf. Es wispert. Kaum fange ich an, diesen Worten zu lauschen, wird für mich das Gefühl immer stärker, daß dieser Raum lebt, daß alles in diesem Raum lebt. Daß tausend Geräusche kommen, dort rinnt etwas, da hinten wispert etwas, hier schlurft es, dort klappt etwas. Bilder tauchen auf, die in dieser Dunkelheit gar nicht da sind, Bilder von aufgerissenen Mäulern, zähnefletschenden Gebissen; Fledermäuse, die einem plötzlich nasse Flügel um die Ohren schlagen; Skorpione, die sich über die Füße wälzen in Massen; Ameisen, die in Scharen den Rücken hinaufrennen; das Krauchen von Füßen, von Schlurfenden; von lauernden Blicken, von glänzenden, leuchtenden Augen; von Harpien, die sich mit ausgebreiteten nachtschwarzen Flügeln auf einen stürzen und versuchen zu hacken.

Ich überwinde mich, mache einen Schritt, noch einen Schritt, ich will aus dieser Hölle hinaus, ich will aus dieser Hölle hinaus! Ich strecke die Hände nach vorn, weil ich Angst habe, irgendwo gegenzustoßen, versuche zwar schnell zu gehen, aber meine Füße hochzunehmen, weil ich das Gefühl habe, ich müßte dauern stolpern. Ich greife nach vorn, greife immer wieder ins Nichts. Ich nehme eine Hand und strecke sie zur Seite, damit ich nicht anstoße. Und je mehr ich mich beeile, um so mehr folgen mir. Ist es da nicht der Schakal, der an meinen Beinen entlangstreicht? Da zerrt etwas an dem Umhang. Irgend jemand reißt mir meinen Rock ab. Ich wage nicht mehr, den Mund aufzumachen, weil ich glaube, es fliegt mir irgend etwas hinein. Ich wage nicht mehr zu atmen, um nicht diese bösen Dämpfe und giftigen Gase einzuatmen. Schließlich stoße ich mit der Hand, die ich vor mir ausgestreckt habe, gegen etwas, greife mit der rechten Hand nach, weil ich glaube, es ist der Vorhang, den ich hochreißen müßte, und breche mir sämtliche Fingernägel ab, mit denen ich den Stein gefaßt habe. Soll ich mich jetzt nach rechts, nach links wenden, um die Tür zu suchen? Ich muß völlig die Orientierung verloren haben. Ich gehe einige Schritte rechts an der Wand entlang, versuche immer wieder mit den Fingernägeln den Vorhang zu greifen. Nichts, die Wand steht. Den gleichen Weg zurück, wobei ich jetzt mit der linken Hand greife. Und plötzlich schlage ich ins Leere. Ein Gang! Eine Tür? Ich glaube, ich habe mich ver-. irrt. Das drängt sich alles. An meinem Körper laufen die Tiere rauf und runter, da eben war etwas auf dem Kopf. Mein Fuß tritt gegen etwas. Schließlich erreiche ich den Vorhang.

Ich stürze hinaus. Mein Führer sitzt wie gelangweilt in der Sonne, schaut auf die Tür, erwartet mich. Er hat den Stock zwischen den Beinen und stützt sich mit den Händen darauf, während er auf dem Vorsprung einer Säule sitzt. Er lächelt mich an, aber nicht schadenfroh.

»Je mehr du von der Welt weißt«, sagt er, »um so schlimmer wird sie für dich. Der Raum war leer.«

»Und die Skorpione, Schakale, Schlangen, Fledermäuse und Harpien?« frage ich.

»Sie alle existieren nur in deiner Fantasie.«

»Und das Wasser, das von den Wänden rinnt? Und die Ameisen, die mir den Rücken hinunterliefen?«

»Das ist der Angstschweiß, der deiner Fantasie entspringt.«

»Und meine blutigen Fingernägel?«

»Das ist das einzig Wirkliche, was deutlich macht, wie dunkel das Gefängnis ist, in dem du dich selbst in deiner Fantasie begräbst, und wie groß dein Wille ist, dort herauszukommen.«

Ich habe immer noch das Gefühl, angstgeweitete Augen zu haben. Ich möchte eigentlich vor Verzweiflung weinen. Ich kann nicht mehr stolz auf mich sein.

»Die Welt in deinem Kopf wird größer«, sagt er. »Es ist nicht nur, daß die Dunkelheit anfängt zu leben, du mußt sehen, daß du in diese Dunkelheit das Licht bekommst, um zu sehen, was in diesen Räumen ist. Schau, dort oben ist Re.«

Und ich lasse mich tatsächlich verleiten, in diese Sonne zu

blicken. Ich verkrampfe die Augenlider, taumele und breche an einer Säule zusammen. Da höre ich hinter mir:

»Was meinst du, ist fürchterlicher? Die Dunkelheit oder die Helle? Wenn du beides nicht zu beherrschen lernst, kann dich beides vernichten. Das eine von außen, das andere von innen. Du mußt bedenken, daß du ein Lebewesen der Mitte bist. Das war die dunkle Seite. Von der Dunkelheit aber ins Licht zu schauen, ist genauso tödlich. Wenn Hathor die Sonne gebiert, dann denke daran, daß sie Schmerzen hat. Denke daran, daß auch bei der Freude des Empfangens und bei der Freude des Gebens der Schmerz nicht größer werden darf, als die Freude ihn aufwiegt. Und du mußt noch eins lernen; im Gehorsam versuche zu denken. Bist du nur gehorsam, bist du ein Sklave – genauso dem Tode verfallen wie er. Hättest du nicht gehorcht, hättest du die nächste Stufe nicht überwunden. Aber hättest du mit Vorsicht gehorcht, hättest du dir die Hand über die Augen gelegt, bevor du dir Re ganz gönnst. Du bist einmal um die Welt gelaufen. Du hast zweimal die Welt überwunden – und zweimal dich selbst. Du hast die vier Seiten deines eigenen Seins kennengelernt. Und du hast gesehen, wie blendend die Spitze dieses Alls ist.«

Ich nahm seine Worte sehr deutlich auf, sie fraßen sich regelrecht in mich hinein, aber ich hielt immer noch krampfhaft die Fäuste auf die Augen gedrückt, weil ich versuchte, dieses gleißende Licht, das unter den Augendeckeln herrschte, zu verbannen. Darüber hinaus aber vergaß ich Spinnen und Harpien, vergaß die Schakale und wunden Füße. Die Sonne wärmte mich auf, und mit dem Verlust der Helligkeit in meinen Augen, mit dem Nachlassen und mit dem Gefühl, daß meine Augen wieder sehen konnten, kam etwas in mir, was aufging wie ein Stern im Osten: ein Gefühl der unendlichen Dankbarkeit. Als ich mich umdrehte, wurde mir plötzlich bewußt, daß ich in einer Bethaltung die ganze Zeit gelegen hatte. Als ich ein wenig die Augen öffnete, sah ich immer noch meinen Lehrer auf dem Vorsprung der Säule hocken, den Stab zwischen sich, auf den er sich stützte. Ich hatte das Gefühl, er strahlte eine unendliche Milde aus. Er war so faszinierend. Plötzlich kamen mir noch einmal die Tränen, weil ich mir bewußt wurde, wie weit ich von dem entfernt war, was er schon war. Wie wenig ich eigentlich wußte, wie wenig ich war! Er hatte ja alle die Aufgaben, die er von mir gefordert, selbst gemacht. Wie oft machte er das hier wohl? Bei jedem, den er führen mußte, mußte auch er sich überwinden. Er durfte nicht einen Moment zögern, er durfte keinen Fehltritt gehen. Er wäre genauso des Todes gewesen, wie die, die ihm folgten. Er mußte den Tod überwunden haben, da er so sicher sein konnte. Er schaute dem Tode jeden Tag ins Auge – hatte er dadurch diesen Ausdruck? Diese unendliche Milde in seinen Augen? Fast schien es, als liebte er mich. Ich wäre am liebsten zu ihm hingekrochen und hätte meinen Kopf auf seinen Schoß gelegt, mich in seine Knie gewühlt, damit er mir seine Hände aufs Haupt legen konnte. Es war wie ein unheimlicher Sog, und ich rappelte mich auf, noch immer ihn durch den Schleier des Sonnenkranzes sehend, näherte ich mich ihm. Da nahm ich tatsächlich seine Hände, legte meinen Kopf auf seine Knie und seine Hände auf meinen Kopf. Und er sagte eigentlich nur zwei Worte: »Mein Sohn!«

Wie lange wir in dieser Stellung verbrachten, weiß ich nicht. Als ich die Augen öffnete, war ich ruhig. Ich hatte mich gefangen, aber ich schämte mich nicht dessen, was ich eben getan hatte in meinem Gefühlsüberschwang, freute mich auch nicht mehr über das, was ich geleistet hatte – es wäre mir als Überheblichkeit vorgekommen. Ich war mir nur bewußt, daß es schwer gewesen war. Daß es schwer ist, die Dämonen, die dieser Fantasie entspringen, zu zügeln und zu beherrschen und daß diese wirklich die schlimmsten sind. Die Sonne war weg, der Hof lag im Dunkeln.

Er hakte mich ein und sagte mir, während wir ganz langsam unter den Säulen hindurchgingen:

»Wie weit du auch kommst, mein Sohn, du mußt immer an eines denken: Jeder Weg muß durch deine Zufriedenheit geglättet sein. Wenn du eine Stufe nicht erreichst, wenn du eine neue Stufe nicht erklettern kannst, und auf einer niedrigeren bleiben mußt, auch dann mußt du leben, auch dann mußt du dort leben, ohne jeden Tag in der Dunkelheit deiner Fantasie den Ausgeburten ausgeliefert zu sein. Denke daran, daß du für jede Stufe, die du erklettert hast, unendlich dankbar sein mußt, daß du dir aber nie zürnst, wenn du die nächste nicht erreichst. Du sollst dein Äußerstes geben, aber du sollst dir nicht weniger wert sein, wenn du eine weitere Stufe nicht erklimmst. Ich bin dir kein gutes Beispiel. Bis in diese Höfe hat mich mein Weg geführt. Und hier wandere ich nun den Rest meines Lebens. Ich sage jedem Schüler, der ankommt, was ich dir gesagt habe. Ich habe Schüler sterben sehen, ich habe Freude gesehen. Ich habe Übermut gesehen und ich habe Dankbarkeit gesehen. Aber ich weiß, daß meine Worte, die aus dem Wissen meines Lebens entsprungen sind, bei jedem anders klingen. Du mußt dir über eines klar sein, du wirst nie die Spitze erreichen, du wirst immer nur auf dem Weg zur Spitze sein. Ich habe versucht, alt zu werden, indem mein Körper alterte, aber ich habe nie getrauert, daß ich mir bewußt wurde, daß ich alt werde. Du bist jung, aber ich beneide dich nicht. Was du vorhast, was du noch zu überwinden hast, ich möchte es nicht mehr. Die Sehnsucht nach Horus ist bei mir schon zu groß. Wenn du weitergehst, denk an die Höfe, in denen ein Namenloser seine Worte loszuwerden versucht.«

Es schien, als wären wir bei diesen Worten bei dem Gang angekommen, von dem wir losmarschiert waren. Zwei dienstbare Geister, die dort herumstanden, drückten uns zwei Fackeln in die Hand, und wir gingen die dreimal acht und zweimal zehn Stufen wieder hinab und kamen bei dem Tempel der Mutter Göttin heraus.

»Du wirst dein Dankgebet sprechen dem, der dich geschaffen, dem, der dich erhält.«

Ich wendete mich, fast ohne es eigentlich richtig zu begreifen, zu dem Altar der heiligen Kuh. Und mein Gebet klang:

»Du hast es gegeben, du wirst es nehmen, und was an Veränderungen geschieht, hast du gewollt. Nimm uns und laß uns neu leben und für jeden Weg danken wir.«

Er nahm mich am Arm. In der linken Hand hatte er seinen Stab, mit der rechten Hand umfaßte er meinen Oberarm und führte mich hinaus in den Nachthimmel. Wir schritten schweigend nebeneinander her und kamen in der Kanopenhütte an.

»Wissen kann man erwerben«, sagte er mir, »aber Erfahrungen muß man machen. Wissen kann man weitergeben, aber es muß durch die eigenen Erfahrungen lebendig bleiben. Wird das Wissen ohne diese Erfahrungen zu einer toten Masse, sind wir Mumien, selbst wenn wir leben. Trocken, staubig, nicht mehr das frische Samenkorn, aus dem neues, blühendes Leben erwachsen kann. Der Glaube ist kein Wissen, der Glaube ist etwas, was wir durch unsere Erfahrungen wie ein Odem dem anderen einblasen müssen. Nur dann sind wir überzeugend. Nur dann können wir über Dinge reden, die den anderen unverständlich bleiben.«

Während wir in der Kanopenhütte sitzen, höre ich, daß Hom, Chem und Amenet die Prüfung nicht geschafft haben. Sie haben die vier Höfe nicht durchqueren können. Wir sind eine kleine Runde, die dort unten zusammensitzt. Neben mir sitzt der Priester, der mich geführt hat. Ich habe ihn gefragt, wie es weitergeht.

Er sagte: »Wir haben Schwierigkeiten. Es kommen viele, und trotzdem sind es zuwenig. Nicht viele kommen bis hierhin, sie bleiben irgendwo. Einer ist in den Krokodilhof gefallen. Sie haben ihn herausziehen können. Ihm fehlte ein Bein. Die anderen, die umdrehen oder nicht wagen, den nächsten Hof zu überqueren, werden nicht gezwungen. Sie werden aus dem Hof hinausgeführt. Aber sie haben nie wieder eine Chance, die Prüfung noch mal zu machen. Hier gilt nur ein Anlauf.«

Ich sage zu ihm: »Ich leide darunter, daß ich das Gefühl habe, zu wenig gelernt zu haben!«

Er schaut mich an und fragt zurück: »Was hast du bis jetzt gemacht?«

Ich erzähle ihm mit knappen Worten, was ich bis jetzt hinter mich gebracht habe.

Er sagt: »Was willst du werden?«

Ich sage: »Priester.«

Da sagt er: »Was willst du wissen?«

Ich sage nur: »Von dem, was ein Priester wissen muß.«

»Und was muß er wissen, was meinst du?«

»Es ist wichtig, sich um den Weg der Seelen zu kümmern.«

»Eben das erfährst du.«

»Aber ich weiß nichts von den Sternen. Ich weiß nichts von der Medizin, ich weiß nichts von der Geographie.«

»Willst du Arzt werden? Willst du Felder vermessen? Willst du nach dem Stand der Sterne Gebäude errichten?«

»Nein, ich will Priester werden!«

»Dann warte ab. Wenn du Priester werden willst, dann mußt auch du eigene Erfahrungen machen und dir nicht anhören, was andere herausgefunden haben.«

»Kannst du mir keine Lehre mit auf den Weg geben?«

»Was hat dir damals Amen-Hotep gesagt? – Man kann, was man will. Man muß es nur wollen. Und dann, dann wirst du an die Grenzen kommen, wo du feststellst, daß sich dahinter weites Land verbirgt.«

»Ich habe Vertrauen zu dir«, sage ich.

»Das freut mich, mein Sohn, aber in jeder Begrüßung liegt der Abschied. Gehe du deinen Weg, wie du mir meine Ruhe lassen solltest. Du hast alle Fähigkeiten, wenn du an sie glaubst. Zweifel sind wie die Treppen, die ins Nichts führen. Sei überzeugt, und du gehst weiter.«

Wir wärmen uns an dem Feuer, das in der Hütte ist. Ich erinnere mich nicht, daß wir jeweils nach einer Prüfung Gespräche geführt haben. Es ist, als ob wir so dicht aneinandergerückt wären, daß wir uns nicht mehr auf die Nerven gehen können. Wir haben Vertrauen zueinander, ohne daß wir uns zur Last fallen. Wir sind offen zueinander, weil wir feststellen können, daß wir diese Ziele, die wir haben, nur mit Wahrhaftigkeit erreichen werden und nicht mit Falschheit und Lüge. Wir stellen fest und haben festgestellt, daß hier jeder selbst geprüft wird. Es kann hier keiner einem anderen schaden und keiner einem anderen helfen. Es gibt keine Rivalität und keine Konkurrenz. Auf dieser Ebene nicht. Auf dieser Ebene nicht. Es muß also eine andere Ebene geben.

»Dieses ist der Weg«, sagt mir mein Führer wieder, »der zu dem Priester führt, der man ist. Der andere Weg führt zu dem Priester, den man darstellt. Es dreht sich nicht darum, daß ihr Fertigkeiten erlangt, es dreht sich darum, daß ihr die Fähigkeiten in euch erkennt. Wir sind dabei, aus dem Menschen eine Pyramide zu bauen. Stufe um Stufe in uns vorgegebenem Abbild nach oben. Wir gehen nur den uns vorgeschriebenen Weg. Wir verlangen nur von denen, die nach uns hinaufsteigen, das gleiche, was wir auch geleistet haben. Und wir müssen es verlangen, sonst geht es verloren. Sobald es nur zum Wissen wird, bleibt es Wissen, und niemand kann etwas damit anfangen. Du mußt es erleben, du mußt es in dir erleben, und du mußt dich erleben.«

»Wohin führt dieser Weg?«

»Du fragst mit vielen Worten immer dasselbe. Ich kann nur raten, ich kann selber nur ahnen. Ich habe dir gesagt, daß für mich der Weg hier zu Ende ist. Ich habe die Grenzen meiner Fähigkeiten erkannt. Was ich nur kann, ist hoffen, daß noch viele an mir vorbeigehen können. Solange das eintrifft, bin ich sicher, daß ich mein Ende erreiche. Erst wenn niemand mehr zu mir kommt, bin ich überflüssig.«

Man drückt uns ein Stück Fleisch in die Hand, einige Früchte dazu, wir trinken einen gegorenen Saft. Es ist selten, daß wir Fleisch erhalten. Bisher hab ich immer nur erlebt, daß uns Fleisch nach überstandenen Prüfungen serviert wurde, sonst leben wir vegetarisch. Wir leben von den Früchten, die aus dem ewigreichen Nilschlamm erwachsen, von Früchten, die aus Schlamm und Wasser existieren.

Nachdem wir unser Mahl beendet haben, werden wir zu unserer alten Hütte zurückgeführt, in den Hof, aus dem wir gekommen waren. Zwei erwarten mich.

»Ihr habt den Weg hinter euch, einmal um die Pyramide?« frage ich.

Beide antworten: »Auch wir haben in die Sonne geschaut.«

Da weiß ich, daß sie alle Höfe hinter sich gebracht haben. Sie nehmen mich in den Arm, wir legen uns gegenseitig das Kinn auf die Schultern und fassen mit den Händen hinter die Schulterblätter. Diese Berührung ist sowohl Trost als auch Hoffnung, weiterzumachen. Zwei aus unserer Gruppe sind nicht mehr dabei. Niemand weiß, wo sie geblieben sind. Wir hocken uns auf unsere Pritschen und versuchen, darüber zu sprechen, was wir in den einzelnen Höfen erlebt haben.

»Das fürchterlichste ist, daß man ganz auf sich allein gestellt ist«, sagt der eine. »Der Führer geht voran, er macht das so sicher, so ohne jede Schwierigkeit, daß man fast verzweifeln möchte, aber sobald man Haß auf andere hat oder Angst in sich spürt, ist man nicht mehr sicher.«

»Wir sollten versuchen«, sagt der andere, »solange wir noch zusammen sind, Formen zu finden, durch die wir uns in die Lage versetzen, uns so beherrschen zu lernen, daß wir jederzeit über uns herrschen und uns selbst beherrschen können.«

»Und wie willst du das machen?« frage ich.

»Wir sollten uns gegenseitig Prüfungen ausdenken, Schwierigkeiten, und wir sollten einander Aufgaben stellen, die nur durch den Geist zu lösen sind. Es ist, als ob ich immer davorstände.«

»Ich möchte gern etwas haben, ein Wissen besitzen wie ein Werkzeug, mit dem ich umgehen kann«, sage ich.

»Mach dich selbst zum Werkzeug«, sagt mir der andere.

»Mach dich selbst zum Werkzeug! Das habe ich auch von meinem Führer erfahren.«

»Du mußt mit dir selbst umgehen können.«

Es ist immer, als hörte ich Worte und begriffe sie nicht.

»Wenn es dir gelingt, in einem Zustand der Angst dir selbst diese Angst zu nehmen, dann hast du dich zum Werkzeug gemacht«, sagt er.

Es ist ein sehr harmonisches Verhältnis zwischen uns dreien, da wir miteinander bemüht sind, die Einsamkeit zu bannen. Es ist schlimm, immer wieder festzustellen, je höher man kommt, um so weniger werden es. Man hat den einen aus diesem Grunde oder den anderen aus jenem Grunde liebgewonnen: der konnte so herzhaft lachen, so nette Geschichten erzählen, alles das ist weg. Geblieben sind wir drei, die wir nicht zu lachen vermögen, wenn überhaupt, nur zu lächeln. Wir kennen keine lustigen Geschichten mehr, wir versuchen nur, uns alles Mögliche auszudenken, damit wenigstens wir drei zusammenbleiben. Wir haben Angst vor der Einsamkeit. Wir sind jetzt schon so weit fortgeschritten, daß wir es nicht mehr nötig haben, uns hinzulegen. Wir schlafen in der hockenden Stellung stundenweise, gehen – wie Automaten – baden, kehren zurück, bilden uns ein, es wäre fürchterlich warm, so daß wir das Wasser auf unseren Körpern zum Verdunsten bringen, schlafen wieder und versuchen mit allen möglichen Übungen, uns das Leben schwer zu machen, aber aus Freundschaft zueinander. So sitzen wir vom Sonnenaufgang bis zum Sonnenuntergang da, reden kein Wort, versuchen aber miteinander ins Gespräch zu kommen. Wir haben uns morgens verabredet, uns nur am Abend mitzuteilen, was wir gesagt haben, um festzustellen, was wir übermitteln konnten. Es sind Übungen, bei denen wir uns soweit von der Außenwelt entfernen, daß, wie wir anschließend feststellen können, die Wächter bei uns gewesen sind, uns die Auflagen auf unseren Pritschen weggezogen haben, uns Essen hingestellt haben, ohne daß wir es bemerkt haben. Am Abend reden wir darüber. Wir nehmen die Nahrung langsam mit den Fingern zu uns, indem wir hockend auf unseren Pritschen uns einfach zu unseren Essen hinabbeugen, die auf der Erde stehen. Wir stehen nicht auf, bewegen uns nicht, außer zu den wenigen Nickgebärden, um an das Essen zu gelangen.

»Wie hast du's versucht? Wie hast du's versucht? Wie hast du's versucht?« so gingen die Fragen. Ich höre immer wieder: »Unsere Schrift ist die einzige Möglichkeit, wortlos zu reden. Uns Bilder zu übermitteln, die mehr als Bilder sind.«

Das führt dazu, daß wir alle nur noch einen Gedanken hatten, weiterkommen durch uns selbst. Je tiefer wir in uns selbst steigen, um so mehr sind wir in der Lage, uns von uns selbst zu entfernen. Die von uns selbst zurückgelegte Strecke entspricht dem Weg, den wir in uns hineingehen. Die Zeit, die wir verschwenden, ist die Zeit, die wir durch den Geist aufholen.

Ich versuche, mich auf mein Gegenüber zu konzentrieren. Er ist genauso hager wie ich, hat eine schmale, aber hohe Stirn, die fast rechteckig in den Kopf übergeht. Der andere hat einen auslandenden Hinterkopf und eine lange vorspringende Nase, die, wenn der Mund nicht freundlich wäre, einem Geierschnabel nicht unähnlich wäre. Beide haben schwarze buschige Augenbrauen, die zu einem feinen Strich in den Schläfen müden. Die Ohren sehen aus wie die geschwungenen Schriftzeichen. Meneth hat eine kleine Perle im Ohr. Die langen knöchrigen Finger mit den dicken Adern auf den Handrücken sind selbst bei dem Dämmerlicht, das in der Hütte herrscht, zu erkennen. Es sind beeindruckende Gestalten. Das Wunderbare ist, man glaubt ihnen, was sie sagen. Es ist überzeugend. Es sind nicht Worte, die aus ihnen herauskommen, es sind die Erscheinungen, die aus ihren Augen leuchten, und die nur auf diesem Wege der Worte übermittelt werden. Tiefe, dunkle Augen. Wenn der Mund Kleid sagt, hat man das Gefühl, ihre Augen sprechen es aus.

»Wir werden Priester«, sagt der Soker. »Wir werden das niederschreiben eines Tages, was wir aus unseren Erfahrungen wissen, und wir werden versuchen, die Antworten darauf zu geben, was uns aus dieser Zeit an Fragen übrigbleibt. Und dann bleibt uns nichts anderes als zu antworten: Wir haben nicht gestohlen, wir haben nicht gelogen, wir haben nicht unsere Freunde betrogen, wir haben nichts Falsches gesagt, wir haben nicht geraubt, wir haben nicht übermäßig gelebt, wir waren nicht undankbar, und wir haben getan, was wir glaubten, was das Ziel von uns erfordere. Wir leben, damit wir eines Tages leben können.«

Wenn wir Lust dazu haben, können wir unsere Hütte verlassen. Wir wandern auf dem Gebiet umher, das uns zur Verfügung steht. Wir können uns in allen Bereichen aufhalten, in denen wir gesehen wurden, als wir unsere Prüfungen ablegten. Wir können, so sagen wir es, hinabsteigen zu den Neuen, obgleich sie neben uns wohnen, und wir versuchen, mit ihnen ins Gespräch zu kommen und sie zu fragen. Wir versuchen, sie irre zu machen, irre zu machen an dem, was sie glauben, was sie wollen. Wir sind überzeugt von uns, wir wissen, was wir können, aber sind nicht überheblich. Wir sind nicht arrogant, aber wir bieten uns auch nicht an. Wir sind freundlich, wir lassen uns ansprechen, aber wir bestimmen, was gesagt wird. An uns liegt es, welche Antwort auf welche Frage erfolgt.

Und während wir uns umgucken, stellen wir mit Erstaunen fest, wie weit und wie wenige eigentlich ihren Blick geradeaus tragen. Entweder schauen die meisten in die Höhe, als Zeichen der Flucht, vor dem, was zu ihren Füßen liegt, oder aber sie schauen nach unten, aus Angst vor dem, was auf sie zukommt. Ganz wenige nur sind es, die ihren Blick geradeaus tragen. Mich treibt es in die Totenkammern, nicht aus Neugier an den Toten, sondern aus Neugier an dem, was aus den Toten herauszuholen ist und welche Antworten die Toten geben.

Woran wir erkannt werden, weiß ich nicht, aber niemand hindert uns zu gehen, wohin wir wollen, außer wir kommen in Bezirke, in denen wir noch nicht waren. Liegt das an den Losungsworten, die wir uns als Gruß zurufen? Oder liegt das an unserer Erscheinung, oder liegt es daran, daß wir auf dem nackten Oberkörper einen Kragen tragen, einen kleinen Fellkragen? Das kann sein. Das ist ein Unterscheidungsmerkmal. Wir sind überzeugt davon, daß wir von der Welt beneidet werden. Obgleich niemand weiß oder nur wenige wissen, um was sie uns beneiden sollten. Wir sind uns sicher.

6. KAPITEL

Die Prüfung im Tempel

Wir sind mitten in der Nacht abgeholt worden und stehen in einem Tempel. Auf dem Altar flackert rechts und links je ein Feuer. Wir sitzen mit untergeschlagenen Beinen auf dem Tempelboden. Es ist ziemlich kalt. Wir sitzen da schon seit einiger Zeit. Hinter uns werden liturgische Gesänge rezitiert. Ich glaube, wir dürfen uns aber nicht umdrehen. Ich weiß nicht, was wir hier sollen. Es ist plötzlich alles ruhig.

Ich vernehme die Aufforderung:

»Geht in euch!«

Ich glaube, es sind Konzentrationsübungen, die wir hier durchführen müssen. Ich spüre, daß jemand hinter mir steht, seine Hände mir in den Nacken und unter das Kinn legt und, ohne fest zuzufassen, mich hochzieht. Ich hänge in seinen Händen, bleibe aber mit meiner verschränkten Haltung sitzen. Es tut mir auch nicht weh.

Er flüstert mir zu:

»Mach dich leichter!«

Der Druck seiner Hände läßt nach. Einer unserer Zöglinge hat es nicht geschafft. Er wird durchgepeitscht. Man reißt ihm den Umhang von den Schultern, und zwei Mann schlagen auf ihn ein. Aber er gibt keinen Laut von sich. Nach der Auspeitschung darf er die Übung noch einmal versuchen. Es gelingt ihm fast, daß er gehoben werden kann. Es reicht aber nicht. Sie schlagen ihn einmal mit dem Rohr. Jetzt gelingt es ihm gar nicht mehr. Man hebt den Umhang auf, der vor ihm liegt, hilft ihm auf die Beine, geleitet ihn hinaus. Wir werden ihn wohl nie wiedersehen. Er wird wohl den Rest seines Lebens irgendwelche niedrigen Arbeiten verrichten.

Der Druck am Kopf hat völlig nachgelassen. Wir sitzen wieder auf unseren Plätzen, auf den Fliesen des Tempels. In unsere ge- öffneten Hände hat man uns Holzscheite gelegt. Ich habe eben an den gedacht, der die Prüfung nicht bestanden hat, sofort ha- ben sich Blasen bei mir in der Hand gebildet. Ich versuche diese Blasen wegzudenken, da ich die Hände nicht bewegen darf. Wir gehen nach vorn zum Altar und zeigen unsere Hände. Ich zeige sie auch. Gott sei Dank ist es im Tempel dämmrig. Von dem Ruß der Holzscheite ist etwas auf den Blasen geblieben, so daß sie diese nicht sehen können. Ich kann weitermachen. Man darf nie das Gefühl der Angst in sich hochkommen lassen. Die Angst zu versagen, bedeutet Versagen. Wenn man einmal an sich selbst zweifelt, ist es passiert. Die Götter sind allmächtig, und du bist es, wenn du es willst. Nie zweifeln!

Wir werden wieder in das Kanopenhaus geführt. Wir bekom- men wieder ein Stück Fleisch. Und einen Becher mit gegorenem Saft.

Danach werden wir wieder in den Tempel zurückgeführt. Et- was näher zum Altar sitzen wir jetzt. Wir haben jetzt die Ruhe- stellung eingenommen. Wir haben Zeit, uns eine halbe Stunde zu erholen. Ich befinde mich in einem Dämmerzustand. Weil ich die Zeit überschritten habe, schlägt man mich mit der Peitsche. Ich bin nicht rechtzeitig aufgewacht. Wir müssen zur ersten Wa- schung. Es ist noch dunkel draußen und kalt, sehr kalt, als wir jetzt ins Wasser gehen. Wir zittern alle. Nur mit dem Lenden- schurz bekleidet und naß wie wir sind, müssen wir zurück in den Tempel. Wir erhalten die Aufgabe, uns warm zu machen. Wir dürfen uns aber nicht bewegen.

»Wer es von euch nicht schafft, stirbt«, sagt er.

Nicht, weil ich es schaffe, vor Angst bricht mir der Schweiß aus. Ich habe eine derartige Angst, daß mir am gesamten Körper der Schweiß ausbricht. Bei meinem Nebenmann dampft der Körper regelrecht. Ich sehe, wie er schadenfroh grinst, als er un- sere Bemühungen sieht. Die Angst ist so groß, daß man sich kaum konzentrieren kann. Schließlich sind wir anderen auch trocken. Der Priester hat gesehen, daß wir trocken sind. Wir werden hinausgeschickt zum Waschen, damit wir unseren

Angstschweiß abwaschen dürfen. Die Sterne stehen tief, es ist noch tiefe Nacht. An Schlaf denkt keiner. Wir müssen wieder zurück in den Tempel. Diesmal durften wir uns aber abtrocknen. Wir werden jetzt beordert, die Andachtstellung einzunehmen. Wir liegen auf unseren Fußspitzen und auf unseren Unterarmen. Die Hände über unserem Kopf. Ich kann mich erinnern, zuerst hat es sehr weh getan, aber jetzt macht es nichts mehr aus. Man gewöhnt sich daran. Es geht jemand über unseren Rücken hinweg. Er steigt von einem Andächtigen zum anderen. Man spürt, daß man ihn auf dem Rücken hat, aber es stört einen nicht. Neben mir bekommt ein Jünger einen Krampf im Zeh. Ich habe das Gefühl, alle schauen jetzt genau auf den Fuß. Wie lange wir in dieser Haltung liegen, weiß ich nicht. Im Prinzip ist es mir auch egal. Bei dieser Übung habe ich keine Angst. Aber die Unterarme werden kalt.

Jetzt weiß ich auch, warum alle Priester bei uns Rheuma haben. Einige schmieren sich mit Hundefett ein, aber das stinkt. Die anderen legen sich frischen Kamelmist auf, weil der wärmt.

Wir können uns erheben. Jetzt weiß ich es. Die Ruhestellung ist die Maatstellung. Bei dieser Stellung hat man mit dem Kopf am meisten Kontakt mit der Erde. Alle Organe liegen frei. Nur der Kopf hat Kontakt mit der Erde. Die Arme schmerzen, wenn sie jetzt herunterhängen. Wir müssen wieder hinaus zum Baden. Diesmal habe ich das Gefühl, es riecht sogar angenehm.

Wir kommen wieder in den Tempel zurück. Mir fällt auf, daß der Priester am Altar sich überhaupt noch nicht bewegt hat. Solange wir unsere Übungen machen, so lange steht er da – völlig unbeweglich – wie eine Säule. Er sagt uns auch nicht die Aufgabe, er gibt sie uns ein. Diesmal bleiben wir stehen. Er schlägt die Augen auf. Ich habe das Gefühl, ich vernehme, wir sehen uns wieder. Wir gehen den gleichen Weg aus dem Tempel, als gingen wir zum Kanopenhaus, biegen dann aber ab zu unserer Hütte. Als wir in unsere Siedlung kommen, schleppen wir uns mühsam zu unseren Lagern. So wie wir sind, fallen wir auf unsere Pritschen und schlafen sofort erschöpft ein.

7. KAPITEL

Das Opferritual

Die Hütte, die uns zugeteilt ist, mißt nach unseren Maßen etwa drei mal fünf Meter. Der Tür gegenüber, die immer noch nur mit einem Vorhang bespannt ist, steht meine Pritsche, und auf der linken Seite, wenn man zur Tür hineinkommt, stehen die zwei Pritschen meiner Freunde hintereinander. Der Raum in der Mitte ist völlig frei. Auf der, von der Tür aus gesehen, rechten Seite sind drei Haken an der Wand, eigentlich nichts anderes als Stöcke, die in die Lehmwand gesteckt sind, und auf diese Stöcke haben wir unsere Umhängetücher gehängt. Ansonsten tragen wir nichts weiter als unseren Kragen und unseren kleinen Rock, der gewickelt wird, der aber aus so wenig Tuch besteht, daß jeweils auf der rechten Seite ein Schlitz entsteht. Unter diesem Rock sind wir nackt. Wir tragen ihn mit einem Lederriemen, der aber nicht sichtbar ist, weil über ihm das Tuch nach innen zurückgeschlagen wird. An den Füßen tragen wir unsere gebundenen Sandalen. Ich komme gerade aus den zum Palast gehörenden Mumifizierungskellern. Ich hatte dort mit dem Priester die Unterredung über die Wege, die durch das Totenreich führen. Es öffnet sich wieder der Vorhang, und es kommt ein Priester herein, der uns bittet, ihm zu folgen. Wir hängen uns unsere Umhänge um und folgen ihm. Er führt uns aus unserem Hof, aus dem gesamten Priesterkomplex hinaus und führt uns in den Tempel, in dem wir damals unsere Prüfungen abgelegt haben. Vor dem Altar der Hathor, die in der Kuhform dargestellt ist, wurde noch ein kleiner Altar aufgebaut, der die Form einer kleinen Pyramide mit einer Plattform hat. In der Mitte der Plattform ist eine Vertiefung. Wir drei wissen nicht, was wir hier sollen, denn es wurde uns nichts gesagt. Ein Priester kommt aus dem

Dunkel hinter dem großen Altar und führt eine Ziege am Strick mit sich, eine noch ziemlich junge Ziege. Sie ist nicht sehr groß, sie hat auch noch kein großes Gehörn. Er fragt uns, ob wir unsere Waschungen vorgenommen hätten. Wir bestätigen das.

Er aber sagt uns: »Bei jeder Opferung, die vorgenommen wird, muß die Reinheit des Körpers der Reinheit der Seele ähneln.«

Infolgedessen schickt er uns nochmals zu einer Waschung. In einem kleinen Nebengebäude finden wir ein Bad, das im Fußboden eingelassen ist. Da wir neugierig sind, auf das, was geschehen soll, beeilen wir uns mit unserer Waschung, sind deshalb aber nicht weniger gründlich. Als wir hinauskommen, empfängt uns der Priester schon und führt uns in einen Raum, wo wir aus einem Krug ein nach Zedern riechendes Öl bekommen, mit dem wir unseren Körper einreiben. Wir müssen mit peinlichster Sorgfalt darauf achten, daß jede Stelle des Körpers mit diesem mit Zedernöl versetzten Stoff eingerieben wird. Dann führt er uns wieder, nachdem wir unseren Rock und unseren Kragen angelegt haben, der Umhang bleibt dort liegen, in den Tempel zurück. Die Ziege war an dem Altar angebunden worden.

»Es geht nicht darum, eine junge Ziege zu schlachten, wie es die Bauern auf dem Felde tun, es geht darum, daß wir in einer besonderen Form der Göttin unsere Dankbarkeit zeigen. Es kommt darauf an, daß das von ihr geschenkte Leben zu ihr zurückkehrt. Jedes Leben auf Erden hat den Ursprung nicht auf Erden. Wir müssen sorgfältig darauf achten, daß die Schnitte der Göttin gefällig sind. Wir müssen darauf achten, daß wir das Tier in einen Zustand bringen, in dem es sich nicht wehrt, sondern bereitwillig ist zu gehen. Auch der Schnitt, den wir anlegen, muß so geführt sein, daß das Tier nicht verendet, sondern glaubt, einzuschlafen, damit es auf dem Wege zur Göttin nicht gestört wird.«

Er löst den Strick vom Hinterbein der Ziege und den anderen Strick vom Gehörn der Ziege. Wir haben eigentlich erwartet, daß die Ziege jetzt davonspringen würde, aber sie bleibt geduldig stehen. Er geht hin zu dem Tier, streichelt es und fährt immer wieder mit der Hand von der Schnauzenspitze bis zur Brust, hin und wieder mit der Hand nach oben, so als ob er feststellen wollte, an welcher Stelle der Schnitt am besten anzubringen sei.

Vor den Altar hat er sich eine Tonschale gestellt, und er führt jetzt die Ziege durch leichtes Streicheln zu dieser Schale. Wir folgen ihm. Er stellt sich über die Ziege, beugt den Kopf der Ziege nach oben, indem er mit der linken Hand die Schnauze nach oben biegt und der Ziege in die Augen schaut und sie so zwingt, in einer starren Haltung zu stehen. Dann nimmt er mit der rechten Hand ein Messer und während er das Messer mit Zeigefinger und Daumen umklammert hält, fühlt er mit den drei übrigen Fingern nochmals, um sich zu vergewissern, dann sticht er blitzschnell durch den Hals durch und reißt das Messer nach unten weg. Auf diese Weise ergibt sich eine klaffende Wunde, und das Blut stürzt aus dem nach oben gebogenen Kopf, wie auch aus dem Hals. Er preßt seine Beine zusammen, damit das Tier nicht unter ihm zusammenbricht. Es läuft nur ein Zittern durch den Körper des Tieres. Die Augen schließen sich langsam, die bis dahin den Priester angeschaut haben. Das Tier hängt dem Priester zwischen den Beinen, man spürt, daß die Füße und Beine leblos geworden sind. Er legt das Messer auf den Altartisch, faßt das Tier in die Lenden und zieht es hoch, indem er seine Hand aber nicht von der Schnauze des Tieres löst. Auf diese Weise wird der Kopf fest auf den Rücken gepreßt, und das Blut kann völlig herauslaufen. Es tröpfelt nur noch, nachdem es vorher, in der Folge des Pulsschlages, in zwei dicken Strahlen in die Schale geflossen ist. Jetzt fließt es nur noch in einem dünnen Rinnsal, aber auf dem Blut in der Schale hat sich eine Schaumdecke gebildet, aus der Dampf emporsteigt. Das ist ein Zeichen, daß der Tempel doch sehr kühl ist. Er hält dieses Tier so lange hoch, bis es völlig ausgeblutet ist. Dann aber legt er das Tier auf den Altar, läßt es mit dem Kopf nach unten hängen, und wir stellen fest, daß immer noch mehr Blut herausläuft. So bleibt es liegen.

»Ich habe euch jetzt nur gezeigt«, sagte er, »wie man ein Tier tötet, wie man es während einer Opferung töten kann und töten muß, aber dieses Opfer wird nicht angenommen von Hathor, weil es in einer ihr nicht genehmen Form geschehen ist. Jedes Opfer muß einen Grund haben. Aus welchem Grunde solltest du opfern, wenn man nicht etwas erreichen will oder für etwas danken will? Wir müssen der Göttin den Tisch bereiten und ihr auch sagen, wofür es geschehen soll. Ihr werdet der Göttin ein Opfer bringen, das ihr selbst zubereiten werdet.«

Wir gehen mit ihm hinaus und müssen aus einem Nebenraum einen Opferaltar bringen, den wir vor dem großen Altar der Göttin aufbauen. Diese kleinen Altäre bestehen aus einer Säule, auf die eine große Steinplatte gelegt wird. Diese Steinplatten haben in der Mitte ein Mulde. Wir bringen drei Stück von diesen Säulen nach vorne, stellen sie dort in einer Reihe nebeneinander auf. Dann gehen wir wieder zurück und holen drei Schalen. Wir gehen zurück und suchen uns auf Anleitung des Priesters drei Messer. Der Priester hält uns an, die Opfersteine gut zu säubern, die Schalen zu säubern, den Opferaltar einzuölen und dann die Schalen ebenfalls. Wir werden dazu aufgefordert, in die zwei Henkel, die an jedem Altar angebracht sind, Fackeln einzuhängen und sie zu entzünden. Wir werden angehalten, der Göttin unsere Gebetsübungen vorzuführen und sie zu bitten, unsere Opfer anzunehmen, sie als Dankopfer zu empfangen, dafür, daß sie uns drei in die Lage versetzt hat, Prüfungen zu bestehen.

Nach diesen Handlungen werden wir in die Stallungen geführt, die in der gleichen Richtung liegen, wo auch die Stiere gehalten werden. Jeder sucht sich ein Zicklein aus, und als ich, ohne nach dem Geschlecht des Tieres zu schauen, eine kleine Ricke nahm, wurde ich vom Priester darauf hingewiesen, daß es nicht erlaubt sei, weibliche Tiere zu opfern. In ihnen stecke das Leben vielfach. Daraufhin mußten wir alle unsere Tiere untersuchen, bis wir sicher waren, daß es ein Bock war. Sie waren zutraulich, diese kleinen Tiere, sie reichten uns nicht weiter als bis zum Knie. Sie waren alle hellbraun gefärbt. Wir führten sie unter Streicheln und unter gutem Zureden bis vor die Schalen, klemmten sie zwischen die Beine, was sie unwillig ertrugen, und sie versuchten sich, entweder mit den Vorder- oder Hinterbeinen, hinauszustemmen.

Der Priester meinte:

»Schaut ihnen zuerst von hinten in die Augen, dann erst ist es möglich, sie zwischen die Beine zu klemmen. Vorher dürft ihr euch nur über sie stellen. Sie müssen immer das Gefühl haben, daß die Wohltat, die wir ihnen tun, größer sei als die Angst, die sie empfinden.«

Während wir sie mit der rechten Hand noch streichelten, versuchten wir sie mit der linken Hand unter dem Kinn festzuhalten. Der Priester zeigte uns, daß es möglich sei, wenn wir den kurzen Bart der kleinen Ziegen zwischen die Finger klemmten, um dann den Kopf nach hinten zu drehen. Die Ziegen wollten zuerst ausweichen, und als sich unsere Blicke begegneten, wußte ich anfangs nicht, ob ich in das linke oder in das rechte Auge schauen sollte, aber ich entschied mich dann, in die eine Iris zu sehen und die eine Pupille zu finden, die am meisten im Licht lag, das die Fackel verströmte. Die längliche rechteckige Pyramide und das längliche Rechteck der Pupille schauten mich schwarz, unverständig hätte ich beinahe gesagt, vertrauensvoll an. Wiederum aber waren nichtssagend die braunen Augen. Während ich die Ziege mit der rechten Hand streichelte, ich durfte nicht den Blick von ihr wenden, überlegte ich krampfhaft, wo ich das Messer gelassen hatte. Der Priester mußte wohl gemerkt haben, wonach ich suchte, denn er kam hinter uns vorbei und drückte es jedem von uns in die Hand.

»Ihr müßt daran denken, ihr müßt euch in das Tier versetzen! Nicht das Tier ist das Opfer, das ihr gebt, sondern ihr selbst seid es, was ihr der Göttin gebt. Ihr müßt euch für die Göttin opfern. Euer Dank muß durch das Tier der Göttin anerdungen werden. Es ist euer Dank in eurem Geiste, der durch das Tier hinaufweht. Willst du, daß du der Göttin nur Fleisch bietest? Oder willst du, daß du der Göttin deinen Geist bietest?«

Nun erschien es mir bei den Worten, als ob ich in dem Ziegenauge die Göttin auftauchen sah. Als ich dieses Zeichen vernahm, stieß ich zu, wie ich es gesehen hatte, und drückte das Messer mit schnellem Schnitt nach unten. In dem Auge verdunkelte sich das Bild und verschwand. Der Tierkörper wurde zwischen meinen Beinen schwerer. Kaum gelang es mir, ihn mit meinen zusammengepreßten Waden aufzufangen. Bei diesem Bild, das mich zuletzt erreichte, vergaß ich fast, den Kopf noch mehr nach hinten zu drücken, so daß ein Teil des Blutes, das aus dem Kopf strömte, in das Fell des Halses versickerte, und ein Teil des Blutes, das aus dem Halse spritzte, über meine Hand lief. Dennoch gelang es mir, wenn auch nicht vollständig, sehr viel vom Blut in der Schale aufzufangen. Nachdem ich genau, wie es uns der Priester vorgemacht hatte, das Tier in der Hüfte nach oben drückte und zog, floß noch mehr Blut aus dem jetzt schon toten Körper. Meine beiden Freunde waren fast zu gleicher Zeit wie ich fertig. Wir legten die Tiere auf die Altäre, so daß die Köpfe nach unten hingen und der Rest des Blutes hinuntertropfen konnte. Jeder Tropfen bildete in dem Rot einen Krater.

»Die Göttin will, daß ihr das, was ihr am liebsten von dem Tier haben möchtet, geschenkt wird, als Zeichen dafür, daß ihr bereit seid, Wertvolles zu geben, als Zeichen dafür, daß ihr in der Lage seid, euren Egoismus zu überwinden. Welches sind für euch die wichtigsten Teile?«

Und wie aus einem Mund antworteten wir drei:

»Die Keulen!«

»So trennt sie heraus, aber so, daß die Keulen vollständig bleiben!«

»Mit oder ohne Fell?«

»Meinst du, daß du Fell möchtest?«

So begannen wir auf dem Altar das gesamte Tier vom Fell zu befreien. Wir häuteten es vorsichtig ab, damit wir nicht das Fleisch verletzten und die Göttin verärgerten. Es blieb nichts anderes übrig, als das Tier in seiner Nacktheit. Wir begannen zu fühlen und zu tasten, damit wir feststellten, in welcher Weise die Muskeln verliefen, damit wir nicht die Stränge zerschnitten, sondern nur die Teile sich dort voneinander lösten, wo sie nur durch Haut verbunden waren und wo die Muskeln im Gelenk zusammenliefen. Es war eine mühselige und schwierige Arbeit, in der nur von Fackeln erleuchteten Umgebung den richtigen Schnitt mit dem Messer zu wagen. Die Messer waren sehr scharf. Sie waren aus blinkendem Metall. Selbst die Flammen der Fackeln wurden von ihnen zurückgeworfen. Nachdem wir nun die Keulen vom Rumpf getrennt hatten, ohne daß dabei aus dem Fleisch mehr als einige Tropfen Blut heraustraten, reihten wir diese Keulen, die gesamten Beine, so auf dem Altar auf, daß die fleischbeladenen Enden zu der Göttin zeigten. Den Rumpf des Tieres hat-

ten wir in der Hand. Das Blut selbst aber, was machten wir damit? Wir standen davor, die Tierleiber in der Hand, das Blut in
den Schalen vor unseren Füßen, die Keulen vor uns auf dem Altar. Da deutete der Priester auf die Hathor. Wir gingen auf sie zu,
kletterten an den Seiten empor und träufelten das Blut über den
Körper der Kuh. Jetzt stellten wir fest, daß schon eine dicke ge-
ronnene Schicht Blut auf diesem Stein klebte. An die Stelle, an
der die Schalen gestanden hatten, legten wir die Kadaver und bekamen den Auftrag, sie zu öffnen. Wir öffneten jeder den seinen,
indem wir vom Hals bis zum Becken den Körper trennten, die
Rippen auseinanderdrückten und so das gesamte Tier geöffnet
vor uns lag. Nachdem wir die Rippen auseinandergebogen und
gebrochen hatten, durften wir nichts mehr berühren.

»Ihr seid vorsichtig und klug gewesen«, sagte der Priester. »Ihr
habt das Tier nicht verletzt. Es wäre schlimm gewesen, wenn ihr
zu hastig und zu unvorsichtig mit euren Schnitten die Eingeweide des Tieres verletzt hättet, so daß man nicht mehr hätte hineinschauen können.«

Während die Tiere auf dem Fußboden lagen, kam er mit einer
Fackel und schaute auf die Eingeweide eines jeden Tieres und
stellte an der Lage fest, die die Lunge, das Herz, die Leber, der
Magen und die Nieren hatten, ob das Tier gesund war und ob es
uns Glück bringe, und das war das Wesentliche, nämlich, ob das
Opfer von der Göttin angenommen werden konnte. Es war
nämlich das Risiko eines jeden Opfernden, was man von außen
nicht sehen kann: Wie erzürnt muß eine Göttin sein, wenn man
ihr ein krankes Tier opfert. Diese Tiere kann selbst der Mensch
nicht essen. Wie soll es dann eine Göttin annehmen können? Es
war neben der großen Erwartung die große Angst, und es war
das Risiko einer jeden Opferung. Waren die Tiere gesund, wurden die Opfer angenommen, waren die Tiere krank, dann mußte
man mit dem Zorn der Göttin rechnen.

Er schaute in mein Tier, er schaute sich das Herz an, indem er
die Lunge beiseite schob, aber ganz vorsichtig, indem er nur den
Flügel hochklappte. Mit einem kurzen Schnitt, mit dem er den
Herzmuskel verletzte, prüfte er, ob noch Blut austrat. Das gleiche machte er mit der Lunge. Nur in den äußersten Spitzen perlte

noch Blut, sonst war auch sie leer. Den Pansen drehte er vorsichtig, und unter die Leber schaute er und stellte fest, daß die Galle gesund und grün war. Dann schaute er sich die Nieren an. Mein Bock war gesund. Auch die Tiere meiner beiden Freunde waren gesund. Wir mußten nun vorsichtig die Lebern herauslösen, Schicht für Schicht, und wurden auf das sorgfältigste angehalten, die Gallenblase nicht zu verletzen. Wir legten die Leber auf die Schenkel. Ebenso lösten wir das Herz heraus.

»Die Leber ist wichtig«, sagte er, »und das Herz ist auch wichtig. Das Herz ist der Übermittler des Lebens. Das Blut hat sie bekommen, damit in ihrem Odem der Odem nur eingehe, damit sich Geist zu Geist verbinde. Und die Leber ist wichtig, daß die Göttin sieht, daß ihre Geschöpfe gesund sind. Der Rest des Tieres besteht aus Fleisch, darum ist er nicht so wichtig.

Verharrt in Andacht, bis ich euch wecke!«

Wir standen da mit unseren blutigen Händen und wußten nicht, welche Stellung wir einnehmen sollten. Dann aber schien es uns, daß wir die Andachtsstellung einnehmen sollten, also verbeugten wir uns so tief, daß unsere Stirnen zwischen unseren blutigen Händen den Boden berührten. Uns blieb nichts anderes übrig, als uns in dieser Stellung zu versenken. Hätten wir auf seine Rückkehr gewartet, hätten wir es nicht geschafft, das wußten wir. So schien es uns auch fast selbstverständlich, daß wir nach einer Zeit, die wir nicht abschätzen konnten, geprüft wurden, ob wir in diesem Zustand verharrten oder ob wir nur so taten. Er berührte uns, stellte einen Fuß in unser Kreuz. Auf diese Weise konnte er feststellen, ob wir starr waren oder beweglich. Wir spüren in diesem Zustand nichts und merken auch nicht diese Überprüfung. Erst der Befehl in unserem Geist:

»Es ist genug, ihr könnt aufwachen!«, löst in uns den Spannungszustand. Langsam, in aller Ruhe, aber in dem Bewußtsein des Beherrschens, erwachten wir. Wir hockten uns vor unsere Opfer und warteten, was nun kommen würde. Es kamen mehrere Diener. Sie brachten trockenes Holz, ein wenig Ried, ein wenig trockenen Papyrus und zwei Holzstöckchen. Wir hatten die Aufgabe, Feuer zu schlagen. In unserer Hockstellung war es uns ein leichtes, ein Stückchen zwischen die Fußzehen zu klemmen, und mit den Händen rieben wir das zweite Stöckchen. In der Dämmerung konnten wir schnell sehen, ob sich ein Funke gebildet hatte oder nicht. Als sich in der Mulde Qualm entwickelte, pusteten wir vorsichtig während des Reibens hinein, häuften dann ein klein wenig trockenen Papyrus darüber und hofften, daß er sich entzünden würde. Bald fing auch das an zu schwelen, und durch vorsichtiges, zaghaftes Pusten gelang es uns, die Flamme zu gebären. So entzündeten wir auf den Steinen des Tempels jeder für sich ein kleines Feuer, und wir bekamen die Aufgabe, die Galle zu verbrennen.

Die Galle wurde als der Sitz der bösen Geister angesehen, und durch die Verbrennung konnte verhindert werden, daß diese bösen Geister sich einschmuggeln würden in das Opfer, um es zu verderben. Nachdem unser Feuer, wie wir glaubten, stark genug war, suchten wir die Galle, die wir vorsichtig beiseite gelegt hatten. Es war nicht ganz einfach, sie in der Dämmerung auf den kalten und dunklen Fliesen wiederzufinden, da wir eine ganze Zeit zwischendurch mit anderen Dingen beschäftigt waren und nicht an sie gedacht hatten. Nur mühsam konnte ich meine wiederfinden. Mir brach der Angstschweiß aus, da ich nicht wußte, was passieren würde, wenn ich sie nicht wiederfände. Sie hatte sich unter das Fell geschoben, das ich von dem Böcklein abgezogen hatte. Nun versuchte ich die Galle möglichst dicht, damit sie mir nicht von den kleinen runden Stämmen und Zweigen abrutschte, in das Feuer zu legen. Ich hatte Angst, mir die Finger zu verbrennen. Aber es war erstaunlich, in dem Moment, als neben dem Zischen ein dumpfes Platzen zu hören war, und in der Mitte, wo sie gelegen hatte, das Feuer verlöschte, züngelte anschließend das Holz in einer grünen Flamme wieder auf. Daran konnte festgestellt werden, ob man sie verbrannt hatte oder nicht. Man hätte also nicht irgend etwas anderes hineinlegen können. Ich sah auch nach nebenan und stellte fest, daß es meinen beiden Freunden gelungen war, die Gallen zu verbrennen. Wir hockten so lange vor dem Feuer, bis das Holz verglüht war.

Der Priester führte uns hinaus in den Hof, und wir stellten fest, daß es tiefe Nacht geworden war. Der Sternenhimmel stand verheißungsvoll leuchtend über uns. Aber noch konnten wir nichts anderes sehen als Sterne, unter denen wir hindurch-schwammen. Wir waren wie das Gras der Weide, über der die Göttin Hathor steht.

Er führte uns zurück zu der Waschanlage, und wir mußten uns sorgfältig reinigen von dem Blut, das eventuell an unserem Kör-per und an unseren Händen zurückgeblieben war. Wir bekamen feinen Sand, mit dem wir uns die Finger reinigen durften und mit dem wir die Blutspuren entfernen mußten. Nachdem wir geba-det und uns angekleidet hatten, das heißt, unseren Rock uns um-gebunden hatten, suchten wir nach unseren Kragen, aber keiner von uns fand ihn. Auf unsere Frage bekamen wir die Antwort: »Ihr bekommt neue.«

So trugen wir nur unsere Umhänge. Von dem gleichen Prie-ster, der uns hierhergeführt hatte, wurden wir auch zurückge-führt, und wie üblich landeten wir im Kanopenhaus.

Dort empfing uns ein anderer Priester. Wir bekamen wieder zu essen und zu trinken. Er saß uns am tiefbrennenden Feuer ge-genüber und versuchte, uns über die Bedeutung der Opfer auf-zuklären.

»Das Opfer ist ein Zeichen für die Beschäftigung mit den Göt-tern«, sagte er. »Es ist das sichtbare Zeichen, daß man Götter ernst nimmt, daß die Götter für den Menschen existieren. Wenn man nicht mehr an Götter glaubt und sie nicht in einem sind, dann braucht man ihnen nicht mehr zu opfern. Man hält es nicht mehr für nötig, einen Teil von sich selbst zu geben. Es ist nicht wichtig, was gegeben wird, es ist immer nur wichtig, daß ihr ei-nen Teil von euch durch das Opfer gebt. Das Opfer ist wichtig, denn nur an ihm ist zu ermessen, wozu euer Glaube fähig ist. Je mehr ihr von euch in der Lage seid zu geben, um so mehr existiert die Gottheit in euch. Wenn wir große Opfer fordern, dann ver-langen wir eigentlich keine Opfer mehr, sondern wir verlangen Sachwerte, wir verlangen in diesen Sachwerten eine Gegenlei-stung als Bestrafung. Wenn einer bereit ist, große Opfer zu brin-gen, ist er im Grunde nicht mehr bereit, ein Opfer zu bringen. Wenn wir das merken, wird die Opfersteuer immer höher. Der Opfernde soll merken, daß er etwas von sich selbst weggibt. Wenn in ihm keine Gottheit mehr ist, muß er an seinem weltlichen Leibe geschädigt werden. Geben muß er immer. Das Opfer ist ein Maßstab für die Glaubwürdigkeit und für die Gläubigkeit der Geber. Ihr habt durch das Opfer eine Möglichkeit festzustellen, wie weit ein Gott noch in dem Menschen existiert. Erst wenn ihr merkt, daß eine Gottheit nicht mehr beliebt ist, dann müßt ihr zulassen, daß eine andere kommt. Ihr könnt alles machen, ihr könnt euch neue Götter schaffen, so wie ihr sie in euch fühlt, aber ihr dürft nie zulassen, daß es keine Gottheit gibt. Der Mensch, der sich nicht mehr an irgend etwas bindet und bereit ist, irgend etwas von sich selbst zu geben, ist nicht mehr in der Lage, mit anderen Menschen zusammenzuleben. Ihr müßt euch vorstellen, daß der Glaube der Menschen in einem Punkt zusammengeführt wird, und wenn dieser Deckel fehlt, bricht auch die Basis auseinander. Das Opfer ist nichts anderes als die sichtbare Strickleiter, die uns anzeigt, wieweit die Menschen zusammengefunden haben oder wieweit sie sich auseinandergelebt haben. Damit aber die Menschen nicht in ihrem Glauben nachlassen, muß man ihnen zeigen, daß es sich lohnt, an etwas zu glauben. Und da wird das Opfer zur Bezahlung, zu einem Vorschuß für eine zu erwartende Handlung.

Daß die Götter nur das geben können, was in ihnen selbst ist, werden sie nicht begreifen. Ihr müßt diese Handlungen ausführen können. Wenn ihr den Menschen nicht die Erwartungen erfüllt, die sie haben, werden sie euren Göttern nicht mehr glauben. Mit euren Fähigkeiten und Fertigkeiten wird entweder der Glaube erhalten, oder er wird sterben. Es liegt an euch, euer Wissen umzusetzen, so daß ihr danach handelt und lebt, und das fällt euch nicht schwer, wenn in euch selbst die Gottheit existiert. Oder aber ihr ahmt etwas nach, das aber gelingt euch auf die Dauer immer weniger, denn ihr verzweifelt an euch selbst, weil ihr euch eure eigene Sicherheit genommen habt. Wie könntet ihr auf jemanden Sicherheit ausüben, wenn ihr sie selbst nicht mehr habt? Wenn ihr von dem geopferten Fleisch eßt, so ist das eine Ermahnung daran, daß ihr durch eure Gottheit lebt, und nur der Gottheit sind die Menschen bereit zu geben. Wenn aber eure Götter sterben, dann sterbt auch ihr. Dann seid ihr überflüssig geworden.«

Er machte eine Pause, trank einen Schluck aus dem Krug und schaute uns drei durch das flackernde Feuer an.

»Es wird viel von euch verlangt«, fuhr er fort.

»Wenn ihr den Tempeldienst ausführt und die Gläubigen zu euch kommen und sie euch bitten, die Opfer für sie zu übernehmen, dann denkt daran, daß diese Menschen nur kommen, wenn sie etwas haben wollen, auch wenn sie vorgeben, danken zu wollen. Entweder glauben sie, sie haben etwas bekommen oder sie möchten etwas haben. Der Mensch kommt nicht umsonst. An euch liegt es, herauszubekommen, was sie haben wollen. Während ihr darum betet, betet darum, daß es euch gelingt, den Mann im Geist zu befriedigen. Oder wenn es euch gelingt, ihn hier auf Erden zu befriedigen, ihm seine Wünsche zu erfüllen. Je tiefer man auf der Stufe der Pyramide steht, paradox wie es ist, um so mehr ist man bereit zu glauben, was man besser sehen könnte. Erst je höher ihr kommt, um so mehr müßt ihr lernen, mit den Dingen umzugehen, die nur noch euch bekannt sind, und diese Geheimnisse zu verwenden, solltet ihr im Namen der Götter tun. Was euch von den anderen Menschen trennt, ist das Wissen, das ihr lebt, ist das Denken über euer Leben. Ihr seid eine Doppelexistenz, infolgedessen machen euch eure doppelten Kräfte wirksam. Wenn ihr nicht mehr daran glaubt, daß eure Opfer, daß die Opfer der Menschen Wirkung zeigen können, dann sind es keine Bittopfer und keine Dankopfer mehr, sondern es ist nur noch totes Fleisch, was auf den Altären liegt. Es sind faulende Früchte, es sind Gegenstände, die überflüssig sind. Ihr müßt sehen, daß ihr das Leben erhaltet, daß ihr das Band zwischen den Göttern und den Menschen stärker flechtet! Die Abhängigkeit hilft beiden!«

Während ich mit meinen Lippen versuchte, an dem Knochen das Fleisch zu finden, weil ich nämlich die Augen geschlossen hatte, wurden durch die Worte des Priesters Bilder in mir sichtbar, die vorher nicht da waren. Es wurden Verbindungen sichtbar, die wirklich nur der erkennen kann, der sie einmal in sich aufgezeichnet hat. Man muß mit den Dingen leben, und man muß gleichzeitig den Abstand zu den Dingen haben, damit man sie richtig beurteilen kann, sonst sieht man immer nur die eine

Seite. Man muß den Gegenstand und sein Abbild haben, sonst weiß man nicht, was man in Händen hält.

Es tauchte vor meinem Blick, vor meinem inneren Auge, der Altar mit den vier Keulen auf, und mir schien, als gingen Priester hin, nahmen diese Keulen, steckten sie auf Spieße und verzehrten sie. Es war nicht wichtig. Wichtig war, daß wir geglaubt hatten oder immer noch glauben, daß unsere Opfer angenommen waren, daß es uns gelungen war in dem Moment, als wir die Tiere übergaben, als wir das Leben der Tiere übergaben, als wir ein Teil unseres Selbst im Leben der Tiere übergaben, daß unser Opfer Wirkung hat. In unserer Phantasie ist wesentlich, daß wir an die Wirkung glauben.

8. KAPITEL

Im Kanopenhaus

Wir drei sitzen immer noch nebeneinander in dem Kanopenhaus. Der Priester, der uns über die Bedeutung des Opfers aufgeklärt hatte, war gegangen. Uns gegenüber sitzt jetzt dieser kleine
alte Priester, der uns aus dem Tempel der Hathor hier hergeführt
hat. Er ist ziemlich alt, eingetrocknet, verschrumpelt, aber er hat
einen gütigen Blick und ein nettes Lachen. Ob sein Schädel rasiert ist oder ob das ein natürlich glänzender Schädel ist, wissen
wir nicht. Er trägt auch nicht mehr wie wir einen kurzen Wickelrock, sondern er trägt einen ziemlich langen Mantel. Was er darunter hat, wissen wir nicht. Zwischen unseren Füßen, seinen und
unseren, brennt wieder ein kleines Feuer, das uns wärmt.

Es steht für uns reichlich Fleisch bereit und auch gegorener
Most zum Trinken. Woher das Fleisch kommt, wissen wir nicht.
Während wir mit großem Genuß essen, und über das nachdenken, was wir erlebt und gehört haben, wird uns diesmal eine zu-
sätzliche Prüfung abverlangt.

Plötzlich sagt er zu einem von uns: »Schüre mit deinem Blick
die Flamme!«

Meneth blickt uns ganz verständnislos an, er weiß überhaupt
nicht, was los ist.

»Na, tu es!« sagt der Alte. »Oder soll ich es dir vormachen?«

Meneth weiß immer noch nicht, was er tun soll. Ich bin nicht
weniger überrascht als der andere. Während wir also dasitzen,
und etwa eine Handspanne vor unseren Füßen die Glut langsam
in sich zusammensinkt, und nur wenige züngelnde Flammen sich
um die dünnen Stämmchen emporranken, da hat der Alte, ohne
den Knochen aus seinem alten, lückenhaften Gebiß zu nehmen,
die Flamme schon wieder in Gang gebracht, indem er sorgfältig,

ohne sich auch nur einen Millimeter von seinem Platz zu rühren, die Stämmchen in der Glut neu ordnet. Er legt sie so, daß unverbrauchtes Holz neu in die Glut kommt, und es scheint sogar, als ob ein leichter Windzug über die Flammen hinstreicht, die sich nun neu entfachen lassen. Wir sind ziemlich platt, wir sind – ja – wir sind sprachlos, uns gelingt es nicht einmal zu fragen, wie er das gemacht hat. Nach einer kurzen Pause, die kaum ausreicht, daß wir uns von unserem Staunen erholen, fordert er uns nun alle drei auf, das gleiche nachzumachen.

»Es liegt noch Holz da, das ihr auflegen könnt«, meint er.

Wir fassen uns wieder an der Hand und versuchen es nun gemeinsam, aber wir sind klug genug, aus allem, was wir gelernt haben, uns zuerst darüber zu verständigen, was wir gemeinsam machen wollen und auf welches Stück Holz wir uns besinnen wollen, das in die Glut gelangen soll. Wir meinen, daß es gut wäre, erst einmal die auf dem kleinen Holzstoß liegende Gabel zu nehmen, damit wir auch eine feste Vorstellung mit diesem Stück Holz verbinden können.

Ich schließe die Augen, versuche, mir dieses Stück Holz genau vorzustellen, versuche, es so genau wie möglich mit meinem inneren Blick zu fassen, und hebe es dann in meiner Vorstellung in einem leichten Bogen hinüber und lege es auf die drei querliegenden Hölzer im Feuer. Das denke ich langsam und ganz intensiv. Meneth muß das wohl auch gemacht haben. Als wir nämlich die Augen öffnen, schmerzt meine Hand, an der er mich festgehalten hatte. Wir hatten unsere Hände gegenseitig so fest zusammengepreßt, wie um eine fürchterlich anstrengende Arbeit zu leisten. Aber wir stellten fest: Im Feuer lag dieses Holz nicht. Es hatte sich nur von dem Holzstoß ein klein wenig gelöst und war dann wohl, der eigenen Schwerkraft folgend, an den Fuß des Holzstoßes gefallen.

Der Alte nickte uns freundlich zu, und während er seine – nun, man könnte fast sagen – lappigen Lippen um ein neues Stück Fleisch hängte, was dadurch kam, daß kaum Zähne in dem Gaumen steckten, und er fürchterliche Mühe hatte, mit dem Gaumen das Fleisch von dem Knochen zu reißen, lispelte er: »Das war schon gut, nun mal weiter, noch mal!«

Wir versuchten es von neuem.

Damit unseren Gedankenstrom nichts hinderte, legten wir auf die Holzbretter unsere Fleischstücke zurück, stellten die Holzkrüge weg und schlossen den Kreis. Diesmal sah ich, daß die beiden anderen ebenfalls die Augen geschlossen hatten.

Und wieder versuchten wir, dieses Stück Holz ins Feuer zu transportieren. Für mich war es das gleiche, indem ich mir vom Fuße des Holzstoßes jetzt dieses Stück, das ich mir vorher in seiner Lage genau eingeprägt hatte, wieder vorstellte. Wieder stellte ich mir eine kleine Kurve vor, in der es in das Feuer fliegen sollte. Dieser Versuch war zwar wieder nicht mißlungen, aber es war auch kein voller Erfolg. Wir rückten es nur Stück um Stück an das Feuer heran, bis uns der Alte sagte:

»Wenn ihr euch gegenseitig hindert, müßt ihr nicht damit rechnen, daß ihr auf einmal Erfolg habt.«

»Wieso hindern wir uns?«, fragte ich, »wir versuchen, es gemeinsam zu schaffen.«

»Und welches Bild hattest du?« fragt er.

»Ich hatte eine leichte Kurve«, sagte ich.

»Und du?« fragte er Meneth.

»Ich hatte«, sagte er, »ja, ich hatte natürlich keine Kurve. Das Stück sollte an der Erde entlang und dann in das Feuer gezogen sein.«

»Und welche Vorstellung hattest du?« sagte er zu unserem dritten Freund.

Der sagte: »Ich hatte nur die Gabel und das Feuer vor Augen.«

»Und ihr meint, daß ihr es zu dritt schaffen könntet? Und ihr meint, daß man zu dritt sich auf dasselbe Stück Holz besinnen sollte? Nichts ist so verschieden wie die Vorstellung eines jeden Menschen. Solange ihr euch auf körperliche Dinge besinnen könnt, so sei es, so lange mögt ihr euch anfassen. Solange ihr in Kontakt tretet und abwartet, was der andere euch zuflüstert, so lange mag es gehen. Aber hier seid ihr genauso allein, wie wenn ihr geboren seid und werdet, wie wenn ihr euch von euch selbst trennt. Jeder für sich«, sagte er, »und das mit ganzer Kraft. Ihr müßt euch einigen über die drei Stücke, wie ihr sie verteilt, aber nicht über das eine, wie ihr es gemeinsam macht.«

Damit diese Gabel nicht zum erneuten Streitpunkt wurde, stand ich auf und legte neben den Holzstoß drei Stücke und verteilte sie der Reihe nach, wie wir saßen.

»Nun los«, sagte der Alte. Er schien sich diebisch zu freuen, nämlich sein dünner, schmaler Mund zog sich weit an der Nase rechts und links hoch. Er war in seinem Ausdruck eigentlich abstoßend häßlich, wie eine geschnitzte Maske, die man aufsetzt, um die Dämonen zu verscheuchen. Aber der Unterschied war, dieser Mann lebte, und er hatte etwas der Maske voraus. Er besaß die Weisheit der Menschenführung.

Und nun geschah das Eigenartige, während sich jeder auf sein Holzstück konzentrierte und es sich möglichst genau vor sein Auge zu projizieren versuchte. Da sich bei dem Gespräch in uns wahrscheinlich eine gleiche Meinung gebildet hatte, hörten wir trotz unserer Konzentration, wie es polterte, und wir stellten fest, daß keins der drei Holzstücke im Feuer gelandet war. Sie hatten sich auf dem Wege ins Feuer berührt und hatten sich wieder gegenseitig behindert, weil wir uns jetzt wieder zu gleicher Zeit eine Flugbahn vorgestellt hatten.

»Ihr seht«, sagte er, »wie schwierig es ist, sich von der Masse der Meinung zu lösen, wenn man sich erst einmal darüber unterhalten hat. Ihr macht es immer komplizierter. Je mehr ihr euch über den Weg einigt, um so schwieriger wird es, daß der einzelne noch etwas vollbringt. Vielleicht sollten wir jetzt doch noch losen«, sagte er, »wer nun zuerst dürfe, und wer sich dann als Dritter nicht mehr konzentrieren kann. Lassen wir's«, sagte er. »Ihr macht, und das sei euch zur Lehre, aus den einfachsten Dingen, solange ihr diese Dinge zusammen machen wollt, die kompliziertesten.«

Irgendwie waren wir trotz dieses halben Erfolges ziemlich aufgekratzt. Wir waren sogar bereit, wir hätten uns am liebsten – so muß ich es sagen – noch ein Stück Fleisch geholt. Es war eine freie Stimmung, es war eine gelöste Stimmung. Aber der Alte stand auf und sagte: »Alle Zeit, die ihr mit Essen vertut, geht eurer Konzentration verloren. Eigentlich habt ihr sowieso keinen Hunger mehr«, sagte er. »Fleisch ist für euch unbekannt, trinkt den Rest eures Mostes und verzieht euch.«

Der Alte stand auf, und während des Aufstehens hatte man das Gefühl, als beulte sich sein langer Umhang an den Knien, jedenfalls ächzte er ein bißchen, als er sich erhob. Auch das Rheuma in seinen Beinen schien ihn zu plagen. Und ich meinte, noch eins festzustellen, daß mit hohem Alter nur wie bei Kindern die Krankheit auftritt, daß sich die Gelenke nach außen beugen. Sein Körper war ausgezehrt und unzureichend ernährt. Er hatte ihm wahrscheinlich zu wenig Aufmerksamkeit geschenkt. Die paar Male, die er noch aus seiner Hütte geholt wurde, um irgendwelche Prüfungen abzunehmen, reichten nicht aus, um in ihm das Interesse an der Welt wachzurufen. So schien es auch nicht verwunderlich, daß er es eilig hatte, sich auf seinem Fellsitz wieder niederzulassen, und wieder so weit und so lange in Schlaf zu sinken, bis die nächste Generation herangewachsen war, die nächste Generation von Prüflingen. Es war selbstverständlich, daß wir allein nicht in der Hütte zurückbleiben konnten, und da wir bisher nie als letzte die Hütte verlassen hatten, stellte sich uns heute die Frage, ob wir das Feuer auslöschen oder ob wir es einfach abbrennen lassen und so lange hier verweilen sollten. Wir kamen auf den Gedanken, das Feuer auf eine Art zu löschen, wie man es wahrscheinlich wohl selten machen wird.

Ohne uns diesmal zu besprechen, sagten wir nur, wir löschen das Feuer. Jeder schaute in die Glut, schloß die Augen und stellte sich vor, er nehme ein Stück Holz und tauche es in eine Schale Wasser.

Als wir wieder aufblickten, hatte sich an unserem Feuer eigentlich nur geändert, daß die Lage der brennenden Stämmchen eine andere war. Aber das Feuer flackerte lustig vor sich hin. Was sollten wir machen? Es war natürlich töricht, sich eine Wasserschüssel vorzustellen, die gar nicht neben dem Feuer stand. Man löscht kein Feuer mit der Kraft einer Vorstellung. Wir kratzten in unserer Vorstellung so viel von dem staubigen Lehm in der Hütte zusammen, bis es uns gelungen war, das Feuer zu erstikken. Dann gingen wir befriedigt in unsere Hütte. Jedoch nicht, ohne uns vorher selbst zu waschen, denn immerhin hatten wir heute mehrere Plätze gehabt, mit denen unser Körper in Berührung gekommen war.

Wir zogen uns in unsere Hütte zurück.

Die Hütte schien die Unsrige zu sein, jedenfalls hatte man uns keine neue angewiesen. Die Frage war jetzt, was hatten wir eigentlich gewonnen? Wir waren auf der Suche nach unserem Körper. Wir waren schon in der Lage, ohne unseren Körper die Welt aufzunehmen. Aber diese Frage war nicht mehr von uns dreien zu beantworten, und uns schien die einzige Möglichkeit, um an die Antwort heranzukommen, die zu sein, daß wir uns jemanden herbeidachten. So war es selbstverständlich, daß wir uns konzentriert zurückzogen, um einem Herumirrenden die Möglichkeit zu geben, einzutreten. Es dauerte auch nicht lange, da schien tatsächlich jemand in der Hütte zu sein. Ob er nun körperlich anwesend war, war uns völlig egal, denn wir konnten uns aus unserer geistigen Spannung nicht lösen und nachschauen. Die Gefahr, daß er dann nicht mehr da war, wäre einfach zu groß gewesen.

So saßen wir denn dort und erwarteten, indem wir uns möglichst auf nichts besannen, die Antwort.

Die Antwort war: »Ihr sollt lernen, euren Körper zu achten, solange ihr lebt, solange euer Körper mit dem Geist verbunden ist.«

Die zweite Antwort war: »Solange ihr denkt, versucht daran zu denken, daß alles Denken nicht ausreicht, um das zu erleben, was ohne euren Körper möglich ist!«

Dann war wieder Ruhe. Wenn das die Antworten waren, so war die eine wohl zu verstehen, die andere aber nicht. Es löste aber mindestens in uns die Frage nach der Lösung dieser Antwort aus.

Aber es war vorhin in der Kanopenhütte etwas in Gang gesetzt worden, das uns von nun an trennend verbinden sollte. Jeder versuchte, seinen eigenen Weg zu gehen. Man machte sich frei, auf den anderen zu hören, erst abzuwarten, was der andere wohl sagen könnte, um sich dann eine ähnliche Meinung zu bilden. Ich begann jedenfalls für mich, unabhängig von den Ansichten der anderen beiden, eine Lösung für diese Antwort zu suchen: Indem ich noch einmal zurückschaute, stellte ich fest, daß der Teil unseres Seins, mit dem wir unsere Körper gesucht haben, weder

125

dachte noch Überlegungen anstellte, noch Gefühle zeigte, sondern scheinbar sinnlos und planlos als Auge umherschwirrte, so lange, bis der Körper gefunden war. Ich versuchte immer wieder, diesen Zustand zu erreichen. Ich versetzte mich mit Geduld in die Situation, daß mein Körper auf dem Lager hockte und mein Geist irgendwo unterwegs wäre. Ich versuchte, nur wiederum Geist zu sein, um anschließend genau festzustellen, warum ich in meinen Körper zurückkehrte und nicht einen neuen suchte. Während ich mich von meinem Körper löste, stieg ich auf und war nicht frei. Es war, als klammere sich etwas aus meinem Körper an mir fest. Ich weiß nicht, was es war. Aber jetzt versuchte ich etwas Unbekanntes: Ich versuchte, in einen anderen Körper einzudringen. Doch ich scheiterte. Wie immer ich auch in seinen Kopf hineinwollte, es war, als wäre er absolut dicht. Es gab keine Möglichkeit, mich in ihn zu versenken.

Beim zweiten hatte ich mehr Glück. Ich tauchte mit einem Teil hinein. Ich hatte das Gefühl, als schaue ich zur Hälfte noch hinaus, aber ein Versenken war auch hier nicht möglich. Während es mir ohne jede Schwierigkeiten gelang, mich von allen Seiten in meinen eigenen Körper hineinzuschieben – breit, quer, wie auch immer – es war immer möglich. Es machte mir Spaß, auszuprobieren, wie ich durch ein Ohr hineinrutschte oder durch den Tränenkanal, wie ich versuchte, mich lang und dünn zu machen, um mich durch eine Pore auf dem Kopf hineinzuschlängeln, versuchte, mich in meinem Gehirn einzunisten, schloß meinen Thalamos wie in einen Mantel ein, zog mich durch das Gehirn, so daß ich scheinbar durch beide Ohren hinausschaute. Das war mein Platz, hier gehörte ich hin und es war, als ob zu jedem Negativ ein Positiv gehöre. Dort kam ich nicht hinein, der Schlüssel meines Geistes paßte nicht zu dem fremden Körper. Auch wenn ich die drei Körper dort unten sah, und ich stellte sie mir vor, und ich schaute mich an, so war es diesmal mit dem Bewußtsein, zu sehen, wie ich aussah. Das ist wahrscheinlich der Unterschied. Es gibt zwei Möglichkeiten, aus sich herauszutreten: sein Bewußtsein zu teilen und einen Teil mitzugeben. Oder aber sich regelrecht zu teilen, sich zu verdoppeln, damit man, wenn man zurückkehrt, weiß, was man gesehen hat. Nur so ist es möglich.

Auf diese Weise konnte ich mich sehen, wie ich dort hager und knochig auf meinem Sitz saß, ein wenig zusammengesunken ob meiner Länge mit dem langen, hageren, ausgedehnten Schädel. Nach dem, wie ich dort aussah, war ich schon ziemlich alt. Was dort auf dem Bett saß, war ein reifer Mann, der aber etwas nicht abgeschüttelt hatte: den Ausdruck nicht des Gebenden, sondern immer noch den des Nehmenden. Er war nicht fertig. Er war nicht abgeschlossen. Soviel an seinen Augen, sowohl an den äußeren als auch an den inneren vorbeigezogen war, er war auf der Suche und auf der Wanderschaft wie ein Zugvogel.

Ich kehrte wieder in mich zurück und war mir dessen bewußt, was ich eben von mir gesehen hatte. Es kam der Gedanke auf: »Wenn ich immer noch ein Nehmender war, was kam auf mich zu?«

Ich schaute mir die beiden anderen an. Ich konnte mich verlassen und in mich einkehren, wie ich es wollte, aber ich konnte nicht feststellen, ob die beiden sich verlassen hatten, oder ob sie in sich waren. Es waren ruhige lange Atemzüge, die die beiden machten. Sie schienen zu schlafen. Meneth hatte eine durchgebogene Nase, die tief zwischen den beiden Augen lag. Sosehr man sich auch die Haare schert, die Stirn bleibt sichtbar. Auch hier schien es, als ob die Stirn das beherrschende Element des gesamten Gesichtes war. Die haarlosen Augenbrauenpolster standen dennoch schützend über den tiefliegenden, von dünnen Lidern bedeckten Augäpfeln. Auch hier schon angedeutete Tränensäcke in der faltigen fettlosen Haut. Auch hier der straffgezogene Mund, der aber die Neigung nicht aufgegeben hatte, sich nach oben zu ziehen. Ein freundliches, aber abweisendes Gesicht. Seine dünnen, langen Hände lagen da, daß man glaubte, die äußersten Fingerglieder gehörten nicht mehr zur Hand, könnten nicht mehr von ihm kontrolliert und bewegt werden. Auch hier sind die Schlüsselbeine sichtbar, die Rippenbogen deutlich sichtbar, nur unter der Brustwarze schien noch Fett zu sein. Plötzlich hatte ich das Gefühl, daß wir unseren Körper zwar stählen, aber nicht kraftlos machen dürften.

9. KAPITEL

Der heilige Stier

Während ich auf meiner Liege hocke, will ich mich noch einmal mit Amen-hotep beschäftigen. Ich sehe ihn, während mir dieser Name durch den Kopf geht, kaum daß ich die Augen geschlossen habe und mir den Namen sage. Es taucht vor mir das Bild des Mannes auf, erst undeutlich, dann aber wird er mir in seiner Gestalt immer deutlicher. Er sitzt mit untergeschränkten Beinen auf seinem viereckigen lederbespannten Hocker. Unter sich hat er ein Sitzkissen, das aber ziemlich dünn ist. Es ist eigentlich nur ein Fell, das über den Hocker gespannt ist. Er hat seine Arme locker vor seinem Bauch liegen, eigentlich mehr auf seinen Oberschenkeln. Er trägt einen weißen, weiten Umhang, der seine Knie frei läßt. Die Füße sind aber nicht zu sehen. Er scheint auf ihnen zu sitzen. Nur seine Hände sind sichtbar. Der Umhang ist am Halse fest geschlossen. Er hat weißes, langes Haar. Unter diesem langen Haar, das ihm über die Ohren fällt, steht eine sehr hohe Stirn, die fast die Hälfte seines Gesichtes einnimmt. Seine Augenbrauen sind buschig und weiß. Sie ragen in die Stirn hinein. Von der Stirn zur Nase gibt es einen Einschnitt, denn die Nase springt sehr stark heraus. Wenn er spricht, sieht man keine Zähne. Seine Augen sind klein, nur wenig geöffnet, aber sie sind völlig klar, nicht wäßrig, wie man es bei alten Leuten manchmal sieht. Unter seinen Backenknochen geht die Haut tief in die Wange hinein. Er spricht wenig, aber deutlich. So sitzt er da, völlig unbeweglich. Aber es ist eindeutig, daß er lebt, nämlich seine Augen wandern hin und her. Sie umfangen einen förmlich.

Während ich noch in diesen Anblick versunken bin, kommen meine beiden Zimmergenossen herein und sagen, daß wir einen Auftrag hätten. Sie müßten mich abholen. Sie fragen gar nicht,

warum ich dagesessen und nachgedacht habe. Sie sind ganz aufgeregt, sie sind ganz begeistert. Meneth sagt, wir müßten sofort
in den Tempel. Dort bekämen wir einen weiteren Auftrag. Sie
sollten mich nur holen. Ich ziehe meine Sandalen an, binde sie
fest und folge ihnen. Wir müssen es sehr eilig haben, denn niemand kommt von uns auf den Gedanken, noch ein Bad zu nehmen. Aber erstaunlicherweise nehmen wir alle drei unseren weißen Umhang und schlingen ihn uns über die Schultern. Wir gehen in den offiziellen Ausgang und kommen draußen in die glühende Sonne, die sich aber schon dem Westen zuneigt. Es ist eine
Luft wie im Backofen. Aber ungeachtet der Hitze eilen wir
hinab. Die Sonne scheint uns auf den Rücken. Der Schatten eilt
vor uns hin. Wir haben es so eilig, daß wir nicht einmal den ausgetretenen Weg nehmen, sondern quer durch den Sand und über
die Steine laufen. Mir erscheint es ziemlich mühselig, da der Sand
einem immer unter den Füßen wegrutscht. Aber der Wind ist angenehm. Er hat nur die unangenehme Wirkung, daß man dauernd mit den Augen plinkern muß, denn man hat das Gefühl, es
sind Sandkörner im Auge. Er fächelt den kahlgeschorenen Schädel, so daß man die Hitze nicht so sehr spürt. Wir eilen in Richtung Tal-Tempel. Aber mir scheint, wir wollen nicht in den Tal-
Tempel, sondern zum Stiergehege. Wir kommen bei einem Gebäude an, das von einer großen Mauer umgeben ist. Nur eine
kleine, verschlossene Tür führt in das Innere dieses Komplexes.
Meneth gibt mit einer bestimmten Anzahl von Schlägen unsere
Ankunft bekannt. Wir fühlen uns klein vor der Höhe dieses Ge-
bäudes. Es wird uns eine kleine Tür geöffnet, die innerhalb der
großen Tür ist. Die große Tür scheint eine Prozessionstür zu
sein, die nur bei besonderen Anlässen geöffnet wird. Durch diese
kleine Tür steigen wir ein wie ein Hund in seine Hütte. Wir müssen unseren Kopf einziehen und einen Schritt machen. Es ist wie
eine größere Sichtluke. Das Scharnier besteht aus dicken Leder-
bändern.

Wir gehen in den Hof und stellen fest, daß in der Mitte des Hofes ein Tempel steht. Rechts und links gehen Gänge an ihm vorbei, die in den hinteren Teil der Anlage führen. Wir gehen auf
dem gepflasterten Weg über den Hof zum Tempel.

Der Tempel ist ein Flachbau, der vorn von einer Reihe von Säulen begrenzt wird. Das Innere des Tempels ist eine große dunkle Zelle. Die Altäre stehen aufgereiht an der jenseitigen Wand. Das Licht der Tür fällt direkt auf die Kuhgöttin. Sie wird aber nicht von der Seite dargestellt, sondern von vorn. Wir schauen genau auf sie, und neben ihr stehen der Größe nach immer kleiner werdende Stiere, die sich mit dem Gehörn ihr zuwenden. Zwischen dem Gehörn sind unterschiedliche Zeichen aufgereiht: entweder die Lebenszeichen, die Zeichen des Mondes, die Zeichen der Sonne, während die Kuhgöttin in der Mitte den Thron trägt.

Unter der Göttin werden wir von einem Priester in Empfang genommen. Er hat einen kurzen Rock an, der über einen Riemen an der Taille umgeschlagen ist und fast ein Bein völlig freiläßt, das andere um so weiter bis zur Wade bedeckt. Um den Oberkörper liegt ein ziemlich breiter Kragen aus Stoff, der mit Fellstreifen benäht ist.

Direkt hinter der Göttin gibt es einen Ausgang. Wir kommen in den dahinterliegenden Hof und sehen dort die unterschiedlichen Götter. Hier werden Kühe in verschiedenen Farben und Stiere mit verschiedenen Färbungen, mit seltenen Färbungen und Flecken gehalten und gezüchtet. Es gibt unterschiedliche Zeichen. Manche Stiere haben ein Dreieck auf der Stirn, entweder steht es auf der Spitze oder auf der Basis. Manche haben weiße Fesseln, manche Tiere sind dunkelbraun, manche sind hellbraun, manche sind ganz hellbeige, dafür ist der Fleck dann dunkel. Während wir an den Stieren vorbeigehen, sehen wir die unterschiedlichsten Male, aber es muß immer der Kopf gezeichnet sein und die Füße. Bei dem einen sieht man einen abnehmenden Mond. Das Zeichen sieht aus wie die Sonnenbarke, in deren Mitte das Anch-Zeichen steht. Es ist ein ganz seltenes Fellmal. Dieses ist auch der im Augenblick am meisten geschätzte Stier. Seine Hörner sind glatt poliert, sein Fell ist glänzend. Obgleich er sehr gut gepflegt ist, ist er kaum zu bändigen. Es passiert nicht selten, daß Kühe, die ihm zum Decken gebracht werden, unter seinem Gewicht zusammenbrechen und er sie tottrampelt.

Nachdem wir diese Tiere gesehen haben, bekommen wir den

Auftrag, weil dieser Stier schon ziemlich alt ist, möglichst zu versuchen, einen jungen Stier mit einem ähnlichen Zeichen zu finden.

»Es muß nicht dieses Zeichen sein«, sagt uns der Priester, »aber es muß das Zeichen eines unserer großen Götter sein. Es muß ein Zeichen sein, bei dem die Menschen erkennen können, daß dieser Stier den einen oder den anderen unserer Götter durch ein sichtbares Zeichen darstellt. Ihr könnt zusammen gehen, das ist sicherer, ihr könnt getrennt gehen, das ist schneller. Ihr könnt euch entscheiden. Wohin ihr auch kommt, euer Losungswort ist Menephtha.«

Als wir durch den Tempel zurückgehen, führt er uns an der Reihe der nachgebildeten Stiere nochmals vorbei und zeigt uns bedeutende Zeichen. Auf dem einen Stier sieht man sehr deutlich ausgeprägt im Fell das Anch-Zeichen. Den toten Stieren wird das Stück Fell herausgeschnitten und hier auf die ihnen nachgebildeten Plastiken aufgeklebt. Auf einem anderen Stier finden wir die dreifache Säule, wir finden die Lotosblüte. Man hat das Gefühl, hier sei der Kopf des Horus. Hier scheint es ein Ibisschnabel zu sein und dort der aufgerissene Schnabel des großen Geb. Das sind alles sehr eindeutige Zeichen. Selbst dort hat man das Gefühl, daß ein Junge oder ein junger Mann auf der Stirn steht. Das soll Ptah sein.

Am Ausgang bekommen wir eine Felltasche und eine Lederflasche. Wir erhalten jeder einen Wanderstab. Einen Wanderstab, auf dem die unendliche Schlinge steht. So ziehen wir los. Wir gehen zum Fluß hinab und dirigieren das nächste größere Boot ans Ufer, damit wir einsteigen können. Bereitwillig folgt man unserem Ruf und landet am Ufer. Wir lassen uns den Strom hinaufrudern, ein Großteil der Arbeit übernimmt das Segel.

Es ist nicht billig, dieses Segel. Es ist aus gegerbten Häuten, von denen die Haare feinsäuberlich abgeschabt sind. Es ist fast wie Pergament, es ist leicht, aber haltbar. Jemand steht mit einem breiten Ruder am Heck des Schiffes und dirigiert es. Wir stehen am Bug des Schiffes und schauen in die sich leicht kräuselnden Fluten des gelbbraunen Wassers, das uns entgegenkommt. Wir wollen nicht allzuweit flußaufwärts fahren. Mir scheint, daß wir diesen Ausflug gern und bereitwillig unternehmen, denn er zeigt uns auf diese Weise die Welt, die uns in unserer Abgeschiedenheit immer mehr aus den Augen verschwand. Ich komme mir vor wie ein Bettelpriester, der durchs Land zieht. Aber trotzdem war, so scheint uns, der Weg, den wir gehen, völlig klar. Als die Sonne untergegangen ist und sofort die Dunkelheit einbricht, haben wir am Ufer gehalten und bleiben, weil hier das Ufer zu steil ist, auf dem Schiff. Ich begreife nicht, daß wir nicht früher eine Ruhepause gemacht haben. Es wäre besser gewesen, am Ufer zu schlafen als in der Feuchtigkeit des aufsteigenden Wassers. Aber unser Bootsmann scheint unsere Bedenken gewußt zu haben, er holt aus dem Heck des Schiffes ein Segel und spannt es über das ganze Schiff, so daß wir von der Feuchtigkeit unter diesem Segel verschont bleiben.

Es wird unangenehm kühl auf dem Wasser des Nachts. Kaum hat die Sonne einen Teil ihres Körpers über den Rand der Welt geschoben, als wir uns schon wieder auf dem Wege befinden. Trotz der Frühe haben wir schon gebadet, obgleich wir vorsichtig und ängstlich sind, denn die Krokodile sind unangenehme und gierige Fresser. Wir werden hinreichend versorgt mit Trokkenfleisch, mit Früchten sowie mit einem Stück Fladenbrot.

Und schon geht es weiter nilaufwärts. Wir halten uns so weit vom Ufer entfernt, daß der Wind noch in die Segel faßt, aber wir bleiben so weit vom Ufer entfernt, daß wir nicht in die Hauptströmung in der Mitte des Flusses kommen. Während die beiden Ruderer und der Lenker des Schiffes sich abwechseln im Rudern oder Lenken, sitzen oder stehen wir drei vorn im Bug des Schiffes auf den Schiffskanten, entweder, indem wir nach Süden schauen, oder aber, indem wir dem Süden den Rücken wenden, um nicht von der heißen Sonne geblendet zu werden. Wir kommen nur langsam voran, aber wir kommen voran.

Kurz bevor der Abend hereinbricht und die Dunkelheit uns umhüllt, uns mit ihrem großen Mantel einwickelt, überqueren wir den Fluß und versuchen auf der linken Seite, auf der Ostseite, einen Lagerplatz zu finden, an dem wir Feuer machen können von dem, was wir an trockenem Schilf finden. Bis jetzt hat keiner von uns dreien Anstalten gemacht, überhaupt nur einmal über den Rand des Schiffes hinauszuschauen, um nach Kühen oder Stieren Ausschau zu halten. Bis jetzt haben wir uns nur an der Fahrt erfreut.

Wir sitzen um das Feuer herum, haben uns in die Tücher gewickelt, damit uns die Kälte nicht von hinten anfällt. Es gibt Fische, die wir gefangen haben, auf dünne Ruten gespießt haben und die wir über dem Feuer braten. Jedesmal, wenn ein Stück genug geröstet ist, beißen wir ab und den Rest, der uns noch roh und blutig erscheint, halten wir in die Glut. Es stört uns nicht, wenn von der aufwirbelnden Glut die Aschenteile der Papyrusstauden am Fisch kleben bleiben. Nach dem Mahl legen wir uns so im Kreis um die Glut herum, daß wir mit dem Gesicht zur Glut schauen und schlafen. Als wir am anderen Morgen aufwachen, verabschieden wir uns von dem Schiffer. Wir gehen auf dem Flußufer des Ostens weiter nach Süden. Warum wir gerade hier durch die Wüste stapfen, ist mir nicht klar. Das Westufer ist viel fruchtbarer als das Ostufer.

Trotzdem kommen wir in einem Dorf an, in dem wir den Dorfschulzen aufsuchen. Wir finden ihn, indem wir die größte Hütte suchen und sagen, daß wir den heiligen Stier suchen. Wir gehen durch den dünnen fruchtbaren Streifen, der am Flußufer entlang beackert und von Bäumen bestanden ist, auf einem schmalen, glitschigen Weg zum Flußufer hinab, kommen an einen Steg und werden dort in ein Boot geladen, das uns sofort auf die andere Seite des Flusses bringt. Auf der anderen Seite erwartet man uns schon. Es stehen einige Männer am Steg, die uns hinauf ins Dorf führen, das auf einer kleinen Anhöhe liegt. Diese Anhöhe ist künstlich und bezweckt, daß bei Überschwemmungen die Häuser nicht aufweichen und zusammenbrechen. Von hier aus werden wir noch weiter nach Süden geführt und kommen bei einem kleinen umzäunten und von Büschen umgebenen Weideplatz an. Auf diesem Weideplatz stehen einige Tiere.

Wir schauen uns die Tiere an. Ein Kalb erregt unsere Aufmerksamkeit. Es ist ein kleiner Stier, dessen Hörner wie kleine Stummeln aus seinem Kopf herausragen. Aber unter seinem buschigen Stirnfell befindet sich ein Zeichen. Als ich ganz arglos herangehe, um ihn an die Stummelhörner zu fassen, damit ich mir das Zeichen genau ansehen kann, gibt er mir einen leichten Schubs, und ich falle auf den Rücken.

Meneth und mein anderer Bruder ergreifen den Stier von beiden Seiten und halten ihn fest, damit wir das Zeichen vor dem Kopf deuten können. Unter dem krausen Haar ist es gar nicht so gut auszumachen, und plötzlich wird mir bewußt, mit welcher Raffinesse die Stiere in dem Heiligtum frisiert worden sind. Da waren die Zeichen eindeutig, während sie hier durch das wirre, kreuz und quer stehende Haar gar nicht eindeutig auszumachen sind.

Wir rätseln und überlegen, und während die beiden den Stier um den Hals gefaßt haben und von oben auf das Zeichen schauen und ich vor dem Stier stehe und mit den Fingern versuche, das Zeichen nachzubilden, das er eventuell von Natur aus hat oder haben könnte, erlahmt den beiden doch die Kraft, da der Stier sich mit den Vorderbeinen kräftig auf den Grund stützt, um sich nach hinten wegzudrücken.

Wir müssen erst einmal eine Verschnaufpause der Deutung einlegen. Wir gehen aus dem Gehege und setzen uns einfach. Während alle, die zugeschaut haben und uns jetzt erwartungsvoll anblicken und hoffen, scheinbar hoffnungsvoll erwarten, daß wir diesen Stier mitnehmen, obgleich diesen armen Teufeln jedes Pfund Fleisch fehlt. Aber einen heiligen Stier zu züchten oder in seinem Gehege zu haben, ist eine Gabe Gottes. Deshalb möchte natürlich jedes Dorf und jeder Bauer, daß aus seinem Stall, von seiner Kuh ein heiliger Stier kommt. Es ist ein großes Geschenk, das er den Göttern macht, mit dem er sich ein Anrecht erwirbt, sich an den Sonnenwagen zu hängen, um über den Himmel getragen zu werden.

Bei diesen kreuz und quer stehenden krausen Locken, die dieser kleine Stier auf seiner dreieckigen Stirn aufweist, ist es wirklich schwer. Wir stellen uns viele Symbole vor. Welchem Symbol kann es am ähnlichsten sein? Bis es uns plötzlich wie Schuppen von den Augen fällt.

»Natürlich«, sagen wir alle drei auf einmal. Wahrscheinlich kommt es dadurch, daß wir uns gegenseitig gedanklich beeinflußt haben, da uns der Gedanke zu gleicher Zeit kommt oder in

Blitzesschnelle von einem zum andern hinübergegeben wird.

Es ist die stierköpfige Hathor selber, die sich auf ihm abgebildet hat! Es ist das Dreieck und die ausladenden Hörner, die sich aus den zwei Ecken des Dreiecks ergeben. Es ist der Stierkopf selber! Nur das kann es sein! Wir klettern noch einmal in die Umzäunung hinein, versuchen den Stier, der sich unmutig wegtrottend auf die andere Seite des Feldes begeben hatte, wieder einzufangen und schauen noch einmal auf seine Stirn und sehen das Zeichen. Wenn wir es noch ein klein wenig korrigieren und ich versuche, den Haaransatz herauszubekommen, wird sich herausstellen, daß nicht wie bei einer Ziege die Hörner von oben nach unten mit den Spitzen ragen, sondern sogar, wie es bei ihm wohl hoffentlich bald zu sehen sein wird, die Spitzen von unten nach oben ragen.

Wir gehen nun ganz andächtig hinaus und rufen den Dorfschulzen. Wir sagen ihm, daß die Göttin Hathor selbst ihm die große Gnade erwiesen habe, das Zeichen ihrer eigenen Göttlichkeit in seinem Dorfe unter seinen Stieren zu hinterlassen.

Er dreht sich um, reißt die Arme in die Luft, so daß ihm sein ziemlich rauhes Gewand bis auf die Ellenbogen, ja selbst bis auf die Schulter zurückfällt, und schreit:

»Die Hathor selbst, die Hathor selbst!«

Und alle fallen auf die Knie. Nur wir drei stehen. Sie klatschen in die Hände, die sie nach oben recken, und es ist erstaunlich, sie alle haben sich nach Süden ausgerichtet. Aber vielleicht kommt das dadurch, daß das kleine Feld im Süden von uns liegt. Nun wird debattiert. Sie reden alle durcheinander, es ist ein lautes Palaver. Nun wird darüber debattiert, wie wir den Stier wegtreiben können oder ob wir ihn mit dem Schiff wegfahren wollen, oder ob wir ihn übers Land schleifen oder wie wir es machen wollen.

Wir dürfen ihn wirklich nicht mehr verletzen, und es darf dem Stier nicht das geringste angetan werden. Selbst wenn er beim Gefangenwerden jetzt wütend wird, ist das ein schlechtes Zeichen. Er muß willig mitkommen. Er muß gern mitkommen. Er muß sich seiner Bedeutung selbst bewußt werden.

»Das beste wäre«, meinte der eine, »wir lassen ihn noch einen Tag stehen, und zwar, indem wir ihn in den Stall stellen und ihm nichts mehr zu fressen geben, wenn wir ihm dann leckere Kräuter vorhalten, wird er von selbst mitkommen. So wird es die Hathor wollen!«

So wird sein Rat auch befolgt. Da man ihm natürlich auf dem Schiff keine Kräuter vorhalten kann, ohne daß er dauernd über Bord springt, wird der Rückweg per Land erfolgen. Wir machen uns auf den mühsamen Weg. Das ist ein Schauspiel! Zwei Bauern tragen in Binsenmatten saftige Kräuter und schönes Gras auf dem Rücken.

Wir drei bändigen den Stier mit dünnen aber sehr festen Lederriemen, die wir ihm um die weißen Fesseln gebunden haben. Damit halten wir ihn fest, ohne daß ihn das sehr behindert. Ein Bauer stokelt immer vor diesem Stier her und hält ihm andauernd ein paar Kräuter unter die Nase, während der andere auf der Suche nach neuen ist. Wenn der Stier nicht mehr will und keine Lust mehr hat, dann setzen wir uns alle hin und warten, bis es ihm paßt, wieder weiterzugehen. Das geschieht mit Locken und Rufen.

Kommen wir durch ein Dorf, dann stehen alle an der Seite vor ihren Häusern, zum Teil weißgetünchten, soweit ihr Einkommen zum Kalk reichte. Sie wedeln mit dünnen Blättern und bunten Fahnen, bunten Flicken muß man wohl sagen, und es ist schwer für uns, das Dorf zu durchqueren, denn sie sehen sofort eine Möglichkeit, ein Fest zu veranstalten. Meistens bietet sich der Dorfschulze an, einen Hammel zu schlachten, damit wir das Fest zur Ehre der Göttin Hathor begehen können. Es ist nämlich auch das wieder eine Ehre, daß der Stier gerade durch ihr Dorf geführt wird.

Sie schlagen immer wieder die Hände zusammen und fragen:
»Wie konnte es geschehen, daß gerade unser Dorf von der Göttin besucht wird?«

Sie trauen sich nicht an den Stier heran, aber jeder stellt fest, es ist das Zeichen der Hathor.

Ich bin überzeugt, sie haben es gesehen, aber zu sehen ist es nicht. In den Pausen sind wir nicht untätig. Wir stellen fest, welche Macht dieser Stier hat. Mit Fett und Spucke und Lehm, den wir tief genug einreiben, wird das Zeichen, das wir mühsam als dieses Zeichen erkannt haben, von Stund zu Stund, von Tag zu Tag deutlicher. Kaum ist die Sonne über dem Horizont erschienen, sind wir schon eifrig dabei, uns in unserem Glauben zu bestärken, daß es gerade dieses Zeichen sei. Und indem wir mit den Fingern die Konturen immer eifriger zeichnen, wird tatsächlich das Zeichen immer deutlicher. So ist es nicht zu verwundern, daß uns der Stier, dem nie wiederfuhr, so oft gestreichelt zu werden, immer geduldiger und milder anschaut, wenn wir herankommen, um ihm auf der Stirne das Haar zu kraulen. Aber wie schön schon die geschwungenen Hörner aussehen. Das Zeichen ist eine Pracht. Und wir sind ganz stolz darauf, daß wir es erkannt haben.

Wir können natürlich dem Dorfschulzen nicht abschlagen, zur Ehre der Hathor ein Fest zu geben. So setzen wir uns auf die Stufen des Dorfschulzen, während gleich vor seiner Tür der Hammel geschlachtet wird, das Blut sorgsam aufgefangen wird und die Türschwellen damit bestrichen werden, kleine Kinder auf der Stirn ihr Zeichen bekommen, Schwangeren auf den Bauch das Zeichen der Hathor gemalt wird, den Kranken auf die Beine, mit denen sie nicht mehr laufen können, und den Rheumaanfälligen die Schultern eingerieben werden. Es ist erstaunlich, was diese Leute wissen. Uns erscheint es bald ein wenig lang, daß alle fünfzehn Häuser, die hier in diesem Dorfe sind, begutachtet, gesegnet, bestrichen, betätschelt, befühlt, geweiht, besprüht, gespritzt, mit 1000 Worten eingesegnet werden. Es sind immer dieselben Texte.

»Großmächtige Hathor, wir haben nicht gesündigt. Wir haben nur in deinem Sinne gehandelt. Wir haben getan, um zwischen deinen Hörnern die ewige Sonne zu erblicken. Wir danken für den Anblick, den du uns gewährst!«

Es waren immer dieselben Sprüche. Und das Erstaunliche ist, daß die Schwangere von Stund an ihr Kind fühlte, das sich vorher scheinbar nicht mehr bewegte. Daß der Lahme seine Glieder bewegen konnte, weil wir dabei waren und ihm den Segen gaben und ihm tief in die Augen schauten und uns drei hinsetzten und ein Dreieck bildeten, in das wir den Kranken setzten, und wir die Hände ausstreckten und auf sein Bein hinzeigten, die Augen

137

schlossen und uns mit Gedanken beschäftigten, daß nun seine Krankheit aus ihm herausgefahren sei. Daß die Krankheit aus dieser Wunde herausgefahren sei und nie wieder auf diese Stelle zurückkäme. Bei einigen klappte es, bei einigen nicht.

Der Tag ging zur Neige. Die Sonne verschwand hinter dem Horizont. Sie machte ihre nächtliche Wanderung. Hoffentlich kehrt sie wieder. Das Feuer vor dem Hause des Dorfschulzen erleuchtete ein wenig das Chaos, vertrieb die Dunkelheit, und die Funken, die vom Feuer aufstoben, leuchteten rot, während die Sterne silbern blieben. Auch leuchteten die Sterne länger als diese Funken des Feuers. Es passierte aber nur, wenn ein kleines Stückchen Holz ins Feuer kam. Solange sie ihren Esel- und Kamelmist verheizten, so lange gab es diesen Funkenregen nicht. Gab es ihn tatsächlich, dann sprangen die Kinder herum und tanzten und freuten sich. Und die Erwachsenen deuteten selbst das als ein gutes Zeichen. Es war ein glücklicher Tag. Alle Menschen kamen zusammen, alle. Auch die, die ihre Rheumaarme nicht bewegen konnten, so daß sie ihnen schlaff an der Seite hinunterhingen. Auch sie kamen und setzten sich der Abendkühle aus.

Fachmännisch wurde der Hammel gedreht. Einige reichere Fellachen hatten noch gegorenen Dattelwein, den sie von der letzten Steuerfindung zurückbehalten hatten. Sie holten einige kleine Tonkrüge, die sie im Hause unter dem Lehmfußboden vergraben hatten, hervor und stifteten sie, daß jeder einen Schluck bekam. Sonst tranken wir Milch oder Wasser oder von diesem kostbaren Wein einen Spritzer in dem vollgefüllten Tonkrug, so daß man glaubte, man tränke von dem köstlichen Wein.

Es war ein ungeheures Palaver. Sie hatten ihre Matten mitgebracht. Wir saßen in der Mitte des Dorfes alle im Umkreis des Feuers. Die hellen Gestalten hockten mit ihren ausgebleichten Umhängen da, die braunen Gesichter kaum sichtbar wegen der Dunkelheit hinter ihnen. Manche Babys wurden verwöhnt, weil die Mütter nicht darauf achteten, daß sie ihnen die letzte Milch aus der Brust sogen. Sie waren alle fröhlich, und sie waren alle eine Gemeinschaft. Sie waren wie eine Kette, die nur dann eine Kette ist, solange jedes Glied die anderen mit beiden Armen umfaßt. Jedes fehlende Glied läßt diese Kette brüchiger werden. Nur so konnten sie der Unbill des Lebens entgegenstehen. Ich beneidete sie, aber ich war nicht bereit, mit einem aus ihrer Mitte zu tauschen. Ich wollte das gleiche Gefühl haben wie sie, in dieser ihrer begrenzten Welt geborgen und beschützt zu sein, solange man wußte, wie man die bösen Dämonen vertreibt und die guten herbeizaubern kann.

Wir drei kamen uns wie Fremdlinge vor. Wir waren auch Fremdlinge in dieser Welt. Wir wurden angestaunt, ehrfürchtig, keiner wagte, mit uns zu reden. Auf diese Weise wurde uns unsere Einsamkeit noch bewußter. Und nur weil wir es waren, die wir von irgendeiner Weide einen Stier geholt hatten, der einen weißen Fleck auf der Stirn hatte, aus dem man ebensogut mit ein wenig Ruß ein Anch-Zeichen hätte machen können.

Ich tröstete mich damit, daß es niemandem schadet, nur dem, der den Stier hatte hergeben müssen. Aber dafür hatte er an Ansehen gewonnen. Niemandem schadete es. Alle gewannen. Sie alle gewannen dadurch, daß man diesem Stier glaubte, daß man an diesen Stier glaubte. Wir tranken und wir aßen sparsam, obgleich man uns die besten Stücke des Hammels reichte. Indem wir abbissen und uns ein Stück Fleisch abrissen von dem Riesenbrocken, den man uns mit devoten Bewegungen reichte, aber auch mit genauso dreckigen Händen, stellte ich mit Erstaunen fest, daß das, was wir machten, sogar richtig war, wenn wir abbissen und das Reststück weiterreichten. So kam der nächste, der das Fleisch an der Stelle berührte, wo unser Mund das Fleisch berührt hatte, noch einmal zu der Gnade, von einem Geweihten gesegnet zu sein. Auf diese Weise gelangte fast der gesamte Hammel durch unsere Hände. Da man uns nicht die trockenen Stücke anbieten mochte, lief uns bald das Fett in den Mundwinkeln entlang, das wir versuchten, mit den Handrücken abzuwischen, aber dadurch nur noch weiter verschmierten. Sollten wir uns dagegen wehren? Wir ließen es uns gefallen.

Wir aber waren es, die beim Untergang des Abendsterns die Runde auflösten, indem wir uns dreimal verneigten, mit den Armen das Stierzeichen nachahmten und uns zur Hütte des Dorfschulzen wandten. Dort fanden wir drei in einem Raum, dessen

Fußboden ebenfalls nur aus gestampftem Lehm bestand und dessen Wände mühselig glattgelehmt waren, alle drei ein Lager vor, das den Luxus von Kopfstützen aufwies, und legten uns schlafen. Als wir am anderen Morgen aufwachten, mußten wir den Dorfschulzen wecken, den wir in seinem Raum, den er mit Frau und mehreren Kindern teilte, mühsam auf seinem Lager aus seinem Rausche aufwecken mußten. Die einzige Möglichkeit, uns zu waschen, blieb, daß wir zum Fluß hinabgingen. Nachdem wir uns auf diese Weise erfrischt hatten, suchten wir unsere beiden Träger. Sie lagen im Stalle des Stieres, so daß uns weitere Suche erspart blieb. Das Feuer vor der Haustür war verglommen und zu einem kleinen Haufen grauer, weißgrauer Asche zusammengefallen. Zwar stak der Spieß noch und wir fanden Reste von Fleisch, die am Rückgrat hingen und von den nachts herumstreunenden Hunden noch nicht abgerissen waren, weil wohl das Feuer bis vor kurzem gebrannt haben mochte und sie davor Angst hatten. Aber es gab für uns keinen Grund, etwas zu essen zu suchen. Wir warteten nur darauf, daß uns die Sonne über dem Horizont sagte, wann der Morgen begänne.

Kaum waren die ersten Finger tastend über die Scheibe geglitten, als sie uns auch schon auf dem Wege fand. Einer der Knechte ging voraus mit der von Gras gefüllten Matte auf dem Rücken, während der andere immer eine Handvoll Gras und Kräuter hielt und manchmal den Stier auch abbeißen ließ.

Wir drei trotteten wortlos hinterher. Wir hatten, damit wir nicht dauernd den Lederriemen festhalten mußten, ihn uns um die Handgelenke gewickelt. Nur wenn der Stier zu sehr zog und zerrte, dann hielten wir ihn noch mit der Hand fest, damit er uns nicht die Gelenke aufschnitt. So trotteten wir auf der zwar noch kalten, aber schon wieder staubigen Strecke nach Norden.

Ich sah mit Grauen in der Ferne schon wieder ein Dorf auftauchen. Wir fragten uns, ob es notwendig wäre, den Segen der Hathor wie Gaukler durch das Land zu schleppen, oder ob es sinnvoller wäre, ein kleines Stück durch die Wüste zu wandern. Wir fragten nach Schuld und Recht. Hat Hathor das Recht, daß wir diese Feste auf uns nehmen? Oder sind wir den Bauern schuldig, daß wir ihnen Gutes tun? Wir waren am Überlegen. Was war

größer? Die Pflicht, die Bauern in ihrem Glauben zu unterstüt-
zen und dadurch ihr Leben zu erleichtern, ihnen einen Feiertag
zu bescheren, ihnen die sichtbare Großmut der Göttin vor Augen zu führen, oder uns das schwere Amt des Finders aufzubür-
den? Wir entschlossen uns, die Bauern zu beglücken.

Die Sonne hatte nicht den Mittag erreicht, als wir im Dorf ankamen. Was sich in dem einen Dorf am Abend abspielte, spielte
sich hier am Mittag ab. Die Arbeit wurde niedergelegt, die Bauern kamen von den Feldern, der Dorfschulze opferte wieder einen Hammel und die Leute brachten uns lebende Skarabäen. Sie
brachten uns Glassplitter, und ich dachte mit Schrecken daran,
was das bedeuten würde, wenn unser Weg noch länger dauern
würde. Was mußten wir an Lasten schleppen!

War das der Sinn der Reise? Daß wir erleben sollten, wie groß
die Kasteiungen sein konnten, wenn wir unter den Gläubigen
zusammengebrochen waren? Mir schien die Prozession nicht
einzuleuchten. Ich steckte in dem Zwiespalt, daß es von Dorf zu
Dorf mehr Spaß machte und daß mir aber auch klar wurde, wie
sinnlos für uns die ganze Strapaze sei. Auf der einen Seite sinnlos,
auf der anderen Seite gab es nichts Sinnvolleres, als den Leuten
tatsächlich vor Augen zu führen, wie lebendig die Götter Ägyp-
tens waren.

Der Weg war kurz, den wir zurückgelegt hatten, dafür war um
so mehr die Freude groß, daß es gerade ihr Dorf sei und nicht das
Dorf auf der gegenüberliegenden Seite des Flusses, das jetzt von
der Gnade zehren konnte, von Hathor persönlich besucht worden zu sein.

Es war nicht mehr das Zeichen Hathors, das ihnen zu Gesicht
kam, sondern es war die Göttin, die sich in ihrem Zeichen offenbart hatte. Aber es war nicht nur, daß der Stier hier durch die
Dörfer gezogen wurde, freiwillig hinter dem Grünzeug her-
trabte, sondern daß von uns dreien, die wir von der Göttlichkeit
gesegnet waren und den Stier gefunden hatten, daß von uns ebenfalls Wunder erwartet wurden. Zwar wagte man nicht, sich direkt an uns zu wenden, man wendete sich an den Dorfschulzen.
Der Dorfschulze wiederum wendete sich in einer devoten Bewegung oder in einer sehr untertänigen Art an unsere Kräfte, an die

Göttlichkeit in uns, die wir verkörperten, damit wir eventuell dem kleinen Mädchen oder der alten Frau oder dem Krüppel helfen könnten.

Wir mußten feststellen, je weiter wir uns von den eigentlichen Menschen entfernten, die uns umgaben, um so schneller und wirksamer waren unsere Hilfen, die wir gaben. Die Macht wuchs mit der Entfernung. Wenn wir das krumme Bein auch nicht heilen konnten, so schien es uns fast selbstverständlich, nachdem wir uns immer zu dritt um den Mann stellten, wir uns an den Händen faßten oder auf den Mann zeigten oder auf die wunde Stelle deuteten, daß von dem Moment an die Schmerzen verschwunden waren.

Das Eigenartige war, der Mann glaubte nicht, daß die Schmerzen verschwunden waren, sondern daß wir in unserer Gnade die Schmerzen in uns aufgesogen hatten. Ihr Glaube war, daß wir sie mit den Händen aus ihm herausgezogen hatten, daß wir stark genug waren, diese Schmerzen zu ertragen. Wir spürten dieses ungeheure Gefühl der Dankbarkeit, das uns die Leute zeigten, wenn wir sie von irgendeinem Leiden erlöst hatten. Dieses Erlösen oder Freimachen war immer ein Wegnehmen, und bei dieser ungeheuren Bewunderung, die uns entgegengebracht wurde, wurde die Angst in den Menschen vor uns immer größer. Das schaffte die große Entfernung. Wenn wir nämlich das Üble, Böse wegnehmen konnten, dann waren wir auch, wenn wir wollten, in der Lage, ihnen das Glück wegzunehmen. Keine junge Frau fürchtet etwas mehr als zum Beispiel die Unfruchtbarkeit. Kein Mann fürchtet etwas mehr als das Unvermögen, nicht das Glück einer Frau erzeugen zu können. Für Heilungen dieser Art gaben sie noch mehr, als wenn wir ihnen gar den Frieden zurückgaben oder wenn wir den Streit der Partner schlichteten, die, von den Eltern zusammengegeben, sich nicht vertragen konnten. Wenn wir dem alternden Mann erklärten, wenn er nur wolle, dann könne er auch, dann fielen die Geschenke noch reichlicher aus.

Es gibt zwei Arten von Dörfern. Eine kleine Dorfart, die ziemlich dicht am Nil auf einem Hügel liegt, und größere Dörfer, die eigentlich schon am Rande der Wüste oder fast in der Wüste liegen. Abrupt hört die Grünfläche auf. Diese Dörfer aber liegen nicht auf einem Hügel, da das Land ziemlich hoch ansteigt und deshalb ist es nicht mehr notwendig, daß sie auf eine Plattform gebaut werden. Die Überflutungen kommen nicht bis dorthin. Diese Dörfer sind größer, sie sind weiter vom Nil entfernt. Aber die Arbeit dort oben ist schwerer als die unten am Fluß. Das Wasser muß mühsam hochgeschöpft werden. Aber auch hier haben sie schon Radschaufeln oder Schaufelräder, die so gebaut sind, daß sie jeweils unterhalb einer Terrasse stehen. Unten fangen sie das Wasser in Fellbeuteln ein, und während diese Fellbeutel über den oberen Rand hinwegkippen, platscht das Wasser auf eine Rutsche und ist somit auf die Stufe höher gelangt. Alle Stufen, die angebaut sind, haben ein Gefälle zum Land hin. Es ist erstaunlich. Das fruchtbare Gebiet ist nicht von Natur aus fruchtbar, sondern es wird fruchtbar gemacht, indem es in Terrassenform angelegt und bewässert wird. An den Rändern einer jeden Terrasse stehen zum Schutz Bäume, damit das Erdreich nicht absinkt und weggespült wird oder unterspült wird. Außerdem stehen dort Büsche, die große Wurzelballen bilden, die zwar dadurch eine große Fläche vom fruchtbaren Land wegnehmen, aber die notwendig sind, damit das Land nicht abrutscht oder von den jeweils unteren Fluten überspült wird.

Bisher ist es so gewesen, daß wir uns auf Wegen befunden haben, die durch die unteren Dörfer führten. Wir haben die größeren Dörfer nicht berührt. Daher kam es auch, daß immer so wenige Fellachenfamilien an diesen Stierfesten teilgenommen haben, die wir zur Ehrung der Göttin aufgeführt haben oder veranstalten konnten. Ich muß vielleicht noch feststellen, die Hammel, die jeweils zur Freude dieses Anlasses geschlachtet wurden, werden vor der Tötung und während des Tötens mit dem Stier in Berührung gebracht, damit das Heilige von dem einen in den anderen Körper übergeht. Man glaubt, daß der Stier mit dem heiligen Zeichen die unendliche göttliche Kraft habe und somit unendlich geben kann, ohne daß er ausgeschöpft werden kann. Erst dadurch wird der normale Hammel im Opfer zu einem heiligen Hammel, und dadurch wird das Mahl kein Essen, sondern es wird ein Gedenkmahl. Daß das Mahl außerdem noch sättigt, ist eine gute Beigabe. Es kommt also nicht darauf an, wieviel man davon ißt, sondern daß man davon ißt. Hinzu kommt jetzt natürlich noch eins: Wenn wir drei die größten Stücke bekommen, so nur deshalb, damit wir möglichst viel Fleisch berühren. Ich stelle fest, daß nicht nur einer von dieser Stelle abbeißt, sondern daß diese Stücke die Runde machen. Jedes gebratene Fleisch beginnt bei uns die Runde. Wenn wir aufhören zu essen, dann bleibt der Rest übrig. Damit wir den Dorfbewohnern Gutes tun können, müssen wir möglichst groß den Mund aufmachen und möglichst wenig abbeißen, sonst würden wir das gesamte Mahl nicht durchhalten.

Das gleiche ist, wenn Getränke kreisen. Wir nehmen einen Schluck, während die anderen versuchen, genau die Stelle zu treffen, wo unser Mund den Tonkrug berührte, damit man nicht nur von dem Getränk etwas bekommt, sondern auch von der Körperlichkeit. Auf diese Weise wird die Kraft von einem zum anderen weitergegeben. Selbst bei gegorenen Getränken wird versucht, den Säugling, den man für diesen Zweck extra von der Brust nimmt, trinken zu lassen, auch wenn er sich dagegen sträubt. Mindestens haben sie dann die Stelle berührt. Danach dürfen sie mit wohligem Grunzen an der Brust weitersaugen. Meistens schlafen sie nach dem Genuß ein. Eigentlich sind sie gar nicht hungrig. Sie liegen den ganzen Tag über an der Brust, solange die Mutter sitzt. Erst wenn sie arbeitet, hat sie das Kind auf dem Rücken liegen. Aber dieser körperliche Kontakt verschafft die Geborgenheit in der Welt.

Deshalb sitzen die Leute möglichst dicht beieinander, nicht um sich zu wärmen, auch das, aber damit in diesen Kreis die Dämonen von draußen nicht eindringen können und sie sich durch den anderen bestätigt fühlen, wenn sie hautnah nebeneinander sitzen. Und wenn sie auf ihren Bastmatten mit angezogenen Knien im Kreis hocken, dann hat man wirklich das Gefühl, als säßen dort Figuren, in deren Mitte das Feuer brennt, nur wir drei und ein wenig neben uns der Dorfschulze haben keinen Kontakt mit dem übrigen Kreis. Aber das ist auch nicht nötig, unsere Ausstrahlungskraft scheint so groß zu sein, daß durch uns der Kreis trotzdem geschlossen bleibt.

Nachdem wir erst einmal festgestellt haben, wie groß die Wir-

kung ist, die wir ausüben, versuchen wir auch nicht mehr unab-
sichtlich oder absichtlich irgend jemanden zu berühren, damit er
sich gegenüber anderen einen Vorteil verschafft. Um diesen
Kreis nicht zu stören, müssen alle gleich sein. Keiner darf mehr
haben oder mehr Prestige besitzen als der andere. Sonst entsteht
Hader und Zwist. Der Neid würde sehr schnell diesen Kreis
sprengen, und sie sind nicht in der Lage, als Individuen zu überleben.

Ich rede mit meinen beiden Freunden recht wenig, und trotzdem habe ich das Gefühl, daß wir alle drei das gleiche denken. Es
ist eine Geborgenheit im Geiste, die uns beherrscht. Es ist eine
Sicherheit in unserer Dreiergruppe, so daß wir keinen Moment
an dem zweifeln, was wir tun, und keinen Moment Zeit haben,
an dem zu zweifeln, was wir auswirken. Es scheint für uns eine
absolute Selbstverständlichkeit zu sein, daß wir so sind und daß
wir das bewirken können, was wir bewirken. Was wir geben, geschieht aus der Überfülle, indem man von uns glaubt, daß wir
voll seien von einer Kraft, die sich durch sie nicht aufzehren läßt.

Mir scheint, der Stiereinholungsgang ist nicht so sehr wesentlich, um einen neuen Stier zu finden, als neue Kraft zu finden.
Auch das hat zwei Seiten. Diese zwei Seiten haben jeweils ihre
beiden Schatten. Indem wir den Stier holen, lernen wir uns durch
die Reaktionen der Menschen kennen. Dieses Wissen und die
von uns geglaubte Kraft können wir wiederum neu geben und
anders geben. Diese vier Seiten werden von Erfahrung zu Erfahrung größer. Plötzlich habe ich das Gefühl, wir haben es nicht
mehr eilig, nach Hause zu kommen. Plötzlich habe ich das Gefühl, als brauchten wir sehr viel Zeit.

Waren es zwei Tagesreisen, die uns hingeführt haben, dazu der
Strömung entgegen? So sind es für jedes Dorf ein Tag, ein heller
Tag und eine helle Nacht. Eine Nacht, die in der Feuersglut zur
Ehre der Hathor verdämmert. Dabei lernen wir, daß wir die Su-
chenden waren, daß wir nach der Erkenntnis trachteten, was in
Wirklichkeit der Glauben bedeutet. Erst diese Menschen müssen
uns zeigen, wie wichtig wir für sie sind. Erst an der Kraft, an der
Inbrunst des Glaubens dieser Menschen erkennen wir unsere
Macht, erkennen wir das Ausmaß unserer Möglichkeiten.

Wir sagen wenig, sitzen meistens erhöht mit untergeschlagenen Beinen. Entweder ist es ein dickes Kissen, ein Polster, ein großer viereckiger Sitz, eine kleine Bühne, auf der wir hocken. Man errichtet uns immer eine Art Altar, auf dem wir niedersitzen. War es in dem ersten Dorf noch der Dorfälteste, der die rituelle Handlung des Hammelschlachtens vornahm, so wird es mehr und mehr unsere Aufgabe, diese Handlung zu vollziehen.

Es erscheint uns selbstverständlich, daß das, was von den Leuten als heilig angesehen wird, in unsere Hände übergeht. Je mehr wir davon überzeugt sind, daß nur wir es eigentlich dürften, um so mehr scheuen sich die Dorfältesten, diese Aufgabe zu übernehmen. Wenn wir, nur um auszuprobieren, wie weit unsere Macht schon geht, sagen: »Nun mach du es, du hast es bisher auch gemacht!«, so lehnen sie erschreckt ab. Sie fühlen sich nicht mehr würdig dieser Aufgabe.

Für uns folgt als Selbstverständlichkeit, jeweils das Tier auszusuchen, was an diesem Tage den jeweiligen Opfertod zu erleiden hat. Wir lernen sehr schnell, den dicken Hammel oder die dicke Ricke von einem nur dickwolligen Schaf zu unterscheiden. Wir schätzen jeweils ab nach Anzahl der Köpfe des Dorfes, wie groß der Hammel sein muß, und bezeichnen diesen als den geeigneten. Wir suchen dann plötzlich nach Mustern im Horn, erklären weitschweifig, warum das gebogene Horn dieses Hammels darauf hindeutet, daß er der geeignete ist. Bei dem anderen stellen wir fest, daß die Delle im Ohr ein Zeichen dafür sei. Bei dem nächsten stellen wir fest, daß ein Zeichen genau wie bei unserem Stier darauf hindeutet, oder wenn wir es noch komplizierter machen wollen, wenn der Dorfschulze gar zu selbstgefällig war, dann sagen wir, es muß eine ganz bestimmte Zungenoberfläche haben, damit nur ganz spezielle Gräser von diesem Tier gefressen sein können. Es macht uns Spaß, uns immer etwas Neues auszudenken. Mal ist es das Weiß in den Augen, mal ist es der Schlitz der Iris.

Wie lange wir so unterwegs sind! Es ist eine regelrechte Prozession, die wir mit unserem Stier veranstalten. Ob das gewollt ist, wissen wir nicht, aber wir können uns vorstellen, daß die Wirkungen bekannt sind. Sonst würde nicht immer wieder eine neue Gruppe ausgeschickt. Es ist weniger eine Prüfung, die hier vor sich geht, als eine Ausweitung unserer Erkenntnisse, die diesmal eine Erkenntnis aus dem Volk ist und mit dem Volk zu tun hat. Es ist die Erkenntnis, daß Kräfte nur so viel wert sind, wie ihnen zugetraut wird.

Das Zeichen kann nicht mehr perfekter sein, kann nicht mehr exakter sein, als das, das wir bei unserem Stier im Heiligtum anbringen. Der Priester ist entzückt. Er meint, es ist selbstverständlich, es mußte dieser Stier sein, auf den wir so lange gewartet haben, da schon lange kein Zeichen der Hathor mehr gefunden wurde. Das Erstaunliche ist, er fängt uns auch an zu preisen. Wir drei schauen uns an und warten ab, wir sind doch der Meinung, wir hoffen zwar nicht und wünschen es nicht, aber wir sind fest davon überzeugt, daß sich nach einigen Tagen das Fell des Tieres in die eigentliche Form zurückgelegt hat. Daß von dem abgezirkelten klaren Zeichen nichts mehr übrigbleibt als ein Haufen struppiger weißer Wolle, ist uns klar. Wir sind aber erschüttert, als wir hören, daß dieser Stier sofort nach dieser langen Reise gebadet werden muß, und wir glauben, daß nun schon unser ganzer Schwindel aufgefallen sei.

Er wird langsam, bedächtig, voller Ruhe, mit vielen freundlichen Worten und rituellen Losungen und Worten und unter Anrufung der großen Göttin, unter deren Schutz er steht, in ein Becken geführt, das schräg in die Erde geht und hinten schräg wieder herausführt. An beiden Seiten stehen die Priester und waschen ihn mit den Händen. Alles waschen sie ihm. Den Kopf, die Ohren, das Brustfell, den Rücken, selbst den Schwanz, der sich unter ihren Händen zwar windet, aber der dem Säuberungsprozeß nicht widerstehen kann. Während er gebürstet wird, wird sein Fell glatt, und sein Zeichen ist noch sauberer und deutlicher zu sehen als zuvor! Wir fassen es nicht. Wir laufen herum, schauen uns das Zeichen an und stellen fest, daß es noch klarer und deutlicher und sauber wie ein Leuchtzeichen dem Stier auf der Stirn steht und Ansätze zeigt, über die Augen sich zu ziehen. So etwas hat es noch nicht gegeben! So etwas hat es noch nicht gegeben! Ich hätte beinah gesagt, vor Freude faßt uns der Priester an, er versucht, uns schüchtern zu tätscheln, und er sagt:

»Ihr seid Gesegnete, daß euch so etwas gelingt, daß euch so etwas gelingt, daß es selbst nach der Waschung bleibt!«

Es muß also bekannt sein, daß sie diese Prozesse kennen, die die Priester vornehmen, wenn sie Stiere heimtreiben. Vielleicht tun sie es, um sich nicht zu blamieren. Haben wir das Glück gehabt, dem Stier ein gutes, einfaches Zeichen in die Haut zu kratzen? Auch wenn man es nach unten gegen den Strich bürstet, dann stellen sich die Haare nur senkrecht, aber das Zeichen bleibt. Es ist erstaunlich! Diese Reise hat uns gutgetan. Aber wir hatten in dem Moment, als uns der Tempel vor die Augen kam, ein schlechtes Gewissen, daß wir mit diesem niedlichen Stier, aber scheinbar völlig unbedeutenden Tier, einen derartigen Zauber veranstaltet hatten. Nun kommen wir hierher, schieben ihn durch die Tränke, und was geschieht? Es ist unfaßbar! Es ist unfaßbar!

Wir sind so schockiert, daß es dem alten Aufseher nicht gelingt, uns länger zu halten. Wir versprechen wiederzukommen, aber wir eilen von dannen. Wir müssen dieses für uns Unfaßbare erst einmal in Ruhe verdauen. Wir wollen uns von dieser angenehmen Reise entspannen. In unserem Geiste entspannen, indem wir die Erkenntnisse für uns durchsprechen. So gehen wir immer noch unter dem Eindruck des Letztgeschehenen auf der normalen Prozessionsstraße, die unter dem Bogen hindurchführt, durch den Totengarten bis zu unserer Unterkunft. Auch hier nehmen wir nur ganz schnell ein Bad, rasieren uns, da uns unterwegs die Mittel fehlten, holen uns jeweils einen neuen Umhang, trinken einen Schluck Milch und setzen uns dann auf unsere Pritschen, auch wenn uns jetzt der Schneidersitz ein wenig schwerfällt, denn auch die Beine sind bequem geworden. Wir können es nicht fassen. Wir haben so lange an diesem Zeichen herumgedreht, gedeutet, gemacht, getan, gestrichen, und jetzt ist es tatsächlich da. Wir müssen das Muster des Fells geändert haben mit unseren Gedanken. Keine andere Erklärung fällt uns ein. Wir haben den Fellstreifen behandelt wie den Ausschlag an irgendwelchen Händen. Er hat sich unter unseren Worten geformt. Der Stier ist tatsächlich zu einem heiligen Stier geworden. Dieses tiefe Erschrecken, das uns dieses nicht mehr wegzudeutende Zeichen des Stieres gibt, läßt plötzlich alles, was wir unterwegs in der letzten Zeit erlebt haben, mit einer doppelten Kraft auf uns niederwuchten.

Das, was wir vorher in einem auswendig gelernten Ritual dargebracht haben, wird plötzlich zu Handlungen, die nicht mehr Ritual sind, sondern die ihren Sinn und ihre Wahrheit haben. Wir erkennen, wie notwendig es ist, heilige Handlungen immer wieder durchzuführen, nicht damit sie sich abnutzen, sondern damit sie in diesen heiligen Handlungen ihren Sinn erfinden. Es kommt gar nicht darauf an, mit welchen Gedanken man bei diesem Ritual ist, sondern es kommt darauf an, was dieses Ritual bewirkt. Auch hier die Kehrseite. Erst in der vollzogenen Handlung offenbart sich die Kraft des Geistes. Erst die Taten sind die Manifestationen der Gedanken.

Wir hocken ziemlich erschüttert auf unseren Sitzen und können es immer noch nicht fassen. Wir suchen Gründe, auch wenn es sehr lange dauert und wir wirklich sehr reiflich überlegen, was wir versuchen, mit ganz wenigen knappen Worten auszudrükken, wir versuchen nicht herumzuschwafeln, sondern wir versuchen, den Löwen in die Brust zu treffen und nicht in den Schwanz.

Soweit man schaut – Wüste. Ringsum Wüste. Im Sonnenuntergang blutigrote Wüste, im Sonnenaufgang gleißender, manchmal auch rotglänzender Stein. Ein ewig darüberfegender Wind. Ewiger Sand in der Luft. Dämonen, die in unendlicher Anzahl auf dem Wege sind. Immer auf Reisen. Tausendfache Seelen, die einen peinigen, und alle kommen sie aus dem Westen. Unendlich das Land. Unendlich das Land, in dem die Seelen wohnen, über das die Seelen hinziehen. Hier und da sich lagern, ausruhen, sich zu Fellachendörfern heranbilden und dann von ein bißchen Wasser umgewandelt werden. Oder aber weggeschwemmt werden.

Uns läßt dieser Stier keine Ruhe. Plötzlich springen wir alle drei wieder auf. Die Dunkelheit ist über das Land gekommen, der Wind heult in der Ferne, unterstützt von dem Gebell der Schakale. Man hat das Gefühl, die Luft bebt. Wir ziehen uns die Umhänge um, schlagen unsere Arme ein und machen uns auf den Weg zum Hathor-Tempel. Wir wollen es wissen. Wir können es nicht fassen. Über uns hängt eine sanfte Decke mit Löchern darin, durch die die Sonne weiterscheint. Wir überqueren den dunklen, ungesicherten Platz, auf dem sich die Seelen tummeln. Hin und wieder hören wir Kratzen und Scharren, das können Tiere oder auch Menschen sein.

Wir kommen an das Tor und klopfen. Es dauert einige Zeit, bis uns aufgetan wird. Der Wächter muß geschlafen haben. Eine Fackel, die gerade eben entzündet ist, verbreitet schwaches Licht. Er erkennt uns und führt uns durch den Tempel zu den Ställen. Wir wollen den Stier sehen! Er führt uns zu einer Box: Ein kleiner Stier liegt dort und hat ein deutliches, auch im flakkernden Schein der Fackel sichtbares Zeichen der Hathor auf der Stirn. Es ist unfaßbar!

»Ist das unser Stier? Wann ist er gekommen?« fragen wir den Wächter. »Wann ist er gekommen?«

»Gebracht, gebracht wurde er heute nachmittag. Als die Sonne zwischen Mittag und Abend stand«, sagt er.

»Was sagt dein Meister?«

»Mein Meister? Der kann es noch nicht fassen, daß es uns in unserer Generation gelungen ist, die Hathor zu uns zu holen.«

»Die Hathor ist eine Kuh«, sage ich.

»Ja, und?« sagt er.

Ich sage: »Das ist hier ein Stier.«

»Ich sehe zwischen dem Stier und einer Kuh keinen Unterschied.«

»Willst du etwa behaupten, daß zwischen einem Mann und einer Frau kein Unterschied ist?«

»Nein«, sagt er, »ich sehe keinen Unterschied. Stellt euch vor«, sagt er, »du tust als Mann Wunder, meinst du, daß die Wunder anders sind, als wenn du sie als Frau tust? Meinst du, daß die Göttin andere Wunder tun würde, die andere Wirkungen hätten, als wenn die gleichen Wunder ein Gott täte? Ich sehe darin keinen Unterschied. Ich weiß nur, daß dieser Stier, wenn Re sich zweimal vollendet hat, sehr viele gute Schenkel liefert.«

»Was, was liefert der?« frage ich.

»Er wird eine große Kraft besitzen, und diese Kraft wird sich unendlich mehren in einer Fülle von Opferschenkeln.«

»Du bist ein Triefmaul«, sage ich.

Wir können nichts weiter entdecken. Wir gehen zurück, entzünden in dem Tempel der Hathor noch mehrere Fackeln, so daß jeder von uns eine trägt, und wandern an den Stieren entlang, um zu schauen, ob irgendein Stier dabei ist, der schon ein ähnliches Zeichen trägt. Das Zeichen der großen Wasser, das Zeichen der Pyramide, das Zeichen der Sonne, des auf- und abnehmenden Mondes, des Sonnenbootes, das Anch-Zeichen, das Zeichen des Schnatternden, das Zeichen des Horus, selbst die Feder, der Sitz der Göttin, der deutende Finger, es ist alles da, aber das Gehörn der Göttin, das fehlte. Wir sehen uns die abgebildete Göttin an, die in ihrer Fruchtbarkeit dargestellt ist.

Es ist unbegreiflich!

Wir sind, wenn überhaupt noch möglich, noch niedergedrückter. Fast andächtig durchschreiten wir mit unseren nackten Füßen – wir haben vergessen, unsere Sandalen anzuziehen – durchschreiten wir jetzt den Tempel, der uns in seiner Höhe und Breite wie eine Unendlichkeit erscheint. Nur das matte Schlurfen unserer Füße ist zu hören, unser Atem in dieser Stille. Wir kriechen wieder durch die Luke in dem Tor, und es hätte nicht viel gefehlt, wir hätten uns auf die Stufen des Tempels gesetzt, um nachzugrübeln, wie so etwas möglich war.

Wir gehen zu unserer Unterkunft zurück. Der Wächter, der uns vorhin hinausgelassen hat, läßt uns kopfschüttelnd wieder hinein. Er kann es nicht begreifen, daß man nachts in der Wüste herumstrolcht, kann es nicht begreifen, daß man ohne Fackel und ohne Wächter über den Totenacker läuft. Können dort nicht die bösen, nicht gebannten Geister hingreifen? Er kann es nicht begreifen. Sonst sagen wir ein Wort, wenn wir durch die Türchen gehen, diesmal gehen wir schweigend an ihm vorbei, achten noch nicht einmal auf ihn. Wir wenden uns sofort unserer Unterkunft zu. Und während wir versuchen, uns im Dunkeln zurechtzufinden, und uns wieder auf unsere Lager setzen, sehen wir in der pechschwarzen Hütte gegen den durch die Tür hereinschimmernden Nachthimmel eine Gestalt, die den Vorhang beiseite schiebt. Sie kommt herein, läßt den Vorhang fallen und ist damit unsichtbar für uns geworden. Wir ahnen sie. Wir haben das Atmen aufgegeben und hören jetzt das feine deutliche Atmen der Gestalt. Wir sind aber ganz ruhig.

»Ihr habt einen Stier gebracht«, hören wir jetzt die Stimme. »Ihr habt einen Stier gebracht, auf dem deutlich und sichtbar das Zeichen der Hathor steht. Ihr habt einen Stier mit einem Zeichen gebracht, das in dem Hathortempel fehlt. Glaubt ihr daran?«

Ich antworte: »Wir kommen eben zurück, wir konnten es nicht glauben, wir haben uns überzeugt.«

»Und nachdem ihr es gesehen habt, glaubt ihr?«

»Wir haben es gesehen und zweifeln. Vorhin glaubten wir. Jetzt sind wir fast überzeugt.«

»Warum zweifelt ihr, wenn ihr gesehen habt?«

Meneth sagt: »Als wir den kleinen Stier fanden durch einen Dorfschulzen, der uns sagte, er sei auf der gegenüberliegenden Seite des Nils zu finden, hatten wir Mühe, das Zeichen zu erkennen. Von Dorf zu Dorf, von Opferung zu Opferung wurde das Zeichen sichtbarer, nicht ohne unsere Hilfe. Als er schließlich durch die Schwemme ging, der kleine Stier, und gewaschen, gesäubert, gereinigt und gebürstet war, da war für uns klar, daß dieses Zeichen, das wir zuerst sahen, das eigentliche Zeichen war. Wir konnten nicht begreifen, daß dieses Zeichen sich geändert hatte.«

»Und dann?«

»Wir haben es nicht begriffen!«

»Ihr habt unterwegs Menschen kennengelernt, ihr genauso wie alle die, die vorher mit einem heiligen Stier durch die Gegend gezogen sind. Diese Menschen haben euch ihren Glauben gezeigt und euch bewiesen, welche Macht ihr über sie habt, wenn ihr von euch überzeugt seid. Ihr zweifelt an euch, wenn ihr heimkommt? Ihr zweifelt, wenn ihr das seht, was ihr jeden Tag zu sehen wünschtet? Was ihr geglaubt habt, als ihr dem Stier das erstemal auf die Stirn schautet und unter einem Wuschel von weißen Haaren mühsam eine Form zu erkennen glaubtet? Warum zweifelt ihr? Zweifelst du an dir, daß du bist, an dir, daß du bist, an dir, daß du lebst?«

Was sollen wir darauf antworten?

»Zweifelt ihr daran, daß ich hier in eurer Hütte sitze, obgleich mich niemand von euch sieht? Glaubt ihr, daß es nur eine innere Stimme ist, die zu euch spricht? Oder zweifelt ihr daran, daß es eine wirkliche Stimme ist? Meint ihr, daß es nur euer Gewissen sei? Das ihr in euch hört? Meint ihr, daß nur eure Augen euch betrügen? Niemand geht auf eine Weide und holt einen Stier mit einem sichtbaren Zeichen. Das Zeichen, das der Stier auf der Stirn trägt, ist das Zeichen, das ihr in dem Stier seht. Die Wahrheit aber ist, daß nur die einen Stier mit einem Zeichen dem Tempel zurückbringen, die auch davon überzeugt sind, daß es das Zeichen ist. Wer unterwegs auf dem langen Weg oder für den einen oder anderen sehr kurzen Weg zweifelt, wird kein sichtbares göttliches Zeichen nach Hause tragen. Die Stiere, die neben der Hathor stehen, sind nicht Zeichen dafür, daß es diese Stiere gab, sondern daß es die Geister gab, die in der Lage waren, diese Stiere zu bringen. Oder wollt ihr behaupten, daß es die Göttin gab, daß es die Göttin ist, die in dem Tempel steht? Wollt ihr behaupten, daß die Göttin eine Kuh ist? Oder meint ihr nur, daß es ein Zeichen dieser Göttin sei, eine Kuhgestalt zu haben? Ihr müßt unterscheiden zwischen dem, was ihr seht, und dem, was ihr glaubt zu sehen. Was man sieht, ist nicht wichtig. Was wichtig ist, ist die Kraft, die hinter dem Sichtbaren steckt. Die ist den meisten verborgen. Ihr könnt mit einem kleinen Krug durch die Welt gehen, wenn es euch gelingt, aus dem Klumpen Lehm, aus dem der Krug besteht, eine göttliche Gabe zu machen. Unsere Götter sind die Erscheinungen der Kräfte, die wir in der Welt entdeckt haben. Je mehr Götter wir haben werden, um so reicher wird unsere Welt sein. Je mehr aber diese Kräfte hinter diesen Göttern nicht mehr erkannt werden, um so lächerlicher wirkt der Popanz. Glaubst du, daß über ein Kuhfell Sterne ziehen? Glaubst du, daß eine Kuh eine Sonne verschlingt? Das ist nicht wichtig, das sind Bilder, das sind die von uns erdachten Bilder zu den von uns erdachten Kräften. Was ihr heute gesehen habt, ist nichts weiter als ein Bild, durch das ihr müßt, um zu sehen, was dahinter steht!« Wir hörten ein Rascheln. Der Vorhang wurde aufgezogen und durch die Schräge, in die sich sofort der Nachthimmel drängte, verschwand die Gestalt. Wir blieben für uns. Und die Finsternis ist keine Finsternis, wenn es uns gelingt, hinter der Finsternis das

Licht zu sehen. Während wir auf unseren Bettgestellen hocken, und wir uns, so habe ich das Gefühl, gemeinsam die Worte überlegen, scheint uns plötzlich klar zu werden, wie die Welt aufgebaut ist. Solange wir uns durch eine Wand von der Außenwelt abschirmen, können wir uns eine Welt aufbauen, die unabhängig beleuchtet ist von dem, was uns umgibt. Wenn es draußen dunkel ist, stellen wir hier drinnen mehrere Fackeln auf und beleuchten diese kleine Welt. Wir schaffen einen Raum voller Dunkelheit, indem wir ihn ohne Öffnungen schaffen. Ein Raum mit absoluter Dunkelheit gibt der Seele das meiste Licht, da sie zu wandern gezwungen wird. Sie kann aus diesem Gefängnis, das kein Gefängnis ist, sondern eine Hilfe, ausbrechen und überall das Licht suchen, wo es zu finden ist. Wäre dieser dunkle Raum nur ein dunkler Raum, wäre diese Seele keine Seele, sondern etwas, was Teil dieses dunklen Raumes wäre, dann wäre es nicht wert, aus diesem dunklen Raume auszubrechen. Der dunkle Raum ist nichts weiter als eine Hülle, die ohne Stoff besteht. Der Raum draußen ist der Raum, der unabhängig von dem existiert, was wir uns an Räumen schaffen. Zu diesen Gedanken kamen wir, als wir wieder trotz unserer geschlossenen Augen den Vorhang rascheln hörten, wieder kurze Zeit danach war Ruhe. Wir spürten, es war wieder jemand im Raum. Diesmal aber wurde nichts gesagt, auch als wir längere Zeit warteten. So schien es uns selbstverständlich, daß wir uns schweigend auf diesen Gast besinnen müßten. Wir streckten unsere Fühler aus und bekamen folgende Bilder.

10. KAPITEL

Immer wieder: Die Pyramiden

»Eine Pyramide, die sichtbar ihre Stufen zur Schau trägt, ist eine Pyramide, die offensichtlich ihre Daseinsform anbietet. Sie ist eine Welt, durch die dargestellt wird, wie sie aufgebaut ist. Eine verkleinerte Pyramide ist aber das harmonische Bild, das das gleiche Erscheinungsbild bietet, wenn man unter die Hülle schaut. Sie ändert ihre Form nicht, sie ändert ihre Aussage nicht, sie verschleiert etwas, und zwar für den, der nicht durch die Hülle zu blicken imstande ist. Stufe um Stufe, die unter der Hülle liegen, wirst du zu seiner Spitze kommen, auf der du plötzlich einsam stehst, aber in dem Moment, wo du diese Spitze erreicht hast, hast du auch die Möglichkeit, über dich selbst hinwegzuschauen. Erst dann bist du in der Lage, dich selbst als einen Teil dieser Pyramide zu begreifen. Solange du dich nur von Stufe zu Stufe hinaufquälst, bist du nur dabei hinaufzuschauen, und wenn du hinunterschaust, dann nur mit schwitzendem Angesicht. Solltest du dich jedoch setzen, weißt du nicht, was hinter dir ist. Dann siehst du nur aus deiner Bequemlichkeit heraus, was unter dir liegt, und du kannst mit diesem getrübten Blick gnadenlos regieren. Erst die Sicht, die dich dazu befähigt, zu sehen, was über dir ist, gibt dir die Bescheidenheit. Der Glaube an die Wesenheiten, die hinter den Dingen liegen, sind das einzige Ziel unserer Mühe. Nicht das Wesen gibt dir die Dinge vor, sondern du siehst die Erscheinungen, in dem du in dir Teile des Wesens formst. Alles, was du siehst, ist schon längst da, alles, was du entdeckst, entdeckst du nicht neu, sondern wieder. Alles, was dir auffällt, fällt nur dir auf, weil du darauf stößt. Du kannst Schicht um Schicht von der Erde nehmen und du wirst feststellen, daß immer schon etwas da ist. Auch wenn du es das erste Mal siehst, bist nicht du es, der es geschaffen hat. Auch wenn du ein Gesetz entdeckst, bist nicht du es, der es gemacht hat. Auch wenn du einen Widerspruch fühlst, bist nicht du es, der diesen Widerspruch gemacht hat und nicht deine Gefühle. Denke daran, daß immer jemand schon vor dir da war.«

Mir scheint, es geht uns dreien das Hathor-Bild nicht aus dem Auge. Durch diesen Gedanken kommt uns der neue Gedanke: »Wenn ihr den Stier bei den Hörnern faßt, stellt ihr fest, daß es zwei sind, beide nach oben gebogen, beide nach hinten gebogen, beide haben erst zu zweit ihre Aufgabe. Ihr habt daraus ein Bild gemacht, wo zwei Hörner senkrecht nach oben streben, und trotzdem erkennt es jeder an. Aber ihr müßt euch darüber klar sein, daß ihr in eurem Glauben es gemacht habt. Euer Wille ist ein Teil eures Glaubens. Stell dir vor«, so vernimmt jeder von uns, »jede Lage der Pyramide ist eine Ansicht der Welt. Jede neue Lage eine andere verengte. Und trotzdem, je enger diese Ansicht wird, um so weiter kannst du mit dieser Ansicht sehen. Am Fuße der Pyramiden sind viele damit beschäftigt, vieles zu tun. Je höher du kommst, desto umfassender werden die Gesetze, bis du in der Spitze das Unendliche gefunden hast. Was wir einst glaubten, uns bildhaft darstellen zu müssen, daß aus einer kleinen Kugel alles Leben entsproß, haben wir nur geglaubt. Aus dem Abbild der Sonne ist alles einst entsprungen. Und niemand hat es hineingelegt. Wir haben geglaubt, was wir gesehen haben. Wir haben aber nicht gesehen, was hinter den Dingen verborgen war. Und erst mit der Entwicklung und mit der Lehre wurden wir über Dinge aufgeklärt, die wir nicht mit den Händen angreifen können, sondern die man mit geschlossenen Augen in Bewegung setzt.«

Ich spüre jetzt die Frage der anderen, während der Mann immer noch im Raum ist:

»Welchen Sinn hat diese ganze Ausbildung für uns?«

Diese Worte werden aber nicht gesagt, sie werden durch Denken übermittelt. Plötzlich ist es da. Plötzlich steht es wie ein Bild vor einem, wie ein Bild in einem. Jetzt habe ich das Gefühl, ich denke mit. Es wird uns das Bild übermittelt:

Eine große Gans sitzt auf einem einzigen Ei, und sie versucht, dieses Ei auszubrüten. Dieses Ei liegt im Nichts. Die Gans findet ihren Halt, indem sie auf dem Ei sitzt. Beides ist im Nichts. Die Gans ist da, und das Ei ist da. Sind wir die, die etwas ausbrüten? Oder sind wir die, die versuchen sollen, hinter die Schale zu schauen?

Auf jeden Fall ist dieses Ei ein Teil dieser Gans, und die Gans ist wieder, was dieses Ei einmal sein wird. Die Gans ist Vergangenheit und Zukunft in eins, und das Ei ist eigentlich das, was sich in der Gegenwart herauskristallisiert. Das Erstaunliche ist, als die Gans sich anhebt, um das Ei zu wenden, da hat man gar nicht das Gefühl, daß das Ei ausgebrütet werden soll. Das Ei ist, und das wußte man schon, die Erde. Warm umhüllt, von den flauschigen Federn der brütenden Gans. Die Dunkelheit, die auf der Erde herrscht, wird hervorgerufen von der unendlich großen Gestalt der brütenden Gans. Das sind Bilder, Vorstellungen, die nicht im Bild stimmen, sondern die in dem dahinterliegenden Wahrheitsgehalt stimmen. Es ist völlig egal, ob das Ei platzt oder ob sich aus dem Ei etwas herausbildet, ob es auf der Schale ist oder in der Schale, es ist immer das gleiche, was dabei herauskommt, nur die Ansicht ist unterschiedlich. Es wird uns noch ein Bild übermittelt:

Die Kuh, die gebiert und die Kuh, die verschlingt, es ist derselbe Vorgang. Das Gestrige und Morgige liegt im Heutigen begraben. Nur wenn wir das Heutige hinterschauen, werden wir beides erkennen. Es ist wie der Silberstreifen am Horizont, der durch eine irdische Silhouette verborgen ist oder unterbrochen wird. Aber dadurch, daß wir den Teil, der die von uns verstellte Silhouette des Silberstreifens verbirgt, nicht sehen und erkennen, deshalb ist er nicht weniger da. Wir vermeinen nur, und durch unser Vermeinen täuschen wir uns. Eine Wand, eine Mauer teilt die Welt nicht in zwei Hälften. Auch wenn wir nicht durch die Mauer sehen können, ist die Welt jenseits der Mauer nicht weniger da. Ob wir nach innen schauen oder ob wir nach außen schauen, wenn wir nichts erkennen wollen, erkennen wir in beiden Blickrichtungen nichts.

Es wird uns noch ein Bild übermittelt:

Wir sehen einen Horizont. Nichts weiter als eine Linie in der Unendlichkeit, aber wenn wir uns schneller drehen, wird aus dieser Linie ein Kreis, und erst dann wird uns die Unendlichkeit sichtbar. So ist es auch, daß die Sonne uns umkreist, indem sie über das Dunkle hinweggleitet. Damit wir aber nicht vergessen, daß dieses Dunkle nicht eine Unendlichkeit ist, sind Durchblicke wie ein Lochmuster in diese Decke gestickt, die uns in gleicher Weise Zeichen sind für den Aufbau, wie wir die Zeichen hier auf Erden erkennen müssen. Nur weil sie unendlich groß sind, ist es schwer für uns, sie zu deuten. Wenn sie aber in einem Trichter gebündelt, ihre Abdrücke im Lehm hinterlassen würden, erst dann wären sie für uns entzifferbar. So also müssen wir mit Hilfe unserer Ziffern und Zeichen versuchen herauszufinden, welche der von uns entwickelten Zeichen mit denen dort oben übereinstimmen. Da sie unendlich hoch sind, müssen sie in ihrer Göttlichkeit auch unendlich sein. So bleibt die Frage, wo welcher Gott sich in welchem Zeichen verborgen hält. Wir müssen schauen, daß wir alle Zeichen finden, damit wir die Götter erkennen können.

Ohne daß wir die Augen geöffnet haben, spüren wir wieder, daß uns auch dieser Priester verläßt. Mir scheint, es wird immer seltener, daß wir uns mit Worten unterhalten. Ich habe das Gefühl, wir vermitteln uns immer nur noch Zeichen, immer mehr Zeichen, Zeichen, die ausreichen, den anderen gedanklich in Bewegung zu halten. Und findet einer von uns ein neues wachsames Zeichen, versucht er, dieses den anderen mitzuteilen. Auf diese Weise können wir viel Energie und Zeit sparen. Wir drängen auf kürzesten Raum, was sonst sich in der Unendlichkeit verlieren würde. Die Frage nach dem Sinn dieser Entwicklung ist noch nicht beantwortet. Wir versuchen es selber, ohne in unserem Hochmut zu ersticken. Wir versuchen herauszubekommen, in welcher Weise unser Sein sinnvoll ist. Wir versuchen zurückzublicken und stellen dadurch fest, daß die Stufen, auf denen wir hinaufgeführt wurden, vollsitzen von denen, an denen wir vorbeigehen, oder von denen, die wir hinter uns gelassen haben. Sie alle verrichten irgendwelche nützliche Arbeit für sich und für die Gesellschaft. Solange wir aber nicht unseren Punkt erreicht haben, nicht unsere Stufe erreicht haben, auf der wir sitzen können, so lange scheint für uns der Durchgang von Hof zu Hof ohne

Sinn zu sein. Unsere Laufbahn ist, solange wir uns bewegen, scheinbar um ihrer selbst willen da. Wir werden es erst beurteilen können, wenn wir unsere Laufbahn beendet haben und eigentlich anfangen können zu wirken. Wir befinden uns in einem Zustand der schrägen Ebene. Solange wir uns halten können, bilden wir zu ihr einen spitzen Winkel. Erst wenn wir uns nicht mehr halten können, versuchen wir uns festzuklammern, damit wir senkrecht stehen. Dieses Senkrechtstehen wird dann als wohlgefälliges Leben ausgelegt. Aber jedes Senkrechtstehen bedeutet, daß man anfällig ist, daß man von jeder Seite aus dem rechten Winkel herausgestoßen werden kann. Von sich als Mittelpunkt aus betrachtet, gibt es unendlich viele rechte Winkel, die man nicht einhalten kann. Sobald man einen rechten Winkel in einen spitzen Winkel verwandelt, verwandelt man den gegenüberliegenden Winkel in einen stumpfen.

Mich berührt immer wieder das gleiche Thema, warum Pyramiden, warum so viele Pyramiden, warum immer die gleiche Form? Ich sehe aus den Gebäuden, die uns ringsum umgeben, eine bauliche Vielfalt, während hier bei den Pyramiden immer wieder das gleiche Prinzip nur in verschiedenen Maßen angewendet wird. Man hätte ja auch dort variieren können. Infolgedessen müssen also diese Ausführungen der Pyramiden einen ganz bestimmten Sinn und Zweck verfolgen. Die Höhe der Pyramiden kann es nicht sein. Es kann auch nicht der Winkel sein, in dem sie ausgeführt wurden. Es kann auch nicht das Material sein, das in ihnen steckt. Es muß irgend etwas anderes sein. Man hat so unendlich viele Pyramiden gebaut in so vielen Größen und Variationen, aber man hat sie immer im gleichen Abbild geschaffen. Nur mal größer, mal kleiner. Die Pyramide selber muß also irgend etwas hergeben. Das Abbild der Pyramide muß etwas bedeuten. Vielleicht läßt es sich nur auf einer anderen Ebene deuten. Je höher man über eine Pyramide steigt, um so mehr wird eine Pyramide zu einem Quadrat. Die Seiten sind gleich lang. Die Spitze der Pyramide wird immer mehr zu einer Fläche und nicht zu einem Raum. Je weiter man nach oben steigt, desto mehr werden die Seiten der Pyramiden zu gleichschenkligen Dreiecken, die sich in der Mitte des Quadrates treffen. Wir scheinen alle nicht mehr zu wissen, welche wirkliche Funktion oder welche Aufgabe die Pyramiden verfolgten und hatten. Auch die Menschen, die an der Pyramide gearbeitet haben, wußten es nicht. Es können nur wenige sein, die über ihren eigentlichen Sinn Bescheid wissen oder wußten. Dieser Sinn muß irgendwo verborgen sein.

Ich will versuchen, wenn meine beiden Kameraden nachher zurückkommen, sie über dieses Problem auszufragen.

Es kann auch möglich sein, daß mit dieser Pyramidenform die kristalline Form nachgeahmt wurde. Jede Kristallisierung bildet Rhomben, und diese Pyramide ist die Hälfte eines Rhombus. Vielleicht kann es etwas mit einem Kristall zu tun haben. Vielleicht aber ist es auch die Tatsache, daß, wenn man unter einer Pyramide liegt oder sich liegend denkt, alles in einem Punkte gipfelt, daß die Pyramide einen umgedrehten Trichter darstellt. Vielleicht hat aufgrund der geneigten Flächen der Aufprallwinkel der Sonne eine ganz bestimmte Funktion. Vielleicht als Reflektor? Die Pyramide ist so gebaut in ihren Winkeln, daß nie der Strahl der Sonne in sich zurückfällt. Er wird immer abgeleitet. Nur beim Sonnenaufgang und Sonnenuntergang wird der Strahl der Sonne in den Himmel reflektiert. Wenn die Sonne im Mittag steht, wird der Strahl zur Erde geleitet. Die wenigen Versuche der Sonne, die Nacht zu erleuchten, trifft nur an zwei Tagen im Jahr zu. Sonst ist der Himmel dunkel. Die Nacht ist stockdunkel, nur erleuchtet von den kleinen Begleitern des Re. Während ich diese Dinge sage, habe ich selbst das Gefühl, ein Teil der Unendlichkeit zu sein. Es ist, als ob nicht die Bilder vor meinen Augen entstehen, und ich sie dann sage, sondern daß ich dieses Wissen habe und dann die Bilder sehe. Manchmal ist auch beides gleichzeitig. Es ist sehr unterschiedlich.

Ich hocke immer noch auf meinem Lager, und eigentlich bin ich in meinem Grübeln unentschlossen. Ich weiß nicht, ob ich tief darüber nachdenken sollte, oder vertieft, oder, indem ich mich selbst vertieft habe, darüber nachdenken sollte, oder ob ich auf meine beiden Genossen warten soll. Meine Konzentration läßt nach. Ich entschließe mich, damit ich mich auf ein Ding konzentrieren kann, meine Waschungen vorzunehmen. Ich verlasse die Hütte und gehe zu der Badestelle. Es sind einige andere da, aber es kommt kein Gespräch auf. Wir vollziehen schweigend unsere Waschungen, und wir beherzigen alle den guten Rat, sich von niemandem berühren zu lassen. Die Abgeschiedenheit in diesen Bezirken hat seine guten, aber auch seine nachteiligen Seiten. Sobald man ein Problem gelöst hat, fühlt man sich wohl, weil man sich bestätigt fühlt, sobald aber Probleme bleiben, fühlt man sich sehr stark als Suchender und Abhängiger. Und das schafft Unzufriedenheit. Eigentlich wissen wir nie, an wen wir uns wenden sollen. Es ist nicht so, daß für uns jemand zuständig ist, auf den wir zugehen können, sondern daß nur der, der für uns zuständig ist, auf uns zukommen kann. Nicht die Menschen kommen zu den Göttern, die Götter kommen zu uns. Nach dieser Weisheit richtet man sich auch in diesen Bezirken.

Wenn die Götter etwas von uns wollen, dann kommen sie und sagen es uns, oder sie fordern uns auf, irgend etwas zu tun. Zwar bemühen wir uns als Priester, den Göttern den Weg zu verkürzen, indem wir immer mehr versuchen, uns auf den Weg zu ihnen zu machen, aber es gibt eine ganz bestimmte Schwelle, die wir nicht überschreiten können. Genau diese Schwelle zeigt uns, in welchen Bereichen wir von ihnen abhängig sind. Wir verdanken ihnen das, was wir Leben nennen. Wir verdanken ihnen nicht unseren Körper. Wir verdanken ihnen, daß unsere Körper sich bewegen, daß wir denken, nicht, was wir denken. Wir verdanken ihnen, daß unsere Augen sich bewegen und etwas sehen können, aber wir verdanken ihnen nicht, was wir sehen können. Und das ist es, was wir den Göttern nie bisher haben abnehmen können, dieses Geheimnis ist ihr Geheimnis.

Zwar können wir mit unseren Kräften Dinge bewegen, aber wenn wir unsere Kräfte zurückziehen, bleiben auch die Dinge liegen. Zwar können wir Dinge lebendig beschreiben, daß sie im Leben auferstehen, aber in dem Moment, wo die Papyri verbrannt und gefressen wurden, sind auch die Kräfte dahin. Wichtig ist, daß die Häute erhalten bleiben, und deshalb mumifiziert man sie. Wir wissen, daß wir das Leben den Mumien nicht zurückgeben können, aber wir versuchen, im jenseitigen Leben dem einst Lebenden die Möglichkeit mitzugeben, sich mit seiner

Erinnerung neu einzurichten und neu zu bestätigen. Wir glauben, daß wir das, was wir wissen, fühlen, denken, mit hinübernehmen. Deshalb ist wichtig, daß alle Denkenden und Wissenden erhalten bleiben. Auf die Weise besteht die Möglichkeit, mit ihnen in irgendeinen Kontakt zu treten. Die Menschen aber, die nichts wissen und die den Göttern fern sind, brauchen wir nicht als Brücken. Sie sind unwichtig, und deshalb brauchen wir ihnen auch keine Kammern zurechtzulegen. Wichtig ist, daß wir die Wissenden nicht verlieren und daß wir das Wissen weiter benutzen können, und daß es uns zur Verfügung gestellt wird. Sie sind die Obelisken, die uns den Weg zeigen, sie sind die Obelisken, auf deren Spitzen, auf deren kleinen Pyramiden wir wie auf einer Brücke zu den Himmlischen gelangen können. In jedem Kristall ist das Wissen gefiltert und gefangen. Es kann nicht verloren gehen. Die vier Seiten des menschlichen Daseins in einer Spitze zusammen. Das Wissen bleibt, wenn wir wissen, wie wir dahinkommen.

Ich bin immer noch bei den Waschungen. Da ich Zeit habe und es angenehm ist, in dem kühlen Wasser zu stehen, beeile ich mich nicht. Ich benutze sogar die polierte Scheibe, um mich neu zu rasieren, entferne sämtliche Haare, soweit es mir möglich ist, sie zu erreichen. Es ist immer wieder eine neue Tortur. Doch mit der Zeit werden es immer weniger Haare, denn in die Poren der ausgerissenen Haare schmieren wir uns eine Salbe, so daß keine Haare mehr nachwachsen. Auf diese Weise können sich an unserem Körper keine Lebewesen erhalten. Wir müssen versuchen, möglichst frei von diesen Tieren zu sein. Die Schamhaarepilation ist am schmerzhaftesten, während sie an den Armen oder Beinen sehr gut geht. Einige von uns haben große Schwierigkeiten, da ihnen ein Flaum auf den Schulterblättern wächst. Sie müssen sich deshalb der Obhut der anderen anvertrauen. Aber wir sind noch nicht so hoch gestiegen, als daß wir wichtig genug wären, um nicht mehr zu leben. Deshalb ist bei uns die Vorsicht anderen gegenüber, die wir nicht sehen, nicht besonders ausgeprägt. So ist es ohne weiteres möglich, daß im Bad die gegenseitige Hilfe sich immer noch zu einer Selbstverständlichkeit herausbildet. Während, das kann ich mir nur vorstellen, die Akrobatik der höheren

Priester groß sein muß. Denn sie müssen versuchen, den gesamten Körper zu erreichen. Oder aber, und das ist das Wahrscheinlichere, es wird nur für ganz bestimmte Dienste die Reinheit des Körpers verlangt. Vielleicht ist es nur für unseren Hof die unbedingte Pflicht, sauber zu sein.

Aber wir können auch noch nicht über eine Mauer blicken, ohne daß wir an ihr hochgestiegen sind. Wir sind zwar in der Lage, mit unserer Konzentration viele Dinge zu erahnen und mit anderen in Verbindung zu treten, aber wir sind noch nicht in der Lage, aus unseren Körpern herauszutreten. Wir ahnen nur, daß das möglich ist. Wie sollte es sonst möglich sein, daß bei unseren nicht wörtlichen Gesprächen sich manchmal andere mit einmischen, und daß wir spüren, wie sie da sind und uns entweder Fragen stellen oder Antworten geben.

Nachdem ich nun doch nicht ohne Hilfe der anderen meine Reinigungsprozedur beendet habe, bleibe ich einen Augenblick im Hofe stehen, um mich wieder aufzuwärmen. Ich gehe ins Gemeinschaftshaus, lasse mir dort etwas zu essen geben. Das Essen besteht eigentlich immer nur aus den gleichen Bestandteilen. Solange wir nur in unseren Höfen leben, leben wir rein vegetarisch. Nur nach jeweils einer bestandenen Beförderung erhalten wir das sonst nicht zulässige Fleisch. Ich kann es mir aber gar nicht anders vorstellen, als daß es Fleisch von heiligen oder gar geopferten Tieren sein muß. Wir Priester dürfen nicht zum eigenen Verzehr Leben vernichten. Nur den Göttern geweihtes Fleisch darf von uns genossen werden, aber auch erst, nachdem die Götter sich gesättigt haben. Deshalb nehme ich auch an, daß diese ausgesprochen seltenen Fleischsorten, die wir bekommen, wenn große Anstrengungen hinter uns liegen, vom Altar eines Gottes oder einer Göttin stammen. Da uns die Götter selbst beschützen, wenn wir Prüfungen ihnen zu Ehren und zu ihrem Wissen unternehmen, sind es selbstverständlich Gaben, die wir aus ihnen zugedachten Opfern empfangen.

Während ich meine Milch trinke, meine Früchte esse und doch recht lustlos an dem Brot kaue, das schon hart ist und sehr trokken, so daß man es über die Kanten brechen muß, warte ich auf meine beiden Genossen, einmal, um zu hören, wo sie waren, zum anderen, um mit ihnen das Problem zu klären, warum die Pyramide fünf Seiten hat.

Dieser Raum, in dem ich mich aufhalte, unterscheidet sich von unserem Raum dadurch, daß er an der einen Seite einen Kamin hat, eine offene Feuerstelle, daß darüber an der Decke ein Loch ist, aus dem der Rauch abziehen kann, und daß mehrere Gefäße da sind, Handmühlen, auf denen wir das Korn mahlen können, Krüge, in denen das Korn ist, der Honig, die Milch, auch die Früchte und das Öl. Wir haben selten das Glück, daß von anderen Mahlzeiten Reste übrigbleiben. Die meiste Zeit sind wir darauf angewiesen, uns die Fladen selbst zu backen oder Reste zu verzehren. Reste, die so alt sind, wie das Stück, das ich jetzt versuche, mit meinen Zähnen zu zerbrechen. Wer von uns die Vorräte bringt, weiß ich nicht. Ich weiß, daß uns jedenfalls genügend zur Verfügung steht. Wir haben aber Angst, über Gebühr zu essen oder uns das Gefühl einer guten Sättigung zu vermitteln, weil wir glauben, dann nicht mehr aufnahmefähig genug zu sein. Jedesmal, wenn wir zu einer Prüfung geführt wurden, kam sie überraschend. Nie wußten wir, wann es passiert. Nie wußten wir, was passiert. Plötzlich wurden wir abgeholt von irgend jemandem und irgendwohin geführt, und wenn wir uns einmal erlauben sollten, uns mit Nahrungsmitteln das Gefühl der Sättigung zu verschaffen, wäre die Trägheit in uns zu groß und der Ehrgeiz zu gering, als daß wir Hoffnung auf Bestehen einer Prüfung haben könnten.

Auf diese Weise erhalten wir uns ein natürliches Hungergefühl, das uns immer vorwärtstreibt und uns unruhig macht, und das uns dazu zwingt, die Anstrengungen immer mehr zu erhöhen, damit wir uns durch unsere Konzentration auf andere Dinge besinnen und uns von uns selbst ablenken können.

So passiert es nicht selten, daß wir uns entschließen, ohne daß wir uns darüber aussprechen, tagelang nichts zu essen oder tagelang nur von Milch zu leben und nur zwischendurch Früchte zu essen zur Reinigung der Gedärme. So wie wir gezwungen sind und es uns zur Selbstverständlichkeit wurde, unsere äußere Hülle zu reinigen, so ist es uns jetzt eine Selbstverständlichkeit geworden, unser Inneres genauso sauber zu halten. Vielleicht aus der Anschauung der Mumifizierungskammern heraus, nachdem wir gesehen haben, was aus den Därmen der Palastbewohner herauszudrücken ist. Wir haben die zwei Seiten des Lebens auf die Weise sehr deutlich mitbekommen. Wir haben festgestellt, daß mit dem Zunehmen der Fettschicht eine Abnahme der spirituellen Fähigkeiten einherläuft. Der Geist ist, so könnte man fast sagen, proportional zur Dicke des Fettgewebes. Was jedoch der Geist braucht, führen wir ihm zu. Die Aufgabe, die uns in dieser Stufe bevorsteht, uns möglichst beherrschen zu lernen, nicht, indem wir lernen, auf etwas zu verzichten, sondern indem wir lernen, uns selbst Befehle zu geben, die wir, ohne uns zu bewegen, ausführen können.

So besteht die Hauptarbeit des Tages darin, neben ein wenig Bewegung unsere Konzentrationsfähigkeit zu üben. Die Konzentration scheint uns das wesentliche Mittel, um eine Stufe weiterzukommen und um die Anstrengungen der nächsten Stufe zu ertragen. Alle Aufgaben, die wir zu lösen haben, werden von irgendwoher übermittelt, ohne daß man mit uns regelrecht Unterricht betreibt. Während wir in unseren Räumen sitzen und dieses Training durchführen, erscheinen uns die Aufgaben wie Bilder, und während wir diese Bilder aufnehmen und lernen, versuchen wir zu realisieren.

Ich sitze nun wieder auf meinem Lager in meiner Hütte. Da meine Freunde nicht kommen, muß ich mich mit mir selbst beschäftigen. Ich versuche, mich zu versenken. Die Aufgabe, die ich mir stelle, ist folgende:

»Versenk dich und konzentriere dich darauf, mit anderen in Kontakt zu treten, die auf deine Fragen die Antworten wissen. Versenk dich immer tiefer und konzentriere dich auf die Unsichtbaren. Mach dich aufnahmebereit, so daß du erfährst, was die anderen denken.«

Ich höre von irgendwo eine Stimme:

»Woher weißt du, daß du so zu uns kommst? In dieser Unendlichkeit ist kein Führer mehr da.«

Ich glaube, ich antworte: »Ich bin am Suchen!«

»Was suchst du?«

»Die Antwort!«

Es ist, als ob ich in diesem Zustand die Pyramide in der Pyramide sehe, obgleich alles völlig dunkel und schwarz ist. Es ist die Seitenansicht, einer in sich immer mehr abgestuften Pyramide, bei der die Spitzen übereinanderstehen und eine Senkrechte bilden. Ob hierin das Geheimnis liegt? Demnach müßten also in den Spitzen der Spitzen die Kammern liegen. Nur in den Spitzen, in denen sich alles Leben kristallisiert. Ich bekomme aber keinen Kontakt, ich bekomme aber keine Antwort. Entweder ist mein Rufen nicht laut genug, oder meine Fähigkeiten reichen nicht aus. Augenblick, ich glaube, ich erhalte Kontakt. Es ist, als ob ich mich aus meiner Gestalt gelöst hätte und auf einen träfe, der sich ebenfalls gelöst hat. Wir beide stehen uns gegenüber, aber ich kann noch nichts hören. Ich höre immer nur:

»Mein Sohn, du bist am Suchen. Was suchst du?«

»Die Antwort auf die Frage, die mir die Pyramiden stellen.«

»Wie sollen wir eine dreieckige Pyramide bauen?«

»Das Leben hat vier Seiten.«

»Wie sollen wir eine fünfeckige Pyramide bauen?«

»Die fünf ist uns unbekannt in Verbindung mit dem Leben. Die Zahl fünf taucht erst später auf!«

Ich versuche, das Modell aufzuzeichnen, wie es sich bei einer fünfeckigen Pyramide darstellt.

»Wir kennen nicht die Zahl fünf, wir haben sie.«

»Warum immer wieder?«

»Man kann vieles viel und oft dasselbe bauen, aber nur einmal gelingt es uns, das Vollkommene zu erreichen. Es sind alles Vorstufen. Wir haben die drei Pyramiden als Krönungen zusammengestellt. Die drei wurden die größten. Da wir aber nicht wußten, wohin mit den arbeitenden Menschen, wurden sie von einer zur anderen Pyramide übernommen. Wir haben uns übernommen – nur ein Krieg hätte uns aus dieser Situation retten können. Wir glaubten, alles regieren und dirigieren zu können. Aber wir waren der Masse hilflos ausgeliefert. Wir haben sie angetrieben, damit sie schneller und länger arbeiten. Sollten wir ihnen nach drei Generationen sagen, sie können auf ihre Felder zurück? Auf Felder, die sie nicht mehr hatten? Auf Felder, die ihnen nicht gehörten? Wir mußten erst neues Land beseelen, erst dann waren wir in der Lage, sie im Süden ansässig zu machen. Wo sollten wir mit ihnen hin? Immer weiter nach Süden! Wir wollten sie weghaben von hier oben. Und außerdem wußten wir nicht mehr und wußten die, die nach uns kamen, nicht mehr, warum wir die Pyramide bauten. Sie hatten es nicht mehr begriffen. Der Pharao war nicht mehr einer der unsrigen, er hatte sich von uns getrennt, er war zum Lenker eines Staates geworden, während wir uns immer weiter den Göttern näherten. Wir hatten den Blick für die Erde verloren. Zwischen dem Pharao und uns gab es keine Verbindung mehr. Wir konnten uns nicht mehr verstehen.

Die nadelscharfe Spitze der Pyramide ist nichts anderes als die Darstellung, daß unser Geist keine Fläche mehr brauchte. Wir hatten uns immer mehr entfernt. Hatten wir erst große Flächen beherrscht, waren wir nun auf uns selbst zurückgeworfen. Wir konnten unser Wissen nicht mehr weitergeben, weil die Probleme der Menschen uns überholt hatten. Um eine hohe Spitze herzustellen, brauchten wir im Grunde mehr, als wir beherrschen konnten. Wir haben nur wenige, es ging alles zu schnell. Wir waren in unserer Fähigkeit hochmütig und einsam geworden. Das Nachdenken, warum wir bauten, hatten wir mit der ersten Pyramide verloren. Die anderen Pyramiden sind überflüssig. Sie waren nur noch zur Beschäftigung gedacht, Beschäftigung, um etwas auftürmen zu können, womit wir nichts mehr anzufangen wußten. Auch die Kammer im Schnittpunkt hängt in den Diagonalen, ohne daß die meisten Menschen wußten, daß es der Kristallpunkt unseres Wissens ist.«

Das Bild verschwand. Ich saß auf meiner Pritsche und merkte jetzt, während mir die sitzende Gestalt mehr und mehr entschwindet, daß man mich wachzurütteln versucht. Ich komme langsam zu mir und stelle fest, daß es meine beiden Freunde sind, die mich an den Armen tragen und auf die Füße zu stellen versuchen. Ich muß tief geschlafen haben. Während ich langsam zu mir komme und die Augen aufschlage, mit denen ich noch nicht sehen kann, fühle ich doch die warmen Hände meiner beiden Freunde, die mich am Arm halten und auch senkrecht stellen. »Komm zu dir«, sagt Meneth. »Komm zu dir.« Es dauert lange.

»Was ist, was ist? Wo warst du?« fragt er. »Sag, wo!«

Meine beiden Freunde haben mich jetzt durchgebracht. Sie hocken sich ebenfalls auf ihre Pritschen und fragen mich, was gewesen sei. Dieser Zustand ist nicht durch Bilder zu übermitteln. Ich erzähle es ihnen daher. Kaum habe ich, so gut es mir in meinem Erregungszustand gelang, erzählt, daß ich außer mir war und einen Geist gesprochen habe, der mich über den Sinn der Pyramiden versuchte aufzuklären, als ich schon wieder im Begriff war, in den gleichen körperlosen Zustand zu versinken und mich über mich hinauszuheben.

»Ich habe einen Totenpriester gefunden und habe ihn gefragt, wofür man diese Kammern in der Pyramide gebaut hat. Und der sagte mir, man brauche die zur Mumifizierung. Wenn die Körper aus den unterirdischen Totenkammern gehen, wo sie zur Mumifizierung vorbereitet werden, dann müßten sie noch eine ganz bestimmte Zeit in einem Raum aufbewahrt werden, der einen sehr starken Luftzug, aber absolut trockene Luft hat, und deshalb brächte man die werdenden Mumien in die Kammer der Pyramide. Die Luftschächte wären so angebracht, daß immer eine Luftzirkulation stattfände. Man hätte Versuche gemacht. Manche Grabkammern wären nicht gut, dort hätten sich die Mumien nicht gehalten, man hätte sie darum wieder entfernt. Sie wären zu feucht gewesen. Es stimmt, daß man den Pharao im großen Meer begraben habe, auf der Insel im großen Meer, sagte er mir. So wie die Götter einst aus dem Wasser gekommen seien, so habe man dem Pharao eine Insel errichtet, und auf der Insel erwartet er sein Wiederkommen. Und wenn ich mir vorstellte, daß alle Steine weg wären und alle Löcher sichtbar wären, dann seien es die Gänge in die Unterwelt.«

Ich habe plötzlich das Gefühl, ich stehe unten im Tal-Tempel und schaue hoch zu den Pyramiden und versuche aus diesem Priester etwas herauszubekommen. Ich fühle mich unbehaglich, weil ich das Gefühl habe, ich kann mit seinen Antworten nichts anfangen. Mir wird bewußt, wie wenig ich eigentlich weiß. Das Schlimme ist, ich habe das Gefühl, er weiß auch nicht mehr. Er steht auf einer Stufe, wo ihm etwas gesagt wird, was ihm reichen muß, aber nicht der Wahrheit entspricht. Ich habe das Gefühl, da ist noch irgend etwas dahinter. Ich begreife es nicht und verstehe es auch nicht, noch nicht. Ich weiß nur, daß es vom Tal-Tempel Zugänge zu unterirdischen Kammern geben muß. Die Etagen, die man über Tag gebaut hat, hat man auch unter Tage gebaut, und die Pyramide, die man nach oben über Tage aufgerichtet hat, gibt es in einem Negativbild unter Tage.

Ich fühle mich zwischen Aufgang und Mittag. Mir geht es wie den Steinschleifern und Steinschleppern – ich tue etwas, dessen Sinn ich nicht begreife, und hoffe, daß es wichtig ist. Nur wer die Dunkelheit kennt, weiß das Licht zu schätzen. Nur wer die Seinsarten der Menschen kennengelernt hat, kann die Kräfte seiner Seinsarten erkennen und weiß, wo die sitzen. Ich weiß es nicht, ich komme immer wieder auf diesen Tal-Tempel. Als ob dieser Tal-Tempel meine nächste Station wäre. Ich komme darüber nicht hinaus. Als ob unter diesem Tal-Tempel noch Räume lägen oder Kammern aus dem Felsen geschlagen wären, um möglichst nahe diesem Friedhof zu sein. Ich glaube, es ist so. Ich streune wie ein Schakal in der Nacht um die Gräber herum, habe den Geruch in der Nase und kann die Toten nicht finden. Oder ob ich warten muß, bis die Sonne im Westen verschwunden ist? Ob ich warten muß, bis der Schatten der Pyramide über den Tal-Tempel fällt? Ich habe das Gefühl, als möchte ich zupacken und darf nicht arbeiten, als habe ich die Bilder vor Augen und man entzieht sie mir. Oder ob ich auf andere warte? Dabei hab ich vor Augen, wie sie da unten arbeiten, aber ich kann es dennoch nicht erfassen.

Auch aus diesem Zustand, der mich nur wenige Herzschläge lang umfaßte, werde ich wieder geweckt. Aber auch im Wachzustand ahne ich nun, daß vieles noch vor uns liegt, daß mehr unbekanntes Wissen vor uns liegt, als wir an Wissen bisher erfahren haben.

11. KAPITEL

Krankenheilungen

Ich bin bei der abgemagerten Frau in der Hütte. Sie liegt dort auf dem Fußboden. Es ist dämmrig in der Hütte, kaum daß man sie erkennen kann. Sie jammert vor Schmerzen und hält sich den Bauch fest. Die Hände liegen auf einer Decke, die sie über sich gezogen hat, und pressen ihren Leib. Unter ihr liegt eine Ziegendecke, die zwischen ihr und dem Boden, dem hartgestampften Lehm, liegt, und unter ihr liegt eine Lage Stroh. Die dünne, zerlegene Strohschicht ist fast schon Häcksel oder Streu, kaum daß also der Erdboden noch ein bißchen bedeckt ist.

Die Frau hat gelbe Augen. Sie kann sie kaum noch aufmachen. Ich drücke ihr das Ober- und das Unterlid auseinander, um hineinzuschauen. Sie schaut mich mit einem gequälten Blick an. Sie preßt ihre Hände so fest auf den Leib, daß diese unter ihren Rippenbogen verschwinden. Ich kann das sehen, obgleich sie eine Decke über sich hat. Ich muß ihr gewaltsam die Hände auseinanderreißen und ziehe ihr die Decke weg. Dann versuche ich, ihr den Leib freizumachen, um selber einmal zu fühlen, was da ist. Aber ich habe Angst, sie anzufassen. Sie ist fürchterlich schmutzig. Das Kleidungsstück, das sie anhat, entspricht einem Hemd. Ich will es ihr nicht ausziehen, außerdem bietet sie einen so abgemagerten Eindruck, die Hände bestehen nur noch aus bräunlichem Leder, das über die Knochen gezogen worden ist. Ich versuche, auf eine andere Weise heranzukommen, um festzustellen, was ihr fehlt. Ich knie mich neben sie, aber doch so weit entfernt, daß ich sie nicht berühre, setze mich so, daß ich auf den Hacken sitze, richte meinen Oberkörper sehr gerade aus und lege die Hände auf die Oberschenkel, schließe die Augen und versuche nun, mich in die Frau hineinzuversetzen.

Ihre Leber ist zu zwei etwas größeren harten Brocken zusammengeschrumpft und hat eine grünlichgelbe Färbung. Sie ist
hart, fast wie ein Lehmklumpen, und die Galle zwischen den beiden Lederlappen ist ein winziges Röhrchen, das aussieht wie ein
dicker grüner Regenwurm, der das Sonnenbad nicht überlebt
hat. Faltig und trocken hängt sie am Stiel der Leber. Die Adern,
die zur Leber führen, sind, so scheint es, dünnwandig und dick
aufgeblasen, aber in die Leber fließt kein Blut und aus der Leber
kommt auch nichts. Was bei der Frau gemacht werden muß ist
wohl, daß diese Verkrampfung gelöst wird und daß Blut die Leber wieder durchpulsen kann. Die Galle muß sich füllen. Jetzt
muß ich ihr doch das Hemd hochziehen, obgleich mir vor diesem
dürren Körper ekelt. Ich lege ihr, indem ich mich über sie knie,
die Hände so auf den Leib, daß meine Fingerspitzen noch auf den
Rippen liegen, und ich lege dann meinen Kopf, meine Stirn auf
die nebeneinanderliegenden Hände.

Ich versuche nun zu denken, daß die Leber weicher wird, daß
sie runder und praller wird, daß das Blut sie wieder braun und rot
färbt, daß das Gift aus der Leber von dem Blut wegtransportiert
wird. Ich denke und sehe, wie sich unter meinen Augen die Leber
mit dem wenigen Blut auffüllt und selbst von den Füßen das Blut
wegzieht, damit es in die Leber strömen kann. Das Herz pumpt
schneller und die Frau atmet heftiger. Tiefe Atemzüge merke ich
unter meinen Händen. Sie atmet schneller. Sie fängt an zu hecheln, als ob sie nicht genug Luft in das Blut kriegen könnte. Das
Herz schlägt wie rasend. Unter meinen Handballen wölbt sich
langsam der Leib, und im Hecheln schreit sie: »Ich habe Durst!«

Sie greift nach dem neben ihr stehenden Holzbecher und ver-
schüttet mit zittrigen Händen die Milch, schluckt sie, ver-
schluckt sich erst noch ein wenig und trinkt dann in gierigen Zügen. Jetzt kommt jemand in die Hütte, ich weiß nicht, wer es ist,
weil ich immer noch mit dem Kopf auf den Händen liege.

»Ich habe Durst«, sagt die Frau, und man gibt ihr zu trinken,
Milch und noch einmal Milch. Ich höre entfernt, wie sich ihr Magen mit diesem Getränk füllt und unter der Leber anschwillt. Ich
spüre und ich sehe, wie die Leber sich glättet, wie aus dem kruse-
ligen Lehmklumpen glatte Flügel werden, die sich über den Ma-

gen wölben, ihn bedecken und ihn einhüllen. Ich sehe, wie die Galle sich füllt und strammt, und wie das Blut in die Leber gepumpt wird und wieder herausläuft und die Farbe der Leber immer brauner wird.

Mir schmerzt der Kopf, ich sehe immer nur dieses Bild, Blut fließt in die Leber, Gift strömt weg, die Leber dehnt sich, wird weich und geschmeidig und die vielen Zellen in der Leber füllen sich, blähen sich auf und werden dick und rund, und das Blut verästelt sich in den Adern und strömt bis in die Spitzen der Leberflügel. Die Leber hängt satt über dem Magen, und die Flüssigkeit wird aus dem Magen herausgesaugt, das Blut reißt sie an sich, und es vermehrt sich, und das Blut wird mehr und mehr und verteilt das Gift und baut es ab, zerfrißt es, und ich höre jetzt nebenbei, wie sie ruft:

»Ich habe Durst!«

Ich werfe noch einen letzten Blick auf diese Leber, dann stehe ich auf. Fast wanke ich zur Türöffnung. Es wird mir der Gestank dieser Frau bewußt, der ich das Hemd hochgezogen, ausgezogen habe, und ich bin froh, daß ich draußen frische Luft atmen kann. Meine Hände fühlen sich an wie leblose Glieder, mein Kopf schmerzt, als ob das ganze Gehirn vorn hinter der Stirn säße. Ich bin selber erschöpft. Nachdem ich ein paar Minuten an der Türöffnung gelehnt habe, sehe ich, daß es wohl die Tochter ist, die der Mutter immer wieder neue Milch gegeben hat. Ich verlange jetzt auch einen Becher Milch. Während ich ihn in hastigen Zügen trinke, richtet sich die Mutter auf und setzt sich hin, schiebt sich dann zurück, lehnt sich mit dem Rücken an die rauhverputzte Lehmwand. Als sie ihre Augen in dem Dämmerlicht öffnet, sehe ich, daß das tiefdunkle Gelb ein wenig zurückgegangen ist und zu hellem Gelb geworden ist. In dem mit Zahnlücken versehenen Mund, wo die wenigen Zähne wie Fremdkörper in dem Gaumen wirken, lächelt sie mich mit ihren schmalen Lippen an, die sich über die wenigen Zähne spannen. Sie sagt dann, obgleich sie viel getrunken hat, mit krächzender Stimme:

»Ich glaube, ich habe keine Schmerzen mehr.«

Da sage ich zu ihr: »Wieso glaubst du? Du bist gesund! Du mußt essen und trinken, dann kannst du wieder aufstehen.«

Es ist, als wäre aus meinem Kopf durch das Blut die Kraft in meine Hände gewandert, durch diese Hände und die Bauchdecke wäre ihr Blut in Wallung geraten und hätte es wie magnetisch angezogen und weggestoßen. Als wäre unter meinen Händen ihr Blutkreislauf in Bewegung geraten, als hätte ich mit meinem Geist, mit meinen Bildern ihr Blut angezogen, aus dem gesamten Körper in die Leber gezogen, damit es dort die trockenen Adern weitet, auffüllt und das Gift wegschemmt. Als habe ich mit meinen Händen durch meinen Willen alles auf diesen Punkt konzentriert. Als ob ich es gegriffen hätte und gezogen und gepumpt hätte. Es ist nicht, daß ich etwas gesagt hätte, sondern die Kraft der Bilder, die in meinem Kopf entstehen, das, was ich sehen will, das, wie ich es gesund sehen will, das wäre durch meine Hände gegangen. Damit der Weg nicht so lang ist, hab ich den Kopf auf die Hände gelegt, als ob die Hände die verlängerten Adern meines eigenen Blutkreislaufs wären und ich meinen Kreislauf an den ihren angeschlossen hätte. Als ob ich mit meinen Bildern eine Verwandlung vornehmen würde, einen Ansporn, einen Anreiz für kranke Organe. Als ob ich den Geist der kranken Leber mit dem Geist einer gesunden Leber ausgetauscht hätte. Als ob ich der Leber einen neuen Willen gegeben hätte, so zu werden, wie sie mein Geist durch das Bild übermittelt. Die Konzentration auf das Bild gibt die Kraft, alles darauf hinzuziehen. Die Konzentration, das Zusammenziehen der Kräfte, das kurzfristige Benachteiligen aller anderen Glieder und Organe, damit die Körperkraft sich auf dieses Organ besinnt, das ist wohl die Ursache der schnellen Heilung.

Wir drei sind in dieses Dorf gekommen. Wir sitzen bei dem Dorfschulzen auf den Stufen und, wie es sich herumgesprochen hat, weiß ich nicht, auf jeden Fall kommen einige und wollen von uns geheilt werden und einige, die uns holen lassen wollen, weil sie selbst nicht mehr laufen können, weil sie zu krank sind und zu große Schmerzen haben. Wir sollen in deren Hütten kommen, um sie dort zu heilen, aber das lehnen wir ab.

»Bringt sie hierher!« haben wir gesagt.

Wir verständigen uns kurz durch Blicke, daß es besser sei, auch wenn die Sonne noch auf dem Dorfplatz liegt, die Kranken

173

hierherzubringen, als daß wir in die Hütten gehen. Wir versprechen uns größeren Erfolg davon, wenn mehr Leute zuschauen. Vor allen Dingen, wenn diese hier krank sind, ist der Erfolg um so größer, wenn die Heilung sehr schnell eintritt und das auch von vielen gesehen wird.

Sie bringen uns einen ziemlich kräftigen, untersetzten Mann. Sie haben dazu eine Trage gebaut, indem sie zwei Stäbe auf ein ziemlich großes Fell gelegt und das Fell nach innen eingeschlagen haben. Darauf haben sie den Mann gelegt. Das hält. So bringen sie diesen Mann an, der so fürchterliche Schmerzen haben muß, denn er versucht, sich auf dieser primitiven Bahre zusammenzukrümmen. Er zieht zumindest die Beine an. Wir fragen ihn: »Was hast du?«

Er sagt: »Ich habe seit einiger Zeit Dämonen im Unterkörper. Es ist fürchterlich. Es brennt! Aber es ist nicht das Feuer zwischen den Steinen, sondern über meinem Glied.«

Das sagt er unter großem Stöhnen.

»Ich habe ungeheure Schwierigkeiten, Wasser zu lassen, obgleich ich immer das Gefühl habe, als müßte ich Wasser lassen. Auch kommen die Schmerzen der vollen Blase noch dazu.«

Wir sind der Meinung, daß ich erst einmal untersuchen solle, was da wäre. Als ich hineinschaue, stelle ich fest, daß sich vor dem Blasenausgang ein großer Stein mit einer scharfen Kante abgelagert hat, der den Ureter eingeritzt hat. Und darüber liegen kleine feine Steine, die aussehen wie der feine Staub in der Wüste. Sie verstopfen die Harnröhre, so daß kaum etwas durchfließen kann, und wenn der Druck zu groß wird, reißt der Stein in der Harnröhre entlang die Wand auf und drückt immer weiter nach unten. Aber er kann nicht weiter, da die Harnröhre sich in dem Schmerz immer mehr verengt. Es ist eine Menge Gries, der sich über dem großen Stein abgelagert hat.

»Vor dem Gries ist mir nicht bange, aber den großen Stein müssen wir sprengen«, sage ich.

Wie groß die Scham des Mannes ist, weiß ich nicht. Es ist mir auch egal, auf jeden Fall schlage ich seinen Rock zurück und fasse an sein Glied und versuche die Stelle zu finden, wo ich beim Drücken den Stein zu finden glaube. Er sitzt unter dem Schamberg. Kaum daß ich die Stelle berühre, da schreit er auf, als würde ich ihm den Arm vom Rumpfe trennen. Ich muß wohl gerade die Stelle erwischt haben, wo die scharfe Kante in die Blasenwand eindringt, ich fühle ihn bei etwas festerem Drücken. Zart stoße ich mit dem Zeigefinger und Mittelfinger zwischen seinen Beinen nach oben, um dort an der Harnröhre zu fühlen, wie er sitzt. Der Weg, ihn von oben nach unten zu transportieren, ist zu lang. Die Schmerzen würden den Mann zerreißen, außerdem ist die Gefahr, daß wir die ganze Harnröhre durch die scharfe Kante aufreißen, zu groß.

Infolgedessen nehme ich meine Finger wieder weg und schaue mir diesen Mann an, der vor allem ein schmerzverzerrtes Gesicht hat. Der Druck der Blase ist auch sehr groß, und wenn nicht bald etwas geschieht, platzt sie. Das Fett in seiner Bauchdecke ist so dick, daß sich die Blase nicht mehr dehnen kann. Ich blicke ihn an, sage ihm, er soll mich anschauen. Während er versucht, mich mit seinen wunden Augen, in denen der Schmerz steht, für einen Moment anzuschauen, lege ich ihm beide Hände an die Schläfen und die Daumen auf die Stirn. Das Verwundern in seinem Gesicht erstaunt mich geradezu und verwirrt mich in dem, was ich gerade denke. Er fängt nämlich plötzlich an zu lächeln und will sich aufrichten. Ich bedeute den Männern, sie sollen den Mann festhalten, es wäre jetzt unbedingt wichtig. Da fängt er plötzlich an zu schreien:

»Hurra, ich bin gesund und habe keine Schmerzen mehr! Es ist alles wunderbar! Ich bin euch so dankbar! Was wollt ihr haben? Ich schlachte euch einen Hammel.«

Ich sage: »Du bist überhaupt nicht gesund! Du hast fürchterliche Schmerzen, aber du spürst sie nicht. Wenn nicht bald etwas passiert, dann steht die Jauche in deinem Körper bis zum Bauchnabel.«

Er wird fahl unter seiner hellbraunen Haut, und sofort scheint der Schmerz in seine Augen zurückzuziehen, seine Linse scheint sich zu trüben. Ich sage ihm:

»Stell dich nicht so an, denn schließlich spürst du die Schmerzen nicht, die du hast.«

Obgleich mir die Sache ziemlich unangenehm ist, gehe ich so

dicht wie möglich mit meinem Kopf an das Glied heran und versuche, wieder die Stelle zu finden. Ich taste mit den Fingern vorsichtig ab, damit ich nicht den Ureter weiter zerschneide. Dann versuche ich noch einmal festzustellen, wo dieser Dorn des Steines sitzt. Nun konzentriere ich mich auf die kleine Kugel und auf den Auswuchs, und wieder bildet sich in mir das Bild, wie sich die Spitze von dem Stein löst. Sie zerbricht, sie bricht, und während die Spitze in der dünnen Wand steckenbleibt, löst sich der Stein ganz leicht nach unten. Ich konzentriere mich drauf, diesen Stein in den Harnleiter hinabzurollen, und als ich ein wenig von der Spitze weghabe, fühle ich ihn mit den Händen und versuche nun, ihn sowohl mit den Fingern als auch mit meinem herabrollenden Stein in dem Bild den Harnleiter hinabzudrücken, und so schiebe und presse ich. Der Mann, der immer noch nicht weiß, was mit ihm passiert, der sogar unter dieser Behandlung erregt wird, hat ja keine Schmerzen. Seine Erregung gefällt mir ganz und gar nicht, weil das hineinströmende Blut den Harnleiter noch mehr verengt und mir die Arbeit noch mehr erschwert. Trotzdem gelingt es mir, den Stein aus der Harnröhre herauszudrücken. Aber es ist mir klar, was passieren wird, und ich versuche möglichst schnell, meinen Kopf aus der Gefahrenzone zu wenden, denn es folgt sofort ein dicker Strahl Urin, der durch die prall gefüllte Blase hinausgedrückt wird. Ich weiß, daß zwar der Gries hinausgeschwemmt wird, aber ich weiß noch nicht, was aus dem langen Dorn geworden ist, der sich ein klein wenig in der Wand des Harnleiters festgesetzt hatte. Ich versuche, mich wieder auf die Stelle zu konzentrieren und stelle mit Freuden fest, daß er durch den ungeheuren Druck, den der Urin ausgeübt hat, hinausgeschwemmt wurde. Er wird noch Schmerzen haben, wenn ich ihm diese Stelle nicht sofort heile, aber ich weiß nicht, ob es gut ist, wenn man dem Menschen sofort alle Sorgen nimmt. So meine ich, er solle auch spüren, daß die Schärfe des Urins in der Wunde brennt und erlöse ihn von der Gnade des Nichtspürens. Er verzieht sofort sein Gesicht und schreit jetzt:

»Das Feuer ist da, das Feuer ist wieder da, du hast mir überhaupt nicht geholfen!«

Dann erst stellt er fest, daß der Strahl immer noch anhält und daß er langsam in seiner eigenen Pfütze liegt. Da stellt er erst fest, daß er nun wieder ungehindert Wasser lassen kann. Diese Freude darüber ist größer als der leichte, brennende Schmerz, den ihm der kleine Riß in der Harnröhre verursacht. Ich meine, daß es nicht lange dauert und diese Stelle von selbst heilt. Ich will darauf keine Mühe mehr verschwenden.

Meine beiden Freunde lassen ihn los, und ich sehe noch mit einem Auge und muß darüber lächeln, wie zwei, drei, mehrere Jungen loslaufen und vom Brunnen Wasser holen, und noch ehe sich dieser doch etwas fette Bauer von seinem Urin restlos getrennt hat, haben ihm diese Burschen auch schon den Eimer frischen Wassers über den Körper gegossen. Da endlich springt er auf, daß ihm der Rock bis auf die Knie hinabfällt. Jetzt wird ihm überhaupt erst bewußt, daß alle Dorfbewohner unter freudigem und schadenfrohem Grinsen seinem Geschäft zugeschaut haben. Er läuft in seine Hütte zurück, wahrscheinlich, um sich zu waschen. Dieses Dorf scheint aber wirklich mit Kranken mehr als andere Dörfer belastet zu sein, denn wir finden noch eine Frau, die ebenfalls an einem ähnlichen Übel leidet. Hier ist es noch etwas schwieriger, denn hier sitzt der Stein nicht in der Harnröhre, wo es vielleicht noch möglich wäre, ihn mit Gedankenkraft herauszuziehen. Hier sitzt der Stein in der Mitte der Röhre, die von der Niere zur Blase führt. Der Schmerz kommt nicht dadurch, daß der Stein dort sitzt und die Wand aufreißt, sondern daß sich hinter dem Stein schon fast eine neue Blase gebildet hat, die voller Urin ist, denn die Niere arbeitet weiter, aber der Urin kann nicht in die Blase abfließen. Der Gang zur Blase ist so schmal, daß wir den Stein nie hindurchdrücken könnten, da er sich durch den angesammelten Urin nach oben wie ein Korken verdickt hat. Wir würden den Gang völlig zerreißen. Da bleibt uns nichts anderes übrig, als daß wir den Stein zertrümmern müssen. Ich gebe die Stelle an, wo der Stein sitzt. Wir konzentrieren uns, nachdem ich den Stein in der Form in den Sand gemalt habe, und wir drei versuchen mit aller Gewalt, den Stein zu zerbröckeln, und zwar an den Rändern abzubröckeln, so daß der Rest hindurchrutschen kann. Während sich meine Freunde darauf konzentrieren, mit ihren Gedanken die Ränder zu zermalmen, kontrolliere ich immer wieder, wie weit uns das Vorhaben gelingt. Wir müssen Pausen einlegen, da es sehr mühselig ist. Nur Körnchen um Körnchen bröckelt von diesem Stopfen weg. Schließlich gelingt es uns aber, daß aus diesem Stopfen ein Zylinder geworden ist, und es gelingt mir, ihn in die Blase zu transportieren. Sofort schrumpft auch dieser Gang, der nun wieder entleert ist, fast auf das normale Maß zurück. Er bleibt aber trotzdem noch etwas ausgewölbt. Zwar zieht er sich auch zusammen, und ich habe das Gefühl, er wird wieder kürzer. Die Niere reckt sich in die normale Lage zurück, während sie vorher irgendwie gekrümmt war, als wollte sie dem Druck des Urins ausweichen. Sie wird auch irgendwie glatter, und sie nimmt im Durchmesser zu, und sie nimmt zu in der Länge, aber sie wird schlanker. Der Zulauf, der sich schräg in die Niere hineinzieht, lehnt sich wieder an die Längsseite der Niere an, und sie kommt der Blase wieder etwas näher. Die Frau muß wohl ohnmächtig geworden sein, denn wir haben völlig vergessen, ihr die Schmerzen zu nehmen, denn sie sollte mitarbeiten. Wenn wir ihr den Kanal gelähmt hätten, wäre er nicht so dehnbar gewesen. Aber nun scheint es kein Problem mehr, diesen Stein durch die Harnröhre hinauszubefördern. Wo ist der Stein geblieben? Ich stelle fest, daß er über dem Verschluß zur Harnröhre liegt, und so unangenehm es der Frau ist, sie soll sich hinhocken und Wasser lassen, und während dieser Prozedur versuche ich zu sehen, wie ich in den jetzt geöffneten Harnleiter den Stein hineindirigieren kann.

Während die Frau sich bemüht, nachdem sie ihre Schmerzen überwunden hat, den Muskel zu spannen, der die Blase öffnet, schiebe ich in dem Moment, wo das Kläppchen hochgeht, den Stein hinein und nachdem ihr ein paar Tropfen entronnen sind, ist sie erstaunt, daß nun, obgleich sie sich ernsthaft bemüht, unterbrochen wird. Sie kann es gar nicht fassen, sie hält ihre Hand darunter, aber es ist trocken – es kommt nichts mehr.

Zusammen mit meinen Freunden und dem Bemühen der Frau, der wir sagen, sie soll kräftig ihren Unterkörper zusammendrücken, damit ein Druck auf die Blase entsteht, versuchen wir jetzt, den Stein in die Harnröhre hinabzutransportieren.

Nachdem es ein gutes Stück gelungen ist, wird durch den

Druck des Wassers der Stein immer schneller hinausgedrückt, und schließlich ist es, als ob dieser Verschlußstein hinausgepoltert sei. Es folgt ihm ein mächtiger Strahl.

Die Frau kann es gar nicht fassen. Sie ist so erleichtert, daß sie noch hocken bleibt, als sie sich schon längst entleert hat. Sie schaut uns mit glänzenden Augen an, sie schaut uns dankbar an, während sie dort mit gefalteten Händen über ihren gebeugten Knien hockt. Sie kann es kaum glauben und schaut neugierig zu, wie sich der gelbrötliche Urin auf dem trockenen Sandboden den Weg sucht. Auf diesem Sandboden finden wir sogar den Stein. Das heißt, die Frau findet ihn, uns ist er egal. Sie nimmt sich diesen kleinen Stöpsel, der in seiner Winzigkeit unbedeutend aussieht. Aber er hätte ausgereicht, um dieser Frau das Leben zu nehmen, wenn er den Körper nicht verlassen hätte. Dann wäre nämlich der Strang geplatzt, der zur Blase führt, dann hätte sie wohl für zwei Tage das Dorf zusammengeschrien, um dann ewig zu schweigen. Niemand hätte gewußt, warum diese Frau vor dem Tode wahnsinnig geworden wäre. Was wir ihr angetan haben, wird sie nie ermessen können, da sie nie erfahren wird, wovon wir sie eigentlich befreit haben, denn sie kannte ihre Zukunft nicht.

Diese beiden Heilungen reichten aus, um diesen Abend in dem Dorf ein Fest zu veranstalten, das fast so lange dauerte, bis Re sich neugierig über den Horizont drängte.

Da wir zwischendurch die Möglichkeit hatten, uns zu entspannen, ist es uns nicht schwergefallen, die Nacht durchzustehen. Aber wir bewundern die Menschen im Dorf, die nach einigen Musikgeräten, hölzernen Kürbissen, auf denen sie trommelten, im Rhythmus tanzen und singen und die ganze Nacht hindurch auf den Beinen bleiben. Auch wenn sie Alkohol hinzunehmen und sich gegenseitig immer wieder anfeuern, der Energieverbrauch muß ungeheuer groß sein. Aber die Leute sind so voller Freude und Dankbarkeit, daß es scheinbar gar nicht bemerkt wird, wie sehr sie wohl in dieser Nacht sich zur Erschöpfung tanzen. Zwar haben sie an den beiden Hammeln kräftig teilgenommen, auch zwischendurch, wenn eine neue Gruppe im rhythmischen harten Stampfen auf dem staubigen Boden des Dorfangers tanzte, kehren einige immer wieder zurück und trinken und essen, um sich dann wieder neu gestärkt der Gruppe anzuschließen. Die einzigen, die wirklich von diesem Tanze ausgenommen sind, sind wir drei. Wir sitzen dort eingehüllt, denn die Nacht wird kalt, und unter dem klaren, kühlen Glanze der Begleiter des Re in der Nacht tanzen sich die Menschen die Freude aus dem Leib.

Während die meisten Dorfbewohner am anderen Morgen müde in ihren Hütten hocken oder noch schlafen, sind wir in der Lage aufzustehen, aber wir räumen nicht die Reste der Feier weg. Wir wollen eigentlich das Dorf verlassen. Wir haben unsere beiden Knechte schon angetrieben und glauben, bald die letzten Hütten des Dorfes erreicht zu haben, als eine Mutter mit einem kleinen Mädchen den Weg verstellt. Sie sagt, sie habe es nicht gewagt, sich am gestrigen Abend in die Menge der Bittenden zu gesellen, da das Leiden doch zu klein sei und sie auch nichts habe. Sie sei zu arm, sie sei auf die Almosen der anderen angewiesen, aber sie sei bereit, für sich zu leiden. Jedoch ihre Tochter, die möchten wir heilen.

Als wir die langen, glänzenden, schwarzen Haare des Mädchens aus der einen Gesichtshälfte hochheben, erschrecken wir: während das Feuer der kleinen jungen Dame in dem einen Auge noch brennt und uns diese glühende Kohle anschauen kann, ist es in dem anderen erloschen. Unter den Haaren war ein dicker Klumpen verborgen. Die Hautauswulstung über dem Auge vermittelt uns das Gefühl, als säße das Auge nicht mehr in der Augenhöhle, sondern unter dem Augendeckel, als würde es nach vorne gedrückt werden. Das Auge ist so verklebt mit gelbem krustigem Eiter, daß wir nicht in der Lage sind, die Augenlider auseinanderzubekommen. Ich bin überzeugt, wenn wir es mit Gewalt versuchten, würden wir die Haare, die schwarzen Wimpern dieses Mädchens für immer zerstören, denn wir rissen sie aus.

Auch hier muß ich sehen, was geschehen ist.

Ich schiebe mich unter die Haut und stelle fest, daß sich ein Sandkorn in dem Augenlid festgesetzt hat und eine kleine Entzündung hervorgerufen hat. Es hat sich eine Geschwulst gebildet, wie in der Muschel die Perle, deren Auslöser das Sandkorn war. Diese Geschwulst ist so groß geworden wie der Augapfel selber und drückt nun auf das Auge und drückt es nach außen. Sie spannt so sehr, daß sie an einer dünnen Stelle das vergiftete Blut in gelber Form absondert.

Als ich meinen beiden Freunden schildere, was ich sehe, müssen wir beraten, da wir diese Art Krankheit noch nicht geheilt haben. Wir haben so etwas noch nie erlebt, und wir wissen nicht, was wir machen sollen. Wie sollen wir diese Geschwulst von dem Auge wegzaubern? Das Sandkorn können wir ja entfernen, das ist kein Problem, aber wie verschwindet diese Geschwulst? Wir überlegen, bis uns schließlich diese Lösung einfällt:

Von außen über der Stelle, wo das Sandkorn sitzt, öffnen wir die Haut des Lides, ohne daß wir das Lid berühren. Wir sehen in das Lid den Schnitt hinein, wir sehen, wie sich das Blut an den Rändern staut, wir sehen, wie sich der Schnitt öffnet und wie aus der Spalte die Geschwulst quillt. Und es quillt so lange heraus, bis das Lid über dem Augapfel übrigbleibt. Mit der Geschwulst ist das verdeckte Sandkorn herausgeschwemmt worden. Wir sehen, wie sich die Wundränder säubern und von der Geschwulst lösen, als würde ein verharzter Klumpen aus einer Frucht, die überreif wird, herausgedrückt, ohne daß sie beschädigt wird. Als schließlich alles draußen ist, verschweißen wir die Naht wieder, indem wir sie von einer Seite im Bilde zusammenschieben.

Dann geben wir der Mutter den Rat, sie möge so lange Wasser auf das Auge gießen, bis die Tochter wieder sehen kann.

Die runde Geschwulst aber, die wie eine Perle verkapselt war, fängt die Mutter sorgfältig auf und trägt das augengroße Gebilde fort. Ihrer Tochter, die uns mit ihrer glühenden Kohle anschaut, wird aber die Glut durch Tränen gelöscht. Es sind Tränen der Freude, die nur einen dünnen Schleier über die Glut legen. Diese Operation haben wir gerne durchgeführt. Es wird ein zauberhaftes Mädchen und es wird, wenn es größer ist, längst vergessen haben, daß es einmal drei Priester waren, die sie davor bewahrt haben, die Nächte allein auf ihrem Lager zu verbringen.

Dieses Erlebnis macht uns innerlich heiter. Wir sind uns gegenseitig dankbar, daß es uns gelungen ist, diesem Mädchen zu helfen. Selbst ich spüre so etwas wie Stolz, denn es war das erste Mal, daß uns das Öffnen der Haut mit Hilfe unserer Geistes-kräfte gelang.

12. KAPITEL

Der heilige Akt

Wir wollen sehen, was unser Stier macht. Man kennt uns, man läßt uns hinein. Die langen Schatten des Abends haben die Reihe von Ställen schon in sich verborgen, aber unser Stier steht in seiner herrlichen Pracht noch in der Sonne. Und sein Zeichen leuchtet mehr denn je. Er wird gut gepflegt. Sein Gehege ist von allen am größten. Sein Futter von allem das beste. Und sein Blick von allen mir bekannten der energischste. Er wird wahrscheinlich fürchterlich. In seiner vor frischer Kraft strotzenden Unbändigkeit steht er da, und als ich meine Hand über das Gitter recke, weicht er nicht. Er senkt nur ein ganz klein wenig sein Haupt und will mir wohl somit seine wachsenden Hörner zeigen, die an den Seiten heraussprießen und eine beachtliche Stärke und Spitze erreicht haben. Sie stehen ihm vom Kopf ab. Er hat das Zeichen noch. Wir drei stellen es fest, teils mit Erleichterung, teils immer noch mit ungläubigem Staunen. Wir glauben, da wir die einzigen sind, die um diesen Unterschied wirklich wissen, wir hätten ein Geheimnis für uns drei. Dieses Geheimnis, das nur uns drei zu eigen ist, macht uns stark und anfällig. Solange wir alle drei das gleiche sagen, so lange ist jeder für jeden Zeuge. Sobald einer etwas anderes sagt, ist der Zweifel gesät, und Ungläubigkeit breitet sich aus.

Während ich also vor seinem Gehege stehe, ist sein Zeichen immer noch deutlich sichtbar. Das ist ein wunderbares Zeichen. In seiner wuchtigen Stirn, die noch krauser geworden ist, seinen mächtigen Hörnern, die fast eine Elle lang geworden sind, steht auf dieser dreieckigen Stirn das weiße Zeichen der Hathor.

Es sieht wunderbar aus. Und er schaut mich an, als erkenne er mich. Sein massiger, schwerer Körper ruht auf ziemlich kurzen, aber dicken Beinen. Ich glaube, daß er wohl acht bis zehn Jahre alt ist.

Er wird gerade von zwei Priestern herausgeholt, damit er seine Pflicht erfülle. Und diese Pflicht erfüllt er mit einer derartigen Gier, daß die wohl noch junge Kuh unter ihm Mühe hat, sein enormes Gewicht zu ertragen. Während sich ihr Rücken unter seinem massigen Oberkörper durchbiegt, bietet sie ihm gleichzeitig das Hinterteil so dar, daß er mit seinem gewaltigen Geschlecht in sie eindringen kann. Er drückt sie regelrecht nach unten. Sie schaut ängstlich unter ihm, während er fürchterlich brüllt. Sie tut mir leid. Mit welcher Gewalt er sie nimmt! Aber sie wird auch schnell erlöst, der Akt dauert nur wenige Minuten.

Der Priester, der den Stier zu lenken versucht, aber nicht lenken kann, ist nicht in der Lage, das vor sich hinstierende Tier, nachdem es von der Kuh abgestiegen ist, auch nur einen Meter zurück in seine Box zu drängen. Mit gesenktem Kopf und schwer atmend steht er da, breitbeinig noch mit ausgefahrenem Glied, das mit der Spitze die Erde berührt. Erst langsam scheint wieder Leben in ihn zurückzukehren, und er setzt sich langsam und schwerfällig, träge und bedächtig in Bewegung. Die Kuh aber ist so erschöpft, daß sie, kaum in ihr Gatter geführt, sich sofort niederlegt. Aber auch diese Kuh ist keine normale Kuh. Auch sie trägt ein Zeichen auf der Stirn, aber längst nicht in derselben Pracht wie der Stier. Es ist so zart angedeutet, daß kaum zwischen dem Gehörn die dünne Sonnensichel sichtbar wird.

Er ist ein Stier, der einem Schrecken einjagen könnte, und ich höre auch, wie der eine Priester sagt:

»Wir müssen uns etwas einfallen lassen, damit die nächsten Tiere nicht durchbrechen.«

So geschieht es denn auch, daß die nächsten Kühe, die man ihm zuführt, schon auf einen Bock gebunden unter ihn gedrängt werden. Aber er vollzieht seine Aufgabe mit immer gleichbleibender Heftigkeit.

13. KAPITEL

Astralwanderungen

Ich bin eine lange Zeit in der Gegend herumgeirrt, weil ich nicht wußte, was ich machen sollte und wohin ich mich wenden sollte. Schließlich bin ich in meine Hütte zurückgegangen, habe mich auf meinen Sitz gesetzt und mich in Trance versetzt. Jetzt habe ich Angst. Ich versuche immer tiefer wegzugehen. Es stört mich, daß mein Herz so schnell schlägt, sonst wäre ich schon längst weg. Ich sitze in meinem Yogisitz und habe die geöffneten Hände im Schoß. Mein Kopf ist vornübergesunken. Ich bekomme nur wenig Luft. Aber es stört mich nicht. Ich versuche, mir folgenden Befehl zu geben: Du gehst immer weiter weg, du mußt immer leichter und leichter werden, und der Himmel wird sein, als würdest du in ihm aufgehen. Ich habe das Gefühl, als wenn ich durch die Decke der Hütte nach oben schwebe. Ich sitze in meiner Haltung und schwebe über der Hütte. Aber ich kann nichts sehen.

Ich hatte vorhin schon auf der Pyramidenspitze gesessen und habe mich an dem Gedanken erfreut, daß Menschen behaupten, Priester hätten versucht, in Ägypten das Land zu vermessen. Als ob es wichtig wäre zu wissen, wie lang unser Land sei. Das ist doch völlig bedeutungslos. Wichtig sind ganz andere Dinge. Es gibt aber an einem Tag im Jahr einen Winkel, an dem die Sonnenstrahlen auf die Pyramide aufprallen und von dort waagerecht zur Erde zurückgestrahlt werden. Diese Reflektionen kann man ziemlich weit sehen. Man freut sich darüber. Aber das ist doch alles nebensächlich.

Es ist erstaunlich, wie schnell man Verbindungen zu anderen bekommt, wenn man sich ihr Bild vorstellt. Ich habe das Gefühl, als würde ich sofort angesprochen, als ob ich auf dem Marktplatz stände und riefe: »Was sollen wir eigentlich? Welches ist denn unsere Aufgabe?«

Ich höre irgendeine Stimme: »Da fragt der, der es kann. Was hätten wir damals darum gegeben, wenn wir andere hätten um Rat fragen können!«

»Ich verstehe es nicht!«

»Was verstehst du nicht? Wenn du noch so fragst, ohne zu wissen, wonach du fragst, dann hast du es noch nicht begriffen. Das Leben auf dieser Welt und mit ihm die Fähigkeiten sind wie das Tal des Flusses. Bist du auf den Bergen, kannst du hinüberschauen, aber das Tal bildet Kurven und Täler und Höhen. Bist du in dem Tal gelandet, dann wird dein Wissen hinweggeschwemmt und setzt sich irgendwo ab, wo es nicht gebraucht wird, wo es nicht verstanden wird, sondern wo man etwas anderes daraus macht. Stell dir den Schlamm des Niles vor: Im Meer wird er zum Futter der Kerbtiere, so geht dein Wissen unter und wird Nahrung für etwas Lebendiges, aber für nichts, was über dich hinausweist. Dann aber werden neue Höhen erklommen, und erst auf diesen Höhen wirst du den Ausblick genießen und gleichzeitig das nächste Tal sehen!«

Ich komme mir vor, als stände ich in der Kanopenhütte, nur daß kein Dach uns mehr vom Himmel trennt, daß uns keine Wände mehr von der Welt trennen, und daß der Fußboden aus den Fähigkeiten besteht, uns hier zu versammeln. Ich stehe hier in der Mitte und ringsherum sitzen sie und starren mich an und halten Gericht. Doch auf jede Frage, die ich stelle, werde ich wütend beschimpft, daß ich es nicht begriffen hätte, daß es mir zwar gelungen sei, in ihren Kreis vorzudringen, aber ich nicht wüßte, was ich hier sollte.

Nachdem sich das Geschrei gelegt hat, fange ich wieder an und frage noch einmal: »Ihr sitzt hier alle ganz ruhig und schimpft über mich, daß ich es nicht begriffen habe. Aber dann sagt mir doch, was ich begreifen soll. Dann sagt es mir doch!«

Einige schauen mich an.

»Was willst du wissen?« fragen einige zurück.

»Woher wir kommen und wohin wir gehen? Und wie wir es gemacht haben?«

»Du wirst sehen«, sagt der eine, »je höher du steigst und je größer dein Abstand ist, um so winziger wird das, worauf du noch
sitzt. Und du siehst dieses Kügelchen dort unten, wie es dort in
einer dunklen Brühe herumschwimmt, meinst du, daß wir das
nicht wüßten? Meinst du, daß wir nicht gefragt haben? Wichtig
war es erst einmal festzustellen, daß es ein Kügelchen ist, wichtig
war festzustellen, daß auch die Stelle, wo wir leben, eine der
schönsten der Welt ist. Warum sollten wir woanders hingehen?
Warum sollten wir uns eine andere Stelle aussuchen? Wichtig ist,
daß wir immer wieder unseren Punkt finden, und nichts ist schö-
ner, als wenn die Sonnenstrahlen am Morgen zu uns kommen
und am Abend ebenfalls und wir auf diese Weise sehen, wie dort
unten die Tage vergehen!«

»Das meine ich nicht. Was macht man damit? Mit diesen Fähigkeiten? Mit diesem Wissen um die Dinge? Hier oben schweben, einfach nach unten schauen?«

»Wenn du lange genug hier oben stehst, wirst du feststellen,
daß alles wiederkommt. Es dreht sich weg und taucht im Westen
wieder auf. Die Pyramide versinkt im Osten, alles versinkt im
Osten und kommt im Westen wieder hoch. Manchmal etwas
weiter nördlich, manchmal etwas weiter südlich, das kommt
drauf an. Du hast Zeit hier oben. So viel Zeit.«

»Und welche Aufgaben habt ihr denn?«

»Zum Beispiel dir zu zeigen, wie es ist, wenn du hoch-
kommst.«

Da sitze ich nun mit meinen übergeschlagenen Beinen, rings
um mich her hocken sie, entweder sitzen sie auf den Hacken oder
sie sitzen auf den Knöcheln oder wie auch immer, da sitzen sie in
dieser Versammlung, bar jeder Freude, bar jeden Stolzes und jeder menschlichen Äußerung, und sie haben keinen Ehrgeiz, haben keine Hoffnung, haben keinen Willen, sie sind da und haben
Zeit. Und ihr geographisches Wissen, das sie angesammelt haben, empfanden sie als Spielerei, weil sie es nicht umsetzen konnten, und sie saßen da und grübelten und bauten einen Sektor an
den anderen, bis sie einen Kreis zustande hatten und maßen ihn
aus und rollten ihn durch die Pyramide.

»Aber warum sollen wir unser Wissen aufschreiben? Das ist

187

doch unwesentlich! Wer versteht schon das Geschriebene? Bist du zu uns gekommen, indem du etwas gelesen hast? Sollen wir Anleitungen geben, die niemand versteht? Wenn du etwas wissen willst, und du scheinst etwas wissen zu wollen, dann kannst du jederzeit zu uns kommen. Wir haben unser irdisches Wissen in der Pyramide verbaut. Aber wir wußten nicht, daß es sinnlos ist. Diese Erfahrung machten wir erst später. Erst mit dem Fortschreiten unseres Wissens stellten wir fest, daß die Götter zu Namen wurden und die Menschen sich daran erfreuten, sich mit sich selbst zu beschäftigen. Sie waren nicht mehr in der Lage, über ihre Augen hinaus zu denken. Ihr Körper hörte bei der Pupille auf. Damit hörten alle Gebiete auf, mit denen wir uns beschäftigt hatten. Wir waren soweit, daß wir überflüssig wurden, und wir waren soweit voneinander entfernt, daß wir uns gegenseitig nicht mehr brauchten. Die Straßen führten auseinander, waren sie auch vorher parallel zueinander gewesen. Die Priester selber waren zu einer Ordnungsmacht, zu einem Apparat der Verwaltung geworden, der nicht mehr abgeschafft werden konnte. Aber sie selber wußten eigentlich nicht mehr, was sie verwalteten. Dadurch wurde der Apparat immer größer, weil die Beamten in ihm selbst ihre Aufgaben suchten. Sie machten Rituale, die so kompliziert wurden, daß schon die Ritualienbücher stufenweise an Beamtengrade vergeben wurden. Aber es waren nur noch Worte ohne Sinn, der Sinn war weg, der war bei uns. Die Pyramide ist nichts anderes als der letzte Versuch, darzustellen, wie wenig überflüssig wir waren. Je höher das Haus, um so weniger effektiv ist die Arbeit!«

Ich sitze nun wieder auf meiner Pritsche, und mir scheint, ich bin klug wie zuvor. Ich weiß nicht mehr, was ich fragen soll. Sobald man über sich hinaus ist, wird zu vieles sinnlos. Ich glaube, die Fragen ergeben sich aus dem Leben. Nichts ist für sich selber ein Problem, nur aus einer anderen Perspektive wird es zu einem.

Während ich auf dem Sitz in meiner Hütte sitze, kommen meine beiden Mitgenossen zu mir, schwingen sich ebenfalls auf ihre Bettgestelle, und Soker sagt: »Wir haben einen Auftrag bekommen. Wir sollen uns diese Nacht im Tempel der Hathor versammeln.«

Nun überlegen wir, wie wir am schnellsten dort hingelangen, und setzen uns wie üblich wieder auf den Boden, ergreifen uns an den Händen, um über dieses Problem gemeinsam nachzudenken. Wir wußten, daß wir bewacht wurden und nicht aus unserer Hütte hinausgelassen wurden. Wir durften also nicht körperlich erscheinen. Da wir aber glaubten, es sei eine körperliche Anwesenheit notwendig, suchten wir nun folgende Möglichkeiten, dieses Problem zu meistern. Einmal wollten wir allein mit unserer Geisteskraft ohne Werkzeuge einen Teil des Hüttendaches lockern, um uns (aus dem Loch) hinauszuschwingen. Eine zweite Möglichkeit wäre gewesen, uns in einen Kreis auf den Fußboden zu setzen und Lehmziegel für Lehmziegel zu lösen, um einen unterirdischen Gang zu graben. Alle Lösungen mißfielen uns aber. Schließlich kamen wir auf den Gedanken, wahrscheinlich durch die vorhergegangene Situation, daß wir eine Astralwanderung machen sollten.

Wir setzten uns wieder in unsere Stellungen, ließen diesmal aber einander los, hockten uns auf unsere Betten und versuchten, miteinander in Kontakt zu treten. Dabei erfuhr ich, daß sie von meiner Astralwanderung erfahren hatten. Es war den beiden irgendwie mitgeteilt worden, und sie teilten es mir mit. Das war auch der Grund, weshalb wir uns heute nacht im Tempel der Hathor versammeln sollten. Als es Abend geworden war, glaubten wir drei, es sei an der Zeit, und versenkten uns. Wir schafften es alle drei, daß wir im Tempel der Hathor anlangten und dort schon einen Priester vorfanden.

Während wir vor ihm standen, das heißt vor ihm waren, fragte er nach einiger Zeit, ob wir gelernt hätten oder ob wir darüber nachgedacht hätten, daß es wichtig sei, auch in diesem Zustand sich seines Körpers zu vergewissern. Wir wußten nicht, was er meinte, und er deutete uns mit einem Bild darauf hin, daß es sicher besser sei, noch einmal in unsere Hütte zurückzukehren, um uns unseres Körpers zu vergewissern. Als wir wieder in unserer Hütte in unsere Körper schlüpften, stellten wir fest, daß die Wächter, die man uns vor die Tür gestellt hatte, gerade dabei waren, uns wegzutransportieren. Es waren jeweils zwei Wächter, die uns in dieser Hockstellung versuchten hinauszutragen, einen nach dem anderen. Meneth hatten sie schon durch die Tür gebracht, er kam draußen zu sich, während wir beiden anderen noch in der Hütte zu uns kamen. Wir fühlten, wie wir von den Wächtern weggetragen werden sollten. Sie hatten uns an dem untergeschlagenen Fuß auf beiden Seiten gefaßt und hatten die Hände hinter unserem Rücken verschränkt, so daß wir wie Statuen in ihren Armen lagen. So wollten sie uns gerade wegschleppen. Als sie merkten, daß auch wir zu uns kamen, erschraken sie fürchterlich, setzten uns auf unsere Betten zurück und entschuldigten sich, aber sie hätten den Auftrag bekommen. Man habe ihnen gesagt, wir schliefen und deshalb brauchten wir nicht in der Hütte zu sitzen. Sie schämten sich wohl, weil ihnen ihr Verhalten unverständlich war. Sie waren der Meinung, daß unsere Körper leblos waren. Sie hatten unter Hypnose gehandelt. Sie wußten gar nicht, daß sie uns wegbrachten. Man hatte ihnen einen Auftrag gegeben und einen Grund dazugeliefert, aber sie waren sich gar nicht bewußt, was sie wegtrugen. Sie wußten auch nicht, in welchem Zustand wir waren.

Wir schickten sie zurück, ohne sie aufzuwecken, und sagten: »Ihr könnt hingehen und berichten, ihr hättet euren Auftrag ausgeführt!«

Nachdem sie weg waren, kam uns eine lange Zeit später, ich hätte beinahe gesagt, wie üblich, schlagartig zu Bewußtsein, daß wir überhaupt nicht gefragt hatten, wohin sie uns schleppen sollten. Wir wußten nur, daß wir in den Tempel der Hathor zurückkehren mußten, aber gleichzeitig auch Sorge tragen mußten für unseren Körper. Wir überlegten, wo wir unseren Körper deponieren könnten. Er mußte sicher genug sein, nicht gefunden zu werden, sicher genug sein, daß er nicht von Tieren angegriffen werden könnte, weil wir uns in diesem Zustand nicht wehren konnten, und er mußte sicher genug sein, daß ihm während unserer Abwesenheit nichts passieren konnte. So überlegten wir, bis wir auf den Gedanken kamen, uns durch die Mumienkeller in die Vorratsräume zu schleichen, um uns dort in einem Scheinlager niederzuhocken.

Wir nahmen unseren Umhang, warfen ihn uns über die Schulter, eilten in den überdachten Gang hinaus und nahmen wieder die kürzeste Verbindung, indem wir ungeachtet der wabrigen Steine durch den Sand liefen, um schnellstens zum Tempel der Prozession zu kommen. Da wir alle drei nacheinander in diesem Mumifizierungskeller gelernt hatten, fanden wir uns recht gut zurecht. Nur, wir hatten Schwierigkeiten beim Hinabgehen. Es sollte keiner von uns hinter dem anderen hergehen oder umgekehrt vor dem anderen hergehen. So einigten wir uns, daß wir uns auf dieser relativ schmalen Treppe nebeneinander drängten, nur damit wir gemeinsam hinunterkamen. Dieses Mißtrauen jedes gegen jeden wurde von keinem von uns dreien übelgenommen. Man hatte es uns so eingetrimmt, daß wir automatisch so handelten. Wir liefen an dem Muldentisch vorbei, wandten uns danach zur linken Seite an den Felswänden vorbei, schlängelten uns durch das freigebliebene Loch, um in den hinteren Raum zu gelangen, nicht ohne uns zuvor eine Fackel von den Wänden gerissen zu haben. Der Weg in die hinteren Gänge war recht mühsam, da sie ziemlich schmal waren. Wir suchten in den Magazinen einen Raum, der eine Tür hatte, die von innen verschließbar war, einen Raum, der aber ein Brett oder so etwas hatte, damit wir nicht unsere Körper auf den kalten Steinen zurückließen, obgleich es hier hinten doch sehr trocken war. Nach einiger Zeit fanden wir schließlich einen Raum, der uns auch sicher genug erschien, und hockten uns dort im Kreis nieder. Wir zogen die Drehtür gut an. Hier glaubten wir sicher zu sein.

Dann konzentrierten wir uns wieder, nachdem wir uns sorgfältig hingesetzt hatten, weil wir nicht wußten, wie lange die Körper ohne uns auskommen mußten. Gemeinsam gelangten wir in den Hathor-Tempel zurück. Dort wurden wir schon erwartet. Wir bekamen folgende Frage gestellt: »Was macht ihr, wenn ihr zurückkommt und eure Körper sind nicht mehr da?«

Betretenes Schweigen. Es kam der eine Vorschlag, man könnte den Körper suchen.

»Wie? In jede Ecke schauen? Überallhin? Wie lange willst du suchen, bis du deinen Körper wiedergefunden hast?«

Die zweite Antwort war, mit dem Körper in Kontakt zu bleiben.

»Dann bist du weder dort aufnahmefähig noch hier«, bekam

191

man zur Antwort. Ich versuchte, folgende Antwort zu geben: »Wenn mein Körper verschleppt ist, muß irgend jemand wissen, wohin er geschleppt wurde. Es besteht die Möglichkeit, auf den zu warten, der darüber nachdenkt, wie ich mich wiederfinde, um dann herauszubekommen, wo ich bin!«

»Das wäre eine Möglichkeit«, hörten wir als Antwort.

Wir schienen zu überlegen: »Wäre es nicht eine weitere Möglichkeit, an der Silberkordel zurückzukehren? Sie bis zu ihrem Ursprung zurückzuverfolgen?«

Aber die Antwort war: »Der Kontakt ist so stark, daß man seinen Körper nicht ganz verlassen und sich nicht insgesamt auf Reisen begeben könnte. Man kann nicht mit anderen in Verbindung treten. Man muß sich voll von seinem Körper lösen, aber man muß ihn wiederfinden. Man darf eines nicht vergessen, nämlich seinen gesamten Körper, da man nie weiß, wie lange man weg ist, auf die schwächste Stufe zu schrauben. Die Grenze zwischen Leben und Tod ist dort wie der Hauch im Frühlingswind. Kaum daß man das Herz hört. Man muß versuchen, alle seine Welten zur Ruhe zu bekommen.«

»Nachdem ihr die Antworten gegeben habt, könnt ihr in eure Körper zurückkehren!«

Als wir in die Kammer kamen, war sie leer. Obgleich wir vorher Möglichkeiten durchgesprochen hatten, die dazu führen sollten, unsere Körper wiederzufinden, schauten wir in alle Grabkammern, die in diesem Gewölbe waren. Wir suchten das gesamte Vorratsmagazin ab, es war nicht schwer, da wir überall hindurchblicken konnten. Aber die Körper waren nirgendwo zu sehen. Die Frage war: »Wo ist ein Raum, der nicht weit weg ist, der sicher ist und der uns unsere Aufgabe schwermacht?«

Wir schwebten zu unserem Priester zurück, doch der hatte sich so abgeschirmt, daß nichts von ihm abstrahlte. Wer konnte etwas wissen? Wir mußten sehen, daß wir weit mehr zu Ohren als zu Augen wurden, um zu hören, was zu hören war.

Als wir darauf lauschten, vernahmen wir eine Stimme: »Die finden sich nie. Sie legen sich vor die Haustür, aber hinter die Wand schauen sie nicht!«

Der Denker hatte wahrscheinlich nicht damit gerechnet, daß

wir auch seine Bilder sehen würden, als er das Wort, den Begriff ›fand‹ benutzte. Er übermittelte uns ein Dreieck. Das reichte für uns, um nachzuschauen. Wir durchforschten die Grabgewölbe, von denen wir glaubten, daß sie für unsere Körper infrage gekommen seien. Es konnten ja nur Gräber sein, die offen waren, die also entweder noch nicht benutzt waren, oder schon wieder geöffnet waren. So fanden wir uns dann schließlich in einem Grab tief unter einer Pyramide am rauhen Felsen lehnen. Es war keine Schwierigkeit, uns zu finden, was aber weit schrecklicher für uns war, wieder hinauszufinden. Nachdem wir zu uns gekommen waren, geschah, was wir nicht kannten: wir hatten plötzlich Angst.

Es war stockdunkel hier unten. Wir konnen nicht die Hand vor Augen sehen, und wir wußten, diese Dunkelheit blieb immer. Aber wir konnten sicher sein, es war ein Grab ausgesucht worden, in dem es keine Tiere gab, die Fleisch fressen. Mutwillig töten würde man uns nicht. Womit wir nun zu kämpfen hatten, war unser Körper. Es roch muffig hier unten, aber es war nicht feucht. Es war eine trockene, muffige, verstaubte, dicke, stinkende Luft, die sich auf die Atemorgane legte und die es uns schwer machte, tief Luft zu holen, auch um sich von den wüsten Gedanken zu befreien. Als wir zwei Schritte gemacht hatten, begannen wir, über Steine zu stolpern. Wir mußten feststellen, daß es eine unfertige Kammer war. Wahrscheinlich eine von jenen vielen Scheinkammern. Es war, als ob wir uns in einem Labyrinth befänden, von dem wir weder Ausgang noch Eingang, noch Weg, noch sonst etwas kannten. So hinauszufinden hatte keinen Zweck. Wir hätten uns sämtliche Glieder zerschunden, vielleicht sogar die Beine gebrochen. Uns kam ein Gedanke. Wir setzten uns genau wieder dahin, wo wir gesessen hatten, trennten uns wieder von unseren Körpern und konnten jetzt den Weg gut erkennen, der vor uns lag. Und wir machten es so, daß wir jeweils, nachdem wir einmal den gesamten Weg durchschaut hatten, uns jeweils Stück für Stück in unsere Körper zurückversetzten, ein Stück gingen, den Körper an der Wand lehnen ließen, wieder vorausschauten, indem wir die Sache überblickten, unsere Körper dann aus unserem Gedächtnis heraus führten und auf diese

Weise um Ecken und Winkeln, über zerbröckeltes Gestein, Stufen und Schrägen hinausgelangten. Und da wurde uns klar, daß es einer jener unendlich vielen Gänge war, die in das Magazin führten. Wir hatten noch eins gelernt: Der Glaube an Sicherheit muß der festen gewissen Sicherheit Platz machen. Wir dürfen uns nicht einfach in der Hoffnung darauf verlassen, daß wir sicher seien, daß wohl die anderen uns nicht fänden, sondern wir mußten erkennen, daß wir schon während unseres Versteckens beobachtet worden waren. Daß wir also mit einer Welt rechnen mußten, die unserem Körper sehr fremd ist. Auf diese Weise lernten wir, auf zwei Ebenen zu denken, einmal für unseren Körper und einmal ohne unseren Körper. Wir nahmen unsere Körper und wandten uns, ohne uns darüber abgesprochen zu haben, wieder dem Tempel zu, in dem wir den Auftrag bekommen hatten, uns zu suchen. Jetzt erschien das, was wir vorher nicht mitbekommen hatten: Auf den Stufen, die zum Hathor-Tempel hinaufführten, saßen die Wächter, die uns bereitwillig durchließen, aber auf der Stufe des Altars hockte der alte Priester und freute sich. Wir fragten erstaunt, ob er auch vorhin hier schon gesessen habe in dem gleichen Zustand, den er jetzt habe. Er antwortete: »Ihr seid noch nicht so weit, daß ihr körperlos Körperloses sehen könnt.«

Wer es auch war, es waren auch immer andere, die uns nach jeder Prüfung ins Kanopenhaus führten. Sie waren in ihrer Abwesenheit uns so nahe und in ihren Ratschlägen so väterlich und über unsere bestandenen Prüfungen so voller Freude, daß ihnen nicht selten Tränen in die Augen stiegen. Erstaunlich war aber, daß uns, die wir wohl von den wenigen, die diese Prüfungen bestanden, die Möglichkeit, Prüfungen zu bestehen, immer leichter schien. Je mehr in den Prüfungen unser Geist geprüft wurde und je weniger unser Körper, um so leichter schien uns die Aufgabe, die wir bewältigen mußten. Trotzdem freuten wir uns, daß wir unsere Körper fühlen konnten. Wir betasteten entgegen den sonstigen Maßnahmen unsere Körper aus Freude, etwas in den Händen zu halten.

14. KAPITEL

Auf der Suche
nach einem Nachfolger

Durch die Tür fällt, nachdem der Vorhang von dem Eintretenden beiseite geschoben worden war, die frühe Sonne. Der Schatten des Eintretenden fällt bis auf mein Lager. Es läßt hinter sich
den Vorhang wieder hinabgleiten und weckt uns, indem er sich
in unsere Gedanken mischt.

»Nachdem ihr kennengelernt habt, welche Möglichkeiten
euch offenstehen, besteht die Gefahr, daß ihr euch verliert.
Wacht auf!« Es dauert einige Zeit, bis wir zu uns kommen. Dieser Ton war so bestimmt, daß wir keinen Zweifel an dem Ernst
der Situation haben. Wir warten auch nicht, bis sich die angenehme Müdigkeit von unserem Körper gelöst hat, sondern schlagen sofort, als wir merken, daß wir in uns sind, die Augen auf,
auch wenn uns zuerst das Licht nicht gut bekommt, das, wenn
auch schwach und dämmrig, unsere Augen belastet.

»Ihr drei habt«, sagt er, »die Prüfungen bestanden, die euch
abverlangt wurden. Ihr habt alle Aufgaben gelöst, die von euch
verlangt worden waren. Ihr seid jetzt an dem Punkt angekommen, wo die Gefahr besteht, daß die Pflicht, die wir euch aufer-
legt haben, nämlich, sich in der Hauptsache um euch selbst zu
kümmern, als Recht euch nicht zugebilligt werden kann. Ihr
müßt, damit eure Aufgaben sinnvoll bleiben, das bisher Erwor-
bene weitergeben, damit es nicht verlorengeht.«

Wir sind enttäuscht. Ich zumindest. Für die beiden anderen
weiß ich es nicht. Wir hatten uns so in unserem Egoismus wohl-
gefühlt, daß uns nie der Gedanke gekommen wäre, andere Aufgaben zu erfüllen, Aufgaben an anderen zu erfüllen. Hier schien
der Mittelpunkt der Welt, unserer Welt zu sein. Nun wurden wir

plötzlich unsanft aus diesen Träumen herausgerissen. Und von uns wurden plötzlich Aufgaben erfordert, die uns völlig fremd waren. »Was erwartet ihr von uns?« fragte ich deshalb.

»Wir erwarten«, sagte der Priester, es muß ein sehr hoher Priester gewesen sein, denn er hatte einen langen Rock an, der über die Waden reichte. Er hatte Ledersohlen an den Füßen, und an den Knöcheln hatte er Bänder. Außerdem trug er über seinen Schultern ein Fell. Darüber trug er noch einen großen breiten Kragen. Erstaunlich war, was ich noch nie gesehen hatte. Durch seine Ohren waren kleine Pflöcke geschoben, und in der rechten Hand hatte er einen Stab, auf dem das Lebenszeichen angebracht war, das ich noch nie bei jemandem gesehen hatte. Wir kannten ihn nicht. Er war uns völlig fremd. Aber er war beeindruckend in seiner Sicherheit, in seiner Würde und in seinem Bewußtsein des Herrschenkönnens.

»Wir haben euch jahrelang die Möglichkeit gegeben«, sagte er, »euch zu etwas heranzubilden, das für uns alle notwendig ist und uns weiterhelfen soll. Aber wir erwarten von euch, daß ihr eure Pflicht den Nachkommenden gegenüber genauso erfüllt, wie wir es euch gegenüber getan haben. Nur im Dienen sind wir in der Lage, unsere Pflicht an uns selbst zu erfüllen und das Recht zurückzuerstatten, das uns andere eingeräumt haben.«

Ich frage ihn noch einmal:

»Was sollen wir tun?«

»Ihr könnt wählen«, sagt er. »Es gibt so viele Aufgaben, so daß ihr euch unendlich vielfältig ausbreiten könnt. Sucht euch etwas, das nicht nur für euch sinnvoll ist, sondern was der Gemeinschaft dient. Ich erwarte«, sagte er, »ihr werdet euch bald kümmern. Ich pflege meine Worte nicht zu wiederholen.«

Er drehte sich um, schlug den Vorhang beiseite mit einer herrischen Gebärde und verschwand. Wir nahmen uns nicht mehr die Muße, uns im Hocken über das neue Problem, das an uns herangetragen worden war, zu unterhalten. Wir standen auf, banden uns die Bastsohlen fest, liefen zum Teich, wuschen uns, gingen in die Hütte zurück, holten unsere Umhänge und eilten mit uns bisher völlig unbekannten schnellen Schritten in die Gemeinschaftshütte, um uns das Essen zu bereiten. Bisher ging alles in

Muße, Ruhe und Besinnlichkeit. Jetzt plötzlich war etwas auf uns zugekommen, das uns fremd war. Und ich für meine Person hatte das Gefühl, als hätten wir den Auftrag bekommen, in einer Wüste Wasser zu suchen. Wir wußten überhaupt nicht, was wir tun sollten, und sollten trotzdem entscheiden darüber, ob es sinnvoll oder sinnlos sei. Außerdem noch etwas, um das wir uns nie gekümmert hatten: Wir sollten uns entscheiden, ob es für eine Gemeinschaft sinnvoll sei. Was uns außerdem völlig unbekannt war, eine Gemeinschaft. Was war das? Wir waren Wesen, die bisher nur für sich selbst gelebt hatten, die nur daraus bestanden, sich zu pflegen und ihren Geist in einer Weise zu schulen, die es ihnen ermöglichte, sich von dem bis heute uns gepredigten notwendigen Körper soweit wie möglich zu lösen, und glaubten, ihn dadurch zu beherrschen. Aber wir wußten noch nicht, daß dieser Weg eigentlich Flucht und keine Beherrschung war. Wir bekamen einen Auftrag, der für uns nur ein Auftrag war, der uns bisher aber keine Möglichkeit gab zu wissen, was von uns verlangt wurde. Waren vorher wenigstens noch einige Hilfspriester in diesem Hof gewesen, schienen wir nun seit einiger Zeit diesen Hof für uns allein zu bewohnen. Es kam auch in der nächsten Zeit, während der wir unser Essen zubereiteten, niemand in die Gemeinschaftshütte, um ebenfalls zu essen. Wir hörten auch nicht das Wasser draußen plätschern, so daß wir hätten annehmen können, daß noch mehrere da wären. Es war uns bisher auch völlig gleichgültig gewesen. Wir waren uns genug. Wir waren so sehr dahingehend erzogen worden, wie Universen in uns selbst Genüge zu finden, daß wir nicht ausbrachen und unsere Augen auf Dinge wandten, die nicht in uns selbst hineinführten. Wir waren ratlos. Deshalb dauerte wahrscheinlich auch die Essenzubereitung länger, als es sonst üblich war, obgleich wir sonst mehr Muße und Zeit und Besinnung dazu hatten. Vieles ging uns nicht von der Hand. Selbst die Fladen, die uns sonst beim ersten Male gelangen, zerbrachen uns dieses Mal beim Umdrehen. Wir zerrissen sie, so daß klebrige Brocken auf den Stein fielen, Früchte zerquetschten wir plötzlich und suchten den Kern, obgleich wir noch nie den Kern als erstes herausgelöst hatten.

Wir waren aufgeregt. Wir fühlten uns überfordert. Wir hatten eine Aufgabe bekommen. Uns schien, es war eine neuerliche Prüfung, der wir nicht gewachsen waren. Was sollten wir tun? Die Frage stand unausgesprochen uns allen dreien im Gesicht. Ich hockte mich auf meine Matte, kaute an meinem Fladen, und stellte erst beim Kauen fest, daß ich ihn aus Versehen nur von einer Seite gebacken hatte. Ich spuckte das klebrige Zeug wieder aus, das wie Kleister, aber nicht wie Brot schmeckte. Und ich trank aus meinem Krug, das heißt, ich war im Begriff, daraus zu trinken, und stellte fest, daß ich mir noch keine Milch hineingeschüttet hatte. Und wütend darüber, bedachte ich nicht, daß der Tisch aus hartem Lehm war, und mein Krug zerbrach darauf, als ich ihn zurückstellte. Während ich die Scherben in Gedanken mit der Handkante zusammenschabte, riß ich mir durch einen der harten Splitter die Handkante auf, die sofort anfing zu bluten und die Tischkante rot färbte. Nicht nur die Tischkante, das Blut tropfte so stark aus der Wunde, daß ich auch, obgleich ich keinen großen Schmerz spürte, die Hand zurückzog, und mein heller Rock sich mit roten Tupfen besäte. Ich zog eine regelrechte Blutspur über meinen Schoß. Auch das kam noch hinzu. Meine zwei Freunde hockten sich sofort hin, ich schloß ebenfalls die Augen, und wir konzentrierten uns auf die Wunde, so daß das Blut aufhörte zu fließen. Es bildete sich, als wir die Augen geöffnet hatten, eine Schicht Schorf, so daß dieses Problem gelöst war, aber ich mußte mir einen neuen Becher besorgen.

Es standen in dem Regal noch Vorratsbecher, es war kein Problem. Es war alles kein Problem. Für uns war gut gesorgt. Für uns war so gut gesorgt worden, daß wir nicht mehr in der Lage waren, außer für uns selbst für andere zu sorgen. Was sollten wir machen? Schließlich kamen wir auf den Gedanken, der eine sollte in den Tempel der Hathor gehen, der andere würde in den Mumienkeller gehen, und der dritte sollte durch die Höfe wandern und schauen, was dort los war. Vielleicht ergab sich eine Möglichkeit, irgend etwas zu finden. Wer sollte wohin gehen? Im Prinzip war es uns völlig egal, da wir alle drei nicht wußten, was wir an den jeweiligen ausgesuchten Stellen überhaupt sollten. Sollten wir dort umhergehen und fragen, ob wir helfen könnten, oder sollten wir fragen, ob wir irgend etwas machen sollten? Wir hofften, daß wir von irgend jemandem einen Hinweis bekämen.

Es schien mir alles wenig sinnvoll. Deshalb machte ich einen neuen Vorschlag. Wir sollten uns in unsere Hütte begeben, uns wieder niederhocken und versuchen, auf diese Weise Verbindung mit anderen aufzunehmen, um dort zu erfahren, welche Aufgaben von uns übernommen werden könnten. Das schien uns allen dreien am nächsten, am wohlsten, am angenehmsten und unserem Hang, den wir entwickelt hatten, nämlich den zur Flucht, am naheliegendsten zu sein. War der Weg ins Gemeinschaftshaus kurz gewesen, so war der Weg in unsere Hütte noch kürzer. Nur wenige Atemzüge lang waren wir unterwegs.

Auf der Suche im Schweben, währenddessen wir verschiedene Formen versuchten, indem wir unsere Augen öffneten, war es uns auf einmal möglich, die unter uns liegende Landschaft sehr gut zu sehen. Ausschnittsweise, wie wir es wollten, war uns durch die Blicke aber die Möglichkeit verwehrt, mit anderen Geistern in Verbindung zu treten. Dieser Weg führte zu keinem Ergebnis. Ich stellte fest, daß die anderen ebenso wenig Erfolg hatten wie ich, und sie waren fast zu gleicher Zeit in ihre Körper zurückgekehrt, um zu einer neuen Art des Suchens aufzubrechen. Diese Art des neuen Suchens bestand eigentlich nur noch darin, sich so leer zu machen und immer leerer, daß wir glaubten, durch diese Leere könnte ein Sog entstehen, der die anderen Geister einsöge.

So geschah es auch tatsächlich. Ich spürte nämlich bald, daß sich etwas in mir einnistete. Aber bei aller Leere mußte ich doch sehen, daß ich für mich genug Platz hatte, und nicht dem anderen den gesamten Raum überließ. So drängten wir beide uns und kamen auf diese Weise in Kontakt. Ich hörte, ich vernahm, ich spürte, wie der andere fragte: »Was suchst du?«

Ich sagte die Aufgabe.

»Die Aufgaben sind die gleichen, wie wir sie an euch vollzogen haben. Du mußt«, sagte er, »wenn du überleben willst, dir einen Körper suchen, so wie ich es eben getan habe. Wenn du deinen Blick nicht nach außen wendest, wirst du in Vergessenheit geraten.«

»Ich habe eine Aufgabe«, sagte ich.

»Die Aufgabe ist«, sagte er, »sich einen Körper zu suchen, der noch leer ist. Wende deine Augen nach außen, sonst vergißt du nicht«, war die Antwort.

Und ich sagte: »Ich suche eine Aufgabe!«

»Die Aufgabe ist«, sagte er.

»Ich weiß, ich weiß«, sagte ich. »Suche dir einen neuen Körper.«

Dann merkte er, daß ich nicht bereit war, meinen Körper ihm zu überlassen. Ich drückte ihn hinaus und füllte mich selbst wieder ganz aus. Ich rief die beiden anderen. Nach einiger Zeit hörte ich, wie sie antworteten, und ich fragte sie:

»Habt ihr die Antwort?«

Sie sagten: »Wir sollen uns einen neuen Körper suchen!«

»Sollen wir einen neuen Körper suchen?« fragte Meneth. »Oder sollen wir für uns einen neuen Körper suchen?«

»Ich weiß es nicht«, sagte ich. »Wir sollen uns einen neuen Körper suchen.«

»Aber wir haben doch einen«, sagte Soker.

»Ich weiß es nicht, ich weiß es nicht.«

»Die Möglichkeit«, sagte er, »ist, daß wir drei auf Wanderung gehen.«

»Sag«, sagte Meneth, »wie bist du hierher gekommen?«

Ich sagte: »Ich bin hierhergekommen, indem ich gefragt habe. Ich habe damals einen Priester gefragt nach dem Wissen, das er hat. Da ich die Losungen wußte, war es mir einfach, daß ich hierherkam.«

»Du auch?«

»Auch ihr?« sagten die anderen beiden. »Also hat man uns auch gesucht. Also hat man sich einen neuen Körper gesucht.«

»Wir müssen einen Nachfolger finden«, sagten wir. »Wir müssen sehen«, sagten wir, »daß wir jemanden finden, der sich, ohne daß er es weiß, für uns interessiert, der bereit ist, sich von der Welt abzuwenden, um unser Wissen zu erlangen, und der bereit ist, in seinem Geiste alles daranzusetzen, um die Prüfungen zu machen.«

Und es war, als öffnete man die Klappe eines Taubenverschlages: Wir flogen aus! Wir gingen auf die Suche, auf daß wir uns würdig erwiesen, auf daß wir die Losungen denen gaben, die jetzt wissen wollten. Es war sinnlos, in unseren Zentren zu suchen, wir mußten weiter. Wir mußten weiter hinaus, um die noch Unwissenden mit einem neuen Blick zu begaben. So trennten wir uns und zogen von dannen. Und jeder suchte sich ein neues Haus, ohne daß er wußte, wo er es finden könnte.

Mich trieb's in meinem Geiste nach Süden, und während ich körperlos über die Felder schlurfte, versuchte ich angestrengt Gesichter zu sehen, aus denen mehr als die Mühsal des Alltags leuchtete. Ich suchte Gesichter, die auch einmal bereit waren, dem Schu nachzuschauen oder die Nut zu ergründen. Deren Blick mir zeigte, daß sie den Stieren zwischen die Hörner blickten, um dort mehr zu sehen, um zu zeigen, daß sie zu schauen in der Lage waren. Was suchte ich eigentlich? Ich suchte einen jungen Mann, der schon die Anfangsgründe des Schreibens kannte, der bereit war, ein Leben in seiner Gemeinschaft zu opfern, um sich selbst zu finden. Wäre es nicht am sinnvollsten, in den Schreiberschulen zu suchen? Während ich ungeübt in die Dörfer niederfuhr, durch die größeren Hütten blickte, mich auf den Dorfplätzen umhertrieb, stellte ich fest, daß es mir fehlte, die Menschen zu beurteilen, solange ich mich mit ihnen nicht unterhalten konnte. So kehrte ich in meinen Körper zurück und war gewillt, mich körperlich diesen unendlichen Strapazen zu widmen, mit meinem Körper einen neuen Menschen zu suchen. Ich ging noch einmal in die Höfe und suchte die Priester auf, die mich aufgenommen hatten, wie Chu-Chu, und die Priester, denen ich meine weitere Laufbahn zu verdanken hatte. Von dem Priester der vier Höfe verabschiedete ich mich dadurch, daß ich ihm die Hände küßte. Der alte labernde Priester, der uns in der Kanopenhütte alleingelassen hatte, und bei dem wir nicht unterscheiden konnten, ob es sein Geist oder sein Körper war, der auf den Altarstufen schwebte, bei dem fiel mir das Abschiednehmen leicht, da er mich kaum kannte, und da er auch schon wieder in sich selbst zurückgekehrt war. Ich nahm Abschied von dem Stier, der, kräftig in der Blüte seiner Jahre, das jugendliche Ungestüm noch nicht abgelegt, die Kuh besprang, als wäre es das einzige, wozu er geboren sei. Auch von diesem Priester verabschiedete ich mich, und er zeigte mir voller Stolz, wie schon ein Sockel bereitet wurde, auf dem einst das Abbild dieses Prachtexemplares stehen würde.

Sollte ich mich in die gleiche Richtung wenden, in der wir einst zu dritt auf die Suche nach dem Stier gegangen waren? Obgleich es mir jetzt schon schwerfiel, mich meinen Füßen anzuvertrauen, gelangte ich, erst schneller ausschreitend, dann in der stickigen Hitze des Tages und dem staubigen kleinen Pfad folgend, um die Mittagszeit im ersten Dorf an. Man erkannte mich als Priester, behandelte mich freundlich, ich erzählte ihnen, um mehr Kontakt zu ihnen zu bekommen, daß wir damals zu dritt einen Stier mit dem Zeichen der Göttin durch ihr Dorf getrieben hätten. Das wäre noch gar nicht so lange her gewesen. Daraufhin wurde mir gesagt, der Dorfschulze sei nun tot, aber einige erinnerten sich sehr wohl und sie küßten mir höflich die Finger, waren auch bereit, mir zu trinken zu geben und einen Brotfladen mit auf den Weg zu geben. Sie versäumten auf keinen Fall, mich mit einem Strohhut zu bedecken, da ich doch mit meiner Kopfhaut dieser Sonne nicht gewachsen sei. Der Aufenthalt war nur kurz, und ich verließ das Dorf, und als ich mich umschaute, war niemand da, der mir nachwinkte.

Im nächsten Dorf war der Empfang freundlicher, aber auch erst, nachdem ich ihnen von der damaligen Geschichte berichtete. Da entsann sich eine Frau, daß wir ihr ein Geschwür geheilt hatten. Sie zog mich in ihre Hütte, und auf dem Lager, das auf dem Fußboden bereitet war, lag ein sterbenskrankes Kind, das mir großes Mitleid bereitete. Welcher Krankheit es anheimgefallen war, wußte ich nicht. Es war ausgezehrt, und die Frau sagte mir nur, daß der Stuhl des Kindes zuletzt fast weiß gewesen sei. Daraufhin legte ich dem Kind die Hände auf den Magen, und zwar so, daß die Fingerspitzen nach oben zeigten, und kniete mich über den dürren Unterkörper des Kindes und beugte dann meinen Kopf so, daß er mit der Stirn auf die Hände zu liegen kam. Ich versuchte, mich darauf zu konzentrieren, daß die Leber sich glätte und daß die Galle sich fülle. Und ich sah die gesunde braune Leber, die glänzend über den Magen lappte. Und ich sah die Gallenblase, die sich in ihrem schlappen Zustand langsam wieder dehnte und füllte. Ich fühlte mit den Fingerspitzen, wie mein eigenes Herz in das Herz des Kindes einschlug, und dann fühlte ich, wie sich unter meiner Stirn der Brustkorb erst langsam, dann aber immer schneller hob und senkte. Ich gab der Frau auf, dem Kind in der ersten Zeit nichts anderes an Nahrung zu reichen als Muttermilch. Sie meinte, ich hätte ein Wunder getan, aber ich meinte, es war das Kind selbst, das noch leben wollte. Mich hatte diese Sache doch sehr angestrengt. Ich wagte auch nicht, obgleich ich es gerne genommen hätte, einen Imbiß von dieser Frau in meine Vorratstasche zu schieben. Sie schien doch sehr ärmlich. Ich fragte nach ihrem Mann. Da sagte sie, sie seien so arm und die Dürre sei so groß gewesen, daß er auch in der Mittagshitze noch Felder bewässern müsse. Dem konnte nicht geholfen werden.

So ging ich weiter, und ich stellte fest, daß es mehr Ruhm bringt, ein Bein zu heilen, das man sehen kann, als einem Kind eine neue Leber zu verschaffen, die man nicht sehen kann. Ich war so müde und erschöpft, daß ich schon vor dem Abend mich entschloß, im nächsten Dorf die Nacht zu verbringen. Ich fragte nach dem Bürgermeister, und der Dorfschulze erschien. Er war höflich, aber einen Priester umsonst zu beköstigen, schien auch ihm nicht zu gefallen. So blieb mir denn also auch in diesem Dorf nichts anderes übrig, als wieder ein großes Wunder zu vollbringen.

Ich schaute mir die Umstehenden, die, sobald ein Fremder ein Dorf betritt, herantraten, der Reihe nach an und suchte mir einen aus, der einen fortgeschrittenen Ausschlag hatte. Da die Leute auf keinen Fall glauben sollten, daß es einfach war für mich, überlegte ich mir mehrere Möglichkeiten, wie ich diesen Ausschlag auf komplizierte und auf nicht zu durchschauende Art und Weise heilen könnte. So fragte ich erst einmal:

»Hast du einen Bock?«

Er sagte: »Einen Bock habe ich nicht. Ich habe nur einen kleinen Bock.«

Ich sagte: »Wie klein ist dieser Bock? Ohne Bock kann ich dich nicht heilen.«

203

Er sagte: »Es ist ein junger, ein kleiner Bock.«

Ich sagte: »Wir müssen diesen Bock schlachten, wir brauchen sein Blut.«

Da sagte er: »Naja, so klein ist er nicht, der Bock.«

Als er seine Frau losschickte, um den kleinen Bock zu holen, flüsterte er ihr noch etwas ins Ohr, und sie kam mit einem stattlichen Tier zurück. Ihm schien es doch etwas wert zu sein, gesund zu werden.

Nun fragte ich nach einem Stein, damit ich die Kehle scheren konnte, damit auch beim Schlachten nicht die Haare schon die Kraft des Blutes in sich aufsögen. Schon wurde mir ein scharfer Stein gebracht. Dann brauchte ich selbstverständlich eine Schale, und da ich, während ich mich bückte, um mich an dem Bock zu betätigen, meinen Umhang betrachtete, stellte ich fest, daß der auch nicht mehr der beste war, und fragte nach einem großen Opfertuch. Das konnte mir nur eine befreundete Familie reichen. Aber mir war es gleichgültig, von wem es kam.

»Wo ist das Opfermesser? Es darf aber nicht von Stein sein, sondern muß aus Metall sein, damit die Stärke des Metalls in das Blut übergehe und dieses noch kräftiger werde, um Wunden zu heilen.«

Schon wurde mir ein schönes, geschliffenes Messer gegeben. Ich muß sagen, es erfreute mein Herz, als ich das blanke Metall sah. Es glänzte wie Gold. Als ich prüfte, ob die Schneide scharf genug war, schimpfte ich mit dem Dorfschulzen, daß er ein so stumpfes Messer in seiner Hütte berge und nicht bereit sei, ein scharfes Messer für die Opferung zur Verfügung zu stellen.

Ich stellte fest, je mehr ich die Menschen abkanzelte, um so höflicher, zuvorkommender und bereitwilliger stellten sie mir zur Verfügung, was für die Heilung dieses, wohl nicht armen Bauern notwendig war. Auch mußte selbstverständlich der Bauer gewaschen werden.

Das Fleisch des Hammels wurde, bevor es überhaupt zu einem kleinen Schnitt gekommen war, schon verteilt. Die vier Keulen mußten selbstverständlich, gehäutet und im besten Zustand, der Hathor geopfert werden, wobei ich mir natürlich vorbehielt, hineinzubeißen. Hinzu kam selbstverständlich, daß vorher in die

Schale Früchte gelegt werden mußten, die jedoch, bevor der Hammel abgestochen wurde, von mir erst gekostet wurden, ob sie gut waren, dann mußte ich selbstverständlich zur Stärkung einen großen Becher frische Ziegenmilch trinken. Jetzt erst nahm ich mir den Hammel vor, wie ich es gelernt hatte, klemmte ihn mir zwischen die Beine, faßte seinen Bart, drückte den Kopf nach oben, daß ich ihm in die Augen starren konnte. Das Hochreißen des Kopfes und der Blick lähmten ihn so, daß zischend seiner Gurgel die Luft entfuhr, die ich aus seiner Lunge drückte, und er, kaum konnte ich richtig fest meine Schenkel zudrücken, mir schon entglitten war. Ich ließ das Messer in den Staub fallen, griff nach hinten, daß ich ihn am Becken und an der Wirbelsäule festhalten konnte, riß ihn nach oben, daß man es knarren hörte, und alles Blut lief über die von mir angebissenen Früchte. Nachdem der Hammel ausgeblutet war, übergab ich ihn dem Dorfschulzen, der ihn abhäuten durfte, was er als große Ehre empfand. Die Frauen holten schnell Holz, um ihn zu braten. Aber ich merkte an ihren gespannten Blicken, daß sie auch sehen und hören wollten, wie nun die Heilung vor sich gehe. So nahm ich denn die Schüssel Blut, begab mich zu dem Kranken, stellte die Schüssel neben ihn und besudelte die Stellen, die nicht krank waren, mit Blut, indem ich meine Fingerspitzen in das Blut tauchte und es auf die gesunden Stellen tröpfelte. Dann murmelte ich vor mich hin:

»Diese gesunden Stellen dürfen nicht befallen werden. Je weiter ich das Blut auf die gesunden Stellen verteile, um so mehr breitet sich die Gesundheit aus, und der böse Geist der Krankheit flieht aus dir. Das heilige Blut, das Blut, der Hathor geopfert, ist stärker als der böse Geist, der dich besitzt.« Unter ähnlichen Sprüchen verteilte ich das Blut auf den gesunden Körper, in dem ich die Wunden vom kranken Körper mit meinem Geist wegätzte. So dauerte es keine lange Zeit, da sah man an dem Mann zwar die Narben, die frischen Narben, aber die Geschwüre waren ausgetrocknet. Natürlich, der Mann war so voller Freude und so voller Glück, daß er sich nicht scheute, ich schäme mich fast, es zu sagen, durch das Spendieren eines zweiten fetten Hammels seine Heilung zu feiern.

Selbstverständlich konnte ich diese Nacht in dem Dorf übernachten. Ich wurde am Morgen, kaum daß sich Re angeschickt hatte, den Horizont zu erreichen, mit Milch und frisch geröstetem Brot bedient, man stellte mir auch einen neuen Umhang zur Verfügung und ich schritt, über die Dummheit der Menschen den Kopf schüttelnd, auf die Straße, um meinen Weg fortzusetzen, um meine Suche weiter zu gestalten.

Bei allen meinen Wundern, die ich tat, schaute ich mir die jüngeren Männer an, schaute ihnen in die Augen, drang in sie ein und versuchte sie zu bewegen, eine Frage zu stellen, aber außer einem blöden Grinsen war nicht zu sehen, daß sie mehr begriffen hatten als Verwirrung.

Ich zog weiter. Die Erde ging auf, die Erde ging unter, der Morgen leuchtete auf, und der Abend dämmerte herab. Ich wanderte immer weiter nach Süden. Mir war es lange Zeit nicht vergönnt, auf einen Menschen zu stoßen, der der Schrift mächtig war. Ich war nahe der Verzweiflung. Bis es mir eines Tages gelang, einen jungen Menschen aufzufinden. Es war der Sohn des Gaufürsten, und sein Lehrer war ein Priester aus dem Norden. Hier hatte sich eine kleine Schule gebildet, in der es einigen jungen Menschen, denen die Väter erlauben konnten, nicht für den täglichen Unterhalt zu arbeiten und die Tafeln der Schule zu bezahlen, ermöglicht war, das Schreiben zu erlernen, um einmal in die Dienste der Verwaltung zu treten. Dieser Junge war lieblich anzuschauen. Er war rund, rosig, freundlich, und als ich in ihn drang, verspürte ich sofort, daß ich aufgenommen wurde, und daß sich aus dem Erstaunen heraus über seinen Zustand eine Frage bildete.

»Was willst du?«

Die Situation war eigenartig. Da ich mich als Priester durch meine Fähigkeiten und meine Schriftkenntnisse ausweisen konnte, war es mir möglich gewesen, in den Raum, in dem die Schreibübungen durchgeführt wurden, einzudringen. In dem Kreis konnte ich mir einen Platz suchen. Ich wählte, wie ich es gewohnt war, einen Platz außerhalb des Kreises, so daß ich mit dem Rücken an der Wand lehnte. Da mein Körper dadurch einen festen Halt hatte, hatte ich es auch gewagt, ihn für diesen Mo-

ment zu verlassen, und mit den Augen des Knaben sah ich plötzlich, wie alle auf mich starrten, und ich sah mich dort leblos an
der Wand lehnen. Ich mußte sofort zurückkehren, um diese Situation aufzufangen, griff mir behende an die Stirn, als ich wieder
in mir war, um darzustellen, daß mir die Hitze wohl arg zu schaffen machte. Obwohl der Wechsel schnell vonstatten ging, fragte
ich den Jungen noch, was er meinte. Er faßte sich ebenfalls an die
Stirn und sagte, er hätte eben das Gefühl gehabt, als ob man ihm
eine Frage gestellt habe, als ob jemand plötzlich dagewesen sei
und etwas von ihm wollte. Der Lehrerpriester schien irgend etwas zu ahnen. Er schaute von dem Jungen zu mir und von mir zu
dem Jungen und ließ uns von da ab keine Minute mehr aus dem
Blick. Ich fragte den Jungen, was er werden möchte, weil er doch
so eifrig die Schrift übe.

Er antwortete: »Schreiber zu werden, ist mein höchstes Ziel.«
Ich war ungeübt in diesen Situationen, denn ich fragte: »Mehr
nicht?«

Daraufhin blickte mich der Priester an, und aus seinem Blick
sah ich, daß er wußte, was geschehen war. Er ahnte mehr, als daß
er wußte, aber ich erkannte, daß er nicht wußte, was ich wußte.
Er gehörte zu der Gruppe, die über das materielle Wissen ver-
fügte. Aber denen war nicht unbekannt, daß es noch eine
Gruppe, ebenfalls von Priestern, gäbe, von denen man sehr wenig wußte, aber von denen man sich erzählte, sie seien mehr mit
ihrem Geist beschäftigt als mit ihrem Körper. Was wir genau taten, wußte er nicht, aber er hatte aus diesem Zwischenfall eine
Ahnung bekommen. Der Priester ließ mich nicht mehr aus den
Augen, er ließ mich auch mit dem Jungen keinen Augenblick
mehr allein, so daß ich keinen Versuch mehr unternehmen
konnte, mich in ihn zu schleichen. Ich durfte auch keine Fragen
mehr stellen, die darauf hinausgingen.

So versuchte ich denn einen anderen Weg. Ich gab vor, mich zu
interessieren, in welcher Weise hier im Süden die Schrift gelehrt
wurde, und man möge mir gestatten, mich ruhig in eine Ecke zu
hocken. Das wurde mir auch gestattet, aber mir wurde nicht gestattet, mich zurückzuziehen. Der andere Priester zog mich immer wieder in ein Gespräch, so daß es mir nicht gelang, mich auf

den Jungen zu besinnen. Er fragte mich, woher ich komme, er fragte mich, warum ich auf Wanderschaft sei, da das doch sonst nicht üblich sei. Er fragte mich, was ich denn eigentlich suche, wie lange ich schon unterwegs sei und was ich könne. Ob ich die Sterne deuten könne, fragte er mich. Ob ich von den Geheimnissen wisse, zu welchen Zeiten die Sterne erschienen und zu welchen Zeiten sie untergingen. Wann die Toten zurückkehrten und wie lange die Mumien über Tage sein müßten. Und er fragte mich viele Dinge, und ich gab ihm so ausweichend wie möglich Antwort, um ihm nicht sagen zu müssen, daß ich eigentlich nichts wußte. Nur was ich zufällig nebenbei erfahren hatte, war ich bereit zu sagen, aber ich verkleidete es in einen Wust von Worten und nichtssagenden Begriffen, so daß er mich nachher ganz überkreuz anschaute, und ich hatte das Gefühl, daß er nicht wußte, ob er vor Ehrfurcht staunen oder über meine Dummheit lächeln sollte.

Ich verabschiedete mich, weil ich merkte, daß ich in der Nähe des Jungen nichts ausrichten konnte. Aber ich gab den Plan, den Jungen zu durchforschen, nicht auf. Ich zog mich zurück unter dem Vorwand, der beschwerliche Weg, den ich in der letzten Zeit hinter mich gebracht habe, stecke mir noch sehr in den Gliedern. Kaum war ich in meinem Raum, den man mir freundlicherweise zugewiesen hatte, als ich auch schon versuchte, mich an den Jungen heranzumachen. Ich drang ungeheuer vorsichtig in ihn ein, nicht, um von ihm Besitz zu ergreifen, sondern um ihm die Möglichkeit zu geben, auf meine gedachten Fragen die gedachten Antworten zu geben.

»Was weißt du von den Geheimnissen?« fragte ich.

In seiner jugendlichen Spontaneität sagte er: »Ich möchte alles wissen!«

»Und wie willst du es erfahren?« fragte ich weiter.

»Ich werde danach suchen«, sagte er.

»Wo suchst du danach?«

»Ich werde meinen Priester fragen.«

»Wo kannst du noch suchen?«

»Vielleicht in einem Tempel?« fragte er.

»Wo kannst du noch suchen?«

»In den heiligen Städten«, sagte er.

»Wo kannst du noch suchen?«

Ich gab ihm ein: »Suche in den Priesterschulen des Nordens. Die Geheimnisse des Geistes liegen dann in dir.«

Bevor ich mich aber zurückzog, richtete ich seine Blicke ganz bewußt auf mich, und ich schaute durch seine Augen auf meinen Körper, der im anderen Raum an der Wand lehnte und die Augen geschlossen hielt.

Aber es war nicht nur, daß ich mit den Augen sah, ich sah auch mit den Gefühlen des Jungen. Und ich sah, ohne daß der Körper diesen Eindruck vermittelte, einen Menschen, der mit aller Macht versucht, Macht auszuüben. Er war feist und schien einen heimtückischen Blick zu haben. Seine Mundwinkel waren herabgezogen, und obgleich das Gesicht prall war, führten von der Nase bis zu den herabgezogenen Mundwinkeln tiefe Kerben. Sein Kinn saß wie eine runde Nuß in seinem Gesicht, und über seinen dicken Backen steckte ein schmaler langer Schädel, der in einem mächtigen Bogen nach hinten fiel. Seine Brust war fett und ruhte auf den hochgedrückten Bauchwülsten. Irgendwie vermittelte er den Eindruck, daß man Angst vor ihm haben müßte. Und als ich jetzt zu dem Priesterlehrer schaute, der den Jungen unterrichtete, stellte ich den großen Unterschied zwischen den beiden Menschen fest. Dieser Priester war gütig. Sein Gesicht lächelte, nicht nur sein Mund. Seine Augen waren freundlich und offen. Und da wußte ich, daß ich in diesem Jungen nicht Entzücken oder Wißbegier hervorrufen konnte, sein Abscheu mir gegenüber war zu groß. Ihn lockte nicht das Wissen, ihn stieß meine Gestalt ab. Es war besser, ich ginge.

Ich zog mich zurück, weckte mich auf und wusch mich, damit ich ein wenig frisch aussähe, und ging in den Schulraum zurück.

Ich sagte: »Die Ruhepause hat mir sehr gut getan.« Aber ich hatte das schon beim Eintreten gesagt, ohne mich umzuschauen. Da erst sah ich, daß sich die Schüler und der Priester um eben diesen Jungen bemühten. Er saß da mit verklärten Blicken, stierte vor sich hin, schüttelte ganz langsam seinen Kopf und sagte dann laut: »Wer war das eben?«

Da ging ich offen zu ihm hin, schaute ihn an und holte ihn aus

209

dem Zustand zurück, in dem ich ihn verlassen hatte. Ich hatte nicht geahnt, daß die Verwirrung so groß sein würde. Als er wieder zu sich gekommen war, sagte er:

»Ich glaube, ich habe geträumt. Mich hat einer gefragt, was ich von den Geheimnissen wüßte.«

Und als ich jetzt den Jungen anschaute, sah ich eigentlich auch ein entsetztes Gesicht mit aufgerissenen Augen. Es war angstvoll, sah gepeinigt und besetzt aus. Es war starr. Er wird nie vergessen, was mit ihm geschah. Es war ein frisches Knabengesicht gewesen, er war reif geworden. Diese wenigen Augenblicke, die ich in ihm gesessen hatte, durften nicht länger ausgedehnt werden, sonst wäre er verloren gewesen. Sonst wäre er nicht mehr seiner selbst bewußt geworden. Ob es wirklich in dem Ausmaße ist, weiß ich nicht. Aber er wird vieles von sich nicht zurückbekommen. Ich konnte ihn gar nicht mehr brauchen. Er war nicht mehr fähig, Priester zu werden.

Deshalb stand ich auf, weil ich einfach erwarten mußte, daß der Priesterlehrer sah, welche Veränderung mit dem Jungen vorgegangen war. Ich sah, daß es besser war, wenn ich ginge, und zwar sehr schnell, bevor er das Ausmaß dessen erkannte, was an Zerstörung zurückgeblieben war.

Da sprang der Priester auf, denn er wußte jetzt Bescheid.

»Du wirst diesen Ort sofort verlassen!« sagte er. »Nimm deinen Stecken und geh! Ihr bemächtigt euch der Menschen zu Zwecken, die nicht den Göttern dienen!«

Das war das Schlimmste, was ich je in meinem Leben zu hören bekommen hatte. Aber eigentlich hatte er recht. Ich stellte fest, daß der Junge für uns nicht mehr geeignet war. Er hing jetzt wieder zu sehr mit seinen Gedanken an dieser Welt, als daß er nach diesem kurzen Anlauf noch begreifen könnte, was möglich sei.

Ich wurde schmählich aus dem Haus gejagt und zog weiter. Der Vorwurf wurde mir zur Last. Die Enttäuschungen waren groß. Sollte ich irgendeinen Bauernburschen aufgabeln, einen Knecht vom Felde holen? Einen der Schrift Unkundigen in den Norden schicken? Einen, der nicht fähig war, den Göttern zu dienen? Es war schwierig. Jemanden zum Schreiben zu bringen, ist keine Kunst, aber jemanden vom Schreiben wieder abzubringen, das war die Aufgabe, die ich lösen mußte. So zog ich weiter. Ich kam mir vor wie ein Landstreicher, wie ein Aussätziger, der von Dorf zu Dorf zieht, Brosamen sammelt und seine Heimat verloren hat.

Und während ich eilig gen Süden strebte, nicht weil ich mehr Angst hatte vor den Menschen, sondern weil die Angst vor meinen Reaktionen auf die Menschen größer war.

Während ich in der Sonnenglut japse, wird mir, weil ich es nicht genau weiß, in meinem Glauben bewußt, daß ich etwas getan habe, ohne es zu wollen, weil ich nicht die Auswirkungen meines Könnens überblicken konnte. Daß ich wohl mehr zerstört habe, als ich gewinnen wollte. Es ist, daß ich einfach zwischen den Feldern hindurchgehe, da, wo ich versuche, festen Boden zu finden und ich diesen Schatten von den Bäumen, die an den Rändern der Felder wachsen, versuche auszuschöpfen, damit ich vor der Sonne ein wenig geschützt bin. Trotzdem rinnt, fließt mir der Schweiß in Bächen am gesamten Körper entlang, und meine Arme reiben den Schweiß an der Seite. Ich habe das Gefühl, ich müßte mich irgendwo waschen. Ich habe das Gefühl, ich stinke wie ein brünstiger Bock. Ich stinke alles das aus, was plötzlich wie geballt auf mich herabstürzt. Das, was ich an mich gerissen habe und was ich durch ungeheures Genießenwollen hinter mir zurückgelassen habe, zertreten habe, zerstört habe, beschmutzt, erniedrigt, ohne mir Gedanken darüber zu machen. Alles was des Denkens würdig befunden werden konnte, habe ich abgeschaltet, um meinen Körper in den Vordergrund zu spielen, und all das landet jetzt wieder in meinem Kopf, drängt sich in das Herz und beengt den Geist und die Atmung. Und so eile ich fort, weiter nach Süden, als ob ich versuche, in die reinigende Kraft der Sonne zu kommen. Als ich in der Ferne ein Dorf sehe, bade ich, um nicht wie ein stinkender Ziegenbock in dem Dorf anzukommen. Aber dieser Lauf hat mich wieder hungrig und gierig gemacht. Und als ich unter der Hütte das erste Mädchen sehe, das nur mit einem geflochtenen Bastrock bekleidet ist, schaue ich sie näher an und gebe ihr Bilder, die sie starr und mit glänzenden Augen wie eine Statue dort stehend an der Tür zurücklassen.

Ich habe mich so ans Fressen gewöhnt, daß ich sofort zum Dorfschulzen laufen muß und frage, ob er weiß, wo ich meine Heilkünste anwenden kann, nur, damit möglichst schnell ein Hammel übers Feuer kommt. Es dauert auch nicht lange, da hat der Dorfschulze, weil in der Sonnenglut die Männer in ihren Hütten oder im Schatten der Bäume sitzen und ebenfalls die Frauen und die Kinder dösend im Schoße schlafen, die aus seiner Erinnerung genannten Kranken durch seinen Buben heranholen lassen oder aber mich zu ihnen geführt. Er führt mich natürlich zuerst zu einem der Reicheren, mit dem er befreundet ist. Die Reicheren sind die, die sich regelmäßig sattessen können. Er liegt in seiner Hütte, er hat so etwas wie ein Bett, das sogar mit einem Fell bespannt ist. Die Frau zeigt mir den kranken Mann, der eigentlich gar nicht krank ist, sondern nur nicht mehr laufen kann.

Er wollte das Feld pflügen mit seinem Ochsen, und da er seinen Stock zu tief in den Morast gesteckt hat, konnte auch der Ochse ihn nicht weiterziehen. Er hat den Ochsen drei Schritt zurückgehen lassen, konnte sich selbst nicht so schnell mit seinen Füßen aus dem Schlamm retten, und der Ochse hat ihm das eine Knie eingetreten.

Der Mann liegt da, das Kniegelenk sieht fürchterlich aus. Der Unterschenkel steht vom Bein ab wie der Daumen von der Hand. Ich handele schnell mit ihm aus, nachdem ich mir angesehen habe, was zu machen ist und ob ich ihn heilen kann, was ihm sein Bein wert ist, wenn ich es ihm wiedergebe. Er sagte, eine kleine Ziege wäre es ihm wert. Da habe ich gefragt, wie viele davon essen. Schließlich einigen wir uns auf einen großen Hammel, wobei ich mir die eine Keule ausbedinge und die Leber, wenn sie gesund ist. Er willigt ein. Ich beuge mich über ihn und lege meine Daumen unter seinen Kieferknochen und die vier Finger an die Schläfen und halte sein Gesicht so fest, bis er die Augen schließt. Und ich tue nichts anderes, als daß ich ihn nur anschaue, und bei diesem Anschauen tue ich nichts, außer daß ich ihn mir schlafend vorstelle. Dann hocke ich mich vor sein Knie, verharre einige Zeit, indem ich auch die Augen schließe und mit den Händen meinen Kopf berühre, wobei ich ihn auf den Knien mit den Ellbogen abstütze. Ich bringe ihn selbst zur Ruhe, indem ich die

Umwelt vergesse, indem ich nichts mehr höre, indem ich nichts mehr fühle, indem ich nichts mehr rieche und indem ich nur noch hinter geschlossenen Augen sehe.

Wenn ich soweit bin, kann ich durch das Knie schauen. Ich sehe, daß die Sehnen fürchterlich langgezogen sind und daß die Kugel aus dem Gelenk gesprungen ist. Weil sie über die Pfanne hinausgerutscht ist, kann sie nicht mehr eingeklinkt werden. Es ist Gewebe gerissen und da, wo der Ochse hingetreten hat, ist ein Teil vom Knochen gesplittert.

Ich beobachte, wie ich mich an das Bein heranfühle, wie ich mit meinen Händen abtaste, wo der Unterschenkel ist und wo der Oberschenkel ist, und ich stelle mich breitbeinig über den Oberschenkel, verschränke die Beine unter ihm und setze mich darauf, fasse dann den Unterschenkel mit der rechten Hand und schiebe mit der linken Hand die Kugel in die Pfanne zurück. Dann biege ich das Bein in die Gestreckte und achte darauf, daß bei dem Zurückschieben die Masse zwischen den Knochen nicht verletzt wird. Jetzt kann ich den Knochensplitter einbetten. Das Bein schlackert herum, weil es durch die gedehnten Bänder keine Kraft hat. Während ich mich darauf konzentriere, die Bänder wieder zusammenzuziehen, so daß sie stramm an beiden Seiten das Bein am Oberschenkel festhalten, ziehe ich den Unterschenkel, an dem die Kugel sitzt, an den Oberschenkel heran. Und ich probiere mit den Händen aus, ob es fest genug sitzt, indem ich den Unterschenkel nach oben und nach unten ein klein wenig bewege. Dann löse ich an der Außenseite des Knies durch meine Konzentration die Blutung auf, die durch das gerissene Gewebe entstanden ist, und an der Innenseite ziehe ich die Rißwunden in der Haut zusammen. Nachdem ich die Scheibe hinabgezogen habe, verankere ich auch wieder ihre Bänder an den Seiten des Knochens. Das Bein wird nie neu, aber es ist besser, er steht auf seinen eigenen Beinen, als daß er den Rest in seinem Bett verbringt.

Während ich mit den Händen die Wärme der Heilung über das Knie schicke, denke ich daran, daß die Muskeln keine Schmerzen haben und daß es das Knie bewegen kann, und zwar so weit, daß es nicht mehr aus der Pfanne herausspringt. Im Mittelteil der

213

Pfanne, wo die Rippe ist, versuche ich die Haut zusammenzuziehen, damit also keine Verwachsungen entstehen. Mehr kann ich nicht machen. Ich wecke ihn wieder auf, indem ich ihm meine Hände wieder dorthin lege, wie zu Beginn der Behandlung, und ihm eindringlich sage, daß die Nacht vorbei sei.

»Es ist früh am Morgen, stehe auf, du mußt arbeiten!«

Und er springt tatsächlich aus dem Bett, um mich zu begrüßen, und fragt:

»Wer seid ihr, wer seid ihr?«

Ich antworte ihm, ich wollte den versprochenen Hammel holen. Jetzt scheint er sich zu erinnern, und er stellt fest, daß er auf seinem Bein stehen kann.

Mich aber interessiert das alles überhaupt nicht mehr, ich will meinen Hammel haben. Ich habe Hunger. Und während ich ihn zur Eile antreibe, und ihn nicht mehr dazu kommen lasse, mir zu danken, und mir dieses ausbrechende fürchterliche, keifende Palaver seiner Frau über den verschenkten Hammel noch anhöre, sage ich ihm und drohe ich ihm an, wenn es kein richtiger Hammel wäre, sondern einer, der nur fett sei und kein Fleisch habe, dann würden die Dämonen in sein anderes Knie fahren. Und er werde sehen, daß der große Knieverzehrer schon über ihn käme und ihm mit gewaltigem Gebiß das Gelenk wegknacke. Und während er nach dem Hammel Ausschau hält, eile ich schon wieder auf den Dorfplatz, um irgendwo einen Krug Wein zu erschleichen. Einen Krug Rauschgetränk, sei es nur von gegorenen Datteln. Außerdem will ich sehen, welcher Mann mir seine Frau bei Betreten des Dorfes durch meine Kunst überlassen hat. Es blieb nicht aus, daß ich in den Dörfern, durch die ich kam, und je weiter ich mich von meinem vorherigen körperlichen Zustand entfernte, daß ich etwas an mir entdeckte, was meinem Geist völlig fremd war. Wenn ich es geschafft hatte, durch mein immer besser und genauer gelingendes Auswahlsystem einem wohlhabenden Bauern einen fetten Hammel aus seiner Herde herauszulotsen, dann fing ich beim Schmause über das Feuer den Blick mancher brauner Augen auf. Ich kehrte mich manchmal gegen die Versuchung, in diese braunen Augen einzukehren, manchmal war ich schon auf halbem Wege, aber dann befahl ich mir den

Rückzug. Aber je weiter ich mich in meinem Körper einnistete, um nicht hinter diese braunen Augen zu kommen, um so mehr wurden mir meine Sinne bewußt, die erregt auf diese braunen Augen ansprachen. So schwebte ich zwischem dem geistigen und dem körperlichen Wesen und wußte nicht, was wahr und was richtig war. Ich hatte Angst davor, mir nach der Opferung des Hammels die Tochter des Bauern ins Bett zu holen, aufs Lager zu zwingen, noch nicht einmal zu zwingen, ich glaube, sie wäre freiwillig gekommen, oder aber unter ihren schwarzen Haaren gedanklich herumzufuchteln, um zu wissen, was sie dachte. Deshalb biß ich immer herzhafter in die Keule und ahnte nicht, daß ich mir dadurch immer mehr die Unruhe meiner Sinne bescherte. So dauerte es auch nicht lange, bis ich schließlich den sich mir bietenden Möglichkeiten nicht meinen Geist bot, sondern auch das mir, nach der Heilung der Frau des Dorfschulzen, bereitwillig zugedachte Lager. Das Wissen oder die Anstalten, die sich aus dieser Begegnung ergaben, waren für mich zu einem körperlichen Unruheherd geworden, den ich in mir nur mühsam mit häufigen Bädern und langen Märschen bezwingen konnte. Aber dieser Zustand überrannte mich wie eine neue Sucht. Wenn ich glaubte, ich hätte darüber hinaus etwas gedacht, das nicht an dieses Mädchen erinnerte und nicht an ihren warmen Körper, dann war es mit Sicherheit schon so weit, daß ich im nächsten Dorf unter den langen Gewändern eine neue Figur erahnte. Ich kann mich nicht erinnern, daß uns je in der Priesterschule verboten wurde, daran zu denken oder unseren Körper in dieser Hinsicht zu benutzen. Der Gedanke war nie in uns aufgekommen, da wir durch die geistigen Übungen, in denen wir tagtäglich steckten, unsere Körper so sehr vernachlässigt hatten, außer auf dem Bereich der Sauberkeit, daß der scheinbar nur noch zu einer sinnlosen Hülle geworden war.

Durch die völlige Fremdheit, mit der ich meinem eigenen Körper begegnete, und mit der völligen Neuheit, die sich mir aufschloß durch die gute Ernährung und durch das tägliche Einerlei der Wanderungen und durch die tägliche Zufuhr an Energie, der ich ausgesetzt war, brannte ich jeden folgenden Abend mehr. So beschloß ich, von Tag zu Tag früher in dem Dorf haltzumachen, auch wenn kaum der Mittag vorüber war, in dem ich glaubte, eine willige Schönheit zu finden oder jemanden, den ich willig machen konnte. Ich befand mich in einem Zustand des Taumels, der Unsicherheit, der Zweifel und des nie verlöschenden Feuers, so daß ich, unschlüssig über mich selbst, mir manchmal die Kasteiung auferlegte, mich abends ohne ein Mädchen aufs Lager zu werfen. So versuchte ich, wieder Abstand von mir selbst zu gewinnen, um mich zu fragen, ob das der Sinn sei, diesen Weg zu gehen, oder ob es nicht eine Versuchung sei, der ich erlegen sei, und somit meine Prüfung nicht bestanden habe.

Die Fragen, die sich durch das erneute und doch wegen des Alters fremde Kennenlernen des anderen Geschlechts eröffneten, waren für mich so verwirrend, da mehrere Probleme auf mich einstürzten, daß ich manchmal, obgleich ich befriedigt war, nahe der Verzweiflung stand. Ich lernte mich in einem völlig neuen Gewande kennen, von dem ich in diesem Maße keine Ahnung hatte. Ich lernte mich in einer Situation kennen, in der ich nicht wie jemand reagierte, der in der Lage war, seinen Körper wie eine Schale zurückzuwerfen und sich in Höhen aufzuschwingen, in denen man sonst nur Götter vermutete.

Ich lernte plötzlich in meinem Körper Reaktionen kennen, von denen ich sonst vielleicht nur Spuren kennenlernte, wenn ich Prüfungen bestanden hatte oder wenn sie mir bevorstanden – Gefühlsregungen, die zwischen Scheu und Angst pendelten, zwischen Stolz und Erbärmlichkeit schwankten.

Ich kümmerte mich plötzlich um Dinge, um Gefühle und Ängste, und ich versuchte mir im voraus Fragen zu beantworten, mit denen ich sonst keinen Umgang pflegte. Probleme wie die Angst vor Versagen und nicht genügend Potenz zu zeigen, oder ich fragte, wie machen es wohl die anderen, Probleme, mit denen ich restlos allein war, da ich es nie gelernt hatte, mit ihnen umzugehen. Ich war aus einer Gemeinschaft herausgeholt worden, zu früh, um diese Probleme an mir selbst zu spüren. Und ich war zu früh in eine Isolierung gekommen, in der man nur den Blick nach oben kannte.

Ich mußte Sorge dafür tragen, daß der Blick nach oben nicht völlig der Sicht nach unten erlag. Nur aus den ersten Tagen kannte ich mein verzweifeltes Alleinsein. Ich konnte mich an meine Trotzreaktionen sehr gut erinnern, daß ich auf den Boden gestampft hatte und wütend darüber war, daß man mich eingesperrt hatte in eine Hütte, in die ich nicht wollte. Jetzt war ich wütend darüber, daß man mich in eine Freiheit gestoßen hatte, mit der ich nichts anfangen konnte, daß man mich in einen Körper gepackt hatte, der unabhängig von meiner Meinung, meinem Wollen und meinen Zielen reagierte und mich zwang, Dinge zu empfinden, von denen ich nicht wußte, was sie mit mir wollten.

Ich war so allein, daß ich nicht in der Lage war, mit irgend jemandem über diese Dinge zu sprechen, mir Rat zu holen oder einfach nur bei jemandem zu klagen. Dazu kam die fürchterliche Niedergeschlagenheit, immer wie ein Dieb das Dorf zu verlassen, weil es immer ein Mädchen war oder eine Frau, die jemandem gehörte, oder noch nie jemandem gehört hatte. Ich wußte, es war mir unmöglich, jemals diese Dörfer wieder zu betreten, außer das Mädchen hätte geschwiegen. In den meisten Fällen wird das auch wohl so gewesen sein, aber in vielen Fällen wird man sich über meine schnelle Abreise auch gewundert haben.

Ich versuchte, mich aus diesem Kreis, in dem ich mich befand, zu befreien, und suchte statt dunkler Augen, in die ich mich versenken konnte und in die ich das Feuer der Begehrlichkeit legte, Menschen zu finden, die meine Kräfte mehr beanspruchten als das Mädchen in der erhofften Nacht.

Ich heilte Geschwüre, sie hatten einen Vorzug. Ich vergeudete meine Kraft immer mehr auf Äußerlichkeiten, statt Menschen mit inneren Leiden zu helfen. Von geraspelten Vogelkrallen und Mäusedung wurden sie mit Sicherheit nicht gesund. Auch das Menstruationsblut war kein gutes Heilmittel. Manche lachten mich zwar aus, wenn ich sagte, bei ihrem Rheuma, daß sie sich fast alle dadurch holten, daß sie mit dem nur wenig verhüllten Körper auf dem gestampften Lehmboden lagen, sollten sie ihre verkrüppelten Glieder unter den Urin der Kuh halten, das lindere wenigstens die Schmerzen. Sie wollten mir lieber einen dicken Hammel opfern, wenn ich mit drei, vier Streichelbewegungen ihnen den vereiterten Zahn heilte.

Das Problem, das sich immer mehr – je weiter ich wanderte –

häufte und vergrößerte, war die Suche nach einem Körper, in dem ich mich einnisten konnte und den ich nach Norden schikken konnte. Für mich wurde diese Reise immer mehr zu einer Strapaze, denn nachts war ich selten allein. Wenn ich zufällig allein war, und mein Körper sich nicht in einem anderen austobte, dann war ich so müde, daß ich nicht dazu kam, meine Kraft zu einer Reise auszuprobieren.

So kam es, daß auch noch zu meiner Verzweiflung die Angst kam, meine Fähigkeiten zu verlieren, da ich sie nicht mehr übte. Nach manchen Tagen mußte ich auch an mir feststellen, daß die körperliche Berührung mit den Frauen Spuren an mir hinterließ. Deshalb wandte ich einen Teil meiner Konzentration meinem eigenen Glied zu. Da ich gleich die Anfangsstadien der Entzündungen erkannte, waren meistens die Schäden am Abend behoben, so daß ich, durch nichts gehindert, mich wieder um einen schwarzen Schopf kümmern konnte.

Vielleicht wurde es mir zu leicht gemacht. Ich war feist geworden, fett, wohlansehnlich wie ein reicher Bauer, der nicht den ganzen Tag arbeiten mußte. Durch meine Heilungen hatte ich reichlich zu essen und bis auf meine gelegentlichen Krankheiten, die aber eigentlich keine Probleme für mich darstellten, ging es meinem Körper gut. Ich vernachlässigte ihn aber im Sinne eines Priesters, denn mir wuchsen langsam die Haare, es stellte sich auch ein wenig Bartwuchs ein, und die Schamhaare wuchsen, so daß ich nicht mehr in dieses ungläubige Staunen mancher Frauen sehen mußte.

Das Körperliche war kein Problem – das Problem waren meine Sinne, und das Problem war meine Aufgabe. Bisher hatte ich immer gedacht, die Frauen sprächen mich an und ich wäre zu schwach gewesen, mich ihrer zu erwehren, bis ich mich eines Abends über dem Feuer dabei ertappte, daß ich es ja war, der die Herzen der Frauen anheizte, der schon mit dem Vibrieren der Stimme die Geilheit in den Frauen erzeugte. Und als ich diesen Umstand erkannte, welche Macht eigentlich in mir über andere Menschen schlummerte, empfand ich Ekel über mich, aber nicht lange genug. Ich kostete die Folgen meiner Fähigkeiten bis zur Neige aus.

Also begann ich nun in einer Art mit den Frauen zu spielen, die eines Dorfköters würdig gewesen wäre. Ich beließ es nämlich dabei nicht, daß ich in einer den Funken zu einer lodernden Flamme pustete, sondern daß es mir auch noch Spaß machte, wenn sich zwei oder drei Frauen meinetwegen in dem staubigen Sande um mich prügelten. Sie rissen sich die Kleider vom Leib, indem sie sich die Gürtel vom Leibe knöpften, die langen Hemden zerrissen, was sie sich eigentlich gar nicht leisten konnten, da die Kleidung teuer war. Ich hatte mich in eine derartige Gemeinheit hineingesteigert, daß ich Lust dabei empfand, wie die Männer versuchten, bei dem flackernden Schein des Feuers von den manchmal aufleuchtenden nackten Körpern der sich balgenden Frauen Ansichten zu erhaschen, die ihnen sonst in dieser Form nicht geboten wurden. Während sich die Gruppe um dieses Knäuel bemühte und sie mit Wasser begoß, damit die Frauen zu sich kämen, hatte ich schon einer neuen das Versprechen abgenommen, die Nacht zu mir zu kommen.

Es wäre wahrscheinlich alles anders gewesen, wenn die Aufgabe, die mir gestellt worden war, nicht so schwer zu lösen gewesen wäre. Ich konnte unmöglich einen Heranwachsenden von sechs bis sieben Jahren auf den Weg nach Norden schicken. Es mußte schon ein älterer sein, der diesen langen Weg zu gehen imstande war, aber jener ältere mußte schon schreiben können. Unter zwölf Jahren durfte er wohl nicht sein.

Eines Tages war bei mir der Entschluß gefaßt.

Ich überquerte an einem Katarakt den Nil, wandte der Sonne den Rücken, nicht nur aufgrund der Himmelsrichtung, sondern weil sie nicht bereit gewesen war, mir jemanden zu schicken. Und ich wandte mich wieder nach Norden. Diese Umkehr war eigentlich eine doppelte Umkehr. Es war nicht nur, daß ich das Gefühl hatte, wieder meine Hütte zu finden, zu mir selbst zurückzukommen, sondern es machte mir auch keinen Spaß mehr, mich mit Frauen abzugeben, die auf einen Blick oder ein Wort meinerseits bereit waren, das Lager mit mir zu teilen. Ich hatte es satt. Ich verlangte bei den nächsten Heilungen extra kleine Hammel. Ich verlangte kleine süße Früchte. Dann mußten es kleine bittere Früchte sein. Dann wollte ich gar keine Früchte mehr haben. Aus dem Hammel wurde nachher nur noch, daß ein vielleicht vom Mittag übriggebliebenes Stück Fleisch oder ein Brotfladen übrig sein mußte.

Da ich nicht mehr tagtäglich in die Sonne schauen mußte, sondern jetzt immer meinen Schatten vor mir hatte, konnte ich mit Freuden feststellen, wie dieser Schatten nicht länger, aber schmaler wurde. Mit dem Schmalerwerden des Schattens sank die Begehrlichkeit und die Macht meiner Sinne. Hatte ich vorher immer längere Zeit gebraucht, um Wunden zu heilen, so gelang mir dieses in immer kürzeren Zeitabständen, und ich wandte mich nun auch immer mehr Krankheiten zu, die nur durch den Mund, durch Medizin zu heilen waren.

So war es leicht für mich, den Durchlauf zu kurieren, oder es war auch leicht, den Nierenstein zu zertrümmern. Das festgeklebte Brustfell in der Vereiterung, das das Atmen behinderte, löste ich wieder. Die vor Anstrengung gerissene Milz konnte ich wieder vernähen. Ich legte keinen Wert mehr darauf, auf spektakuläre Krankheiten mein Augenmerk zu richten, wenn ich in ein Dorf kam, oder ich achtete auch nicht mehr darauf, wie wohl die Figur unter dem Leinenhemd aussähe.

So zog ich schnelleren Schrittes nach Norden, als ich zuletzt nach Süden unterwegs war. Mein Blick ging häufiger nach Westen, als es in der letzten Zeit von mir geübt wurde. Ich wußte aber nicht, wie es um mich ausgehen würde, wenn ich ohne zusätzlichen Körper heimgekehrt war. Aber ich konnte aus einer Wüste, in der kein geistiges Wasser war, keine Pflanze mit heimbringen. Das Jahr war noch nicht vorbei, als, an Erkenntnissen reich, mit mir eine Wandlung vor sich gegangen war, und ich, abgeschlossen mit der Welt, zurückkehrte.

Nachdem ich gebadet, mich rasiert und ein wenig Milch zu mir genommen hatte, fand ich meine zwei Freunde vor. Auf die Frage: »Ihr auch... nicht?« – schüttelten auch sie den Kopf und sagten: »Auch wir kommen allein, es ist nichts mehr!«...

Da erinnerte ich mich der Worte:

»Wenn man einen Körper findet, der bereit ist, sich so weit leer zu machen, daß man darin Platz hat.«... Es gab keine Körper mehr.

15. KAPITEL

Die letzte Prüfung

Soker, Meneth und ich sitzen wieder in unserem üblichen Sitz auf den Liegebetten. Ich habe für mich festgestellt, daß ich der letzte gewesen bin, der von uns dreien in der Hütte von seiner Reise angekommen ist. Für mich hat diese Reise ungefähr im Sonnenjahr geendet, wo sie begonnen hat. Die Sonne hat den gleichen Stand wie bei meinem Weggang. Soker und Meneth sind früher wiedergekommen. Sie haben auf mich gewartet, ohne aber ängstlich zu sein. Sie wußten, daß ich zurückkehre. Sie wußten schon während der Zeit, die sie auf mich warteten, daß ich auch ohne einen Nachfolger zurückkehren werde. Sie haben auf ihren Reisen, die sie zusammen gemacht haben, jedenfalls zum großen Teil zusammen gemacht haben, Ähnliches erlebt, was auch ich habe durchmachen müssen. Sie sind als Männer wiedergekommen, die ebenso am Leben teilnehmen mußten und durch das Leben hindurch mußten wie ich. Wir haben durch dieses Übergenießen so etwas wie Ekel bekommen vor der Welt. Weil wir aus unserem selbstgewählten körperlichen Gefängnis oder unserer körperlichen Abgeschiedenheit von der übrigen Welt uns auch von dieser Welt so weit entfernt hatten, daß wir nicht mehr zu einem gemäßigten Leben zurückfinden oder uns hätten einfinden können, genossen wir alles in einem Übermaß, das in uns diesen Ekel zum Schluß hervorbrachte.

Nicht daß wir die Welt überhaupt ablehnten, sondern daß wir die Welt für uns ablehnen. Aufgrund dieser Tatsache verspürten wir so etwas wie Heimweh und waren froh, daß wir in unserer Hütte angelangt waren. Ich muß feststellen, daß dieser Prozeß, den wir hier körperlich durchgemacht hatten, uns nicht nur reifen ließ, sondern auch altern ließ. Wir hatten bisher immer das

Gefühl, obgleich wir nicht mehr jung waren, noch Schüler zu sein oder in der Situation von Schülern zu leben und hatten uns auch auf ein Schülerdasein innerlich eingestellt.

Durch dieses Jahr ist uns plötzlich ein großer Lebensabschnitt geschenkt worden, der sich in unserem Aussehen niederschlägt. Nicht daß wir ungepflegter wären oder unsere Waschungen weniger gut und gernwillig ausführten. Es haben sich plötzlich auch in unseren Gesichtern bis dahin nicht sichtbare, aber jetzt doch erkennbare Alterungserscheinungen gebildet. Wir erkennen uns gegenseitig und sehen, was vorgefallen ist. Der körperliche Verschleiß, durch den Kontakt mit anderen Menschen, ist größer, als wir vorher uns je hätten sagen lassen wollen. Die Kraft, die auf diese Weise aus dem Körper fließt, ist auch durch erhöhte geistige Aktivität nicht ausgleichbar, sie ist ungleich größer, als wir an geistiger Aktivität bis zu diesem Zeitpunkt verbraucht haben.

Es ist, als wäre ein Teil unserer körperlichen Substanz durch diese Ausschweifungen verlorengegangen. Zwar wird auch gesagt, daß Haarschnitt körperschädigend sei, aber der Kräfteverschleiß durch Haarschnitt und Epilation reicht längst nicht an diesen Aufzehrungsprozeß durch den intimen Kontakt mit anderen Personen heran. Wir erkennen dieses sehr deutlich und sehen auch darin mit Freude den Grund, daß wir freiwillig zurückgekehrt sind, und daß uns die Welt, der wir in einem Übermaß begegnet sind, kein Äquivalent bieten kann gegenüber der Welt, über die wir hier nach unseren bisherigen Erkenntnissen frei verfügen können.

Es ist nicht zu verhehlen, daß die Enttäuschung, keinen Nachfolger gefunden zu haben, an uns nagt. Hier tritt etwas ein, was wohl erst dann zustande kommen sollte, sobald wir alle drei wieder vereinigt waren, daß wir eigentlich erst jetzt über die Aufgabe aufgeklärt werden, die uns vor Antritt unserer Reise gestellt wurde. Während wir in dem Zustand, der uns immer mehr zur Selbstverständlichkeit wird, und immer mehr zur Flucht aus der Außenwelt dient, verharren, spüren wir dennoch mit unserem Bewußtsein entweder fremde Personen, die in unsere Hütte kommen, oder fremde Geister, die sich uns nähern.

Manchmal, in ganz bestimmten Zuständen sind wir in der

Lage, uns von uns selbst zu trennen, und können auch Kontakt aufnehmen, sobald dieser Kontakt dadurch geknüpft wurde, wenn der geistige Körper uns erwartete. Aber daß wir auf Wanderschaft gehen und unterwegs Kontakte schließen konnten, ist uns bisher nicht gelungen. Auch die Aussicht, daß wir in der Lage wären, uns einen neuen Körper zu suchen, um in seiner eventuellen Leere Platz für uns zu finden, war bisher vergebens. In diesem Zustand der absoluten, fast absoluten körperlichen Ruhe und Ausgeglichenheit unserer Gefühle und Wünsche, sehen wir einen Beweis dafür, daß unser Körper sich an der Welt genug gesättigt hat.

Unser Ziel ist, Kontakt aufzunehmen. Wie weit uns das innerhalb unserer kleinen Gruppe gelingt, läßt sich noch nicht beantworten, aber wir spüren, daß immer häufiger nichtkörperlicher Besuch zu uns kommt.

Waren es vorher Bilder, die uns übermittelt wurden, so sind es jetzt neben diesen Bildern wortlose Vorstellungen, die sich nur mühsam in Worte kleiden lassen. Vorstellungen von Bewußtseinskategorien, die sich in Vorstellungen, aus Körperlichkeit heraus geboren, einfach nicht vorstellen lassen. Wortloser Kontakt, als würden verschiedene Strahlungen ausgesendet und aufgenommen, wobei man nicht weiß, welcher Art diese Strahlungen oder Eindrücke in dem geistigen Körper sind.

Zustände, daß man plötzlich weiß, da ist jemand. Zustände, daß man plötzlich weiß, was der andere will, Zustände, in denen übermittelt wird, was der andere weiß. Fast in der Art zu beschreiben, als ginge man in einen anderen über und übernähme alles, was da wäre, als tauche man in etwas hinein und sei dieses andere. Wie wenn man körperlich ins Wasser tauche und zu Wasser werde und wenn man wieder herauskomme, wieder Körper sei. Oder man lege sich in die Sonne und sei Sonne. Gehe in den Schatten und man sei wie der Schatten. Oder man bade in der Luft und sei eins mit ihr. So ist das mit diesen Geistern. Feststellen, dort ist jemand und dort ist etwas, die Näherung spüren und das zu sein, was dort vorher getrennt war, getrennt von einem selbst war.

Nach diesem Zustand versuchen wir drei, uns über diesen Zustand zu unterhalten, und das gelingt uns nicht mehr auf geistiger Basis. Wir müssen tatsächlich in unsere Körper zurück, um es auszudrücken. Auf jeden Fall waren wir drei untereinander eins, indem wir, als dieses eine, in einem noch anderen waren. Und da wir nicht fremd waren, waren wir alle untereinander ein und dasselbe und hatten Anteil von all dem, was dort war. Das konnte aber nur geschehen, wenn dieser Geist aufnahmewillig war, da wir von uns aus diesen Aufnahmekontakt nicht schließen konnten. Wir waren darauf angewiesen, daß wir von diesen Geistern eingesogen wurden. Und durch dieses Einsaugverfahren erfuhren wir von der uns nahenden Katastrophe.

Ob diese nahende Katastrophe aber alles war, was man uns über sie sagte, das konnten wir damals noch nicht abschätzen. Wir kehrten jedenfalls in unsere Körper nach irgendwelchen Zeiten zurück und wußten, es kam etwas auf uns zu, was für uns unvorstellbar war, vor dem wir aber keine Angst hatten. Denn es betraf, wenn es zutreffen sollte, nur unsere Körper.

Wir hatten die Aufgabe bekommen, einen jungen Körper zu suchen, dessen Geist geschmeidig genug war, die Stufe zu erklimmen, auf der wir uns bis jetzt befanden. Wir hörten, daß es nicht die höchste Stufe war, auf der wir uns befanden. Wir kannten aber von den Lebenden niemanden, der noch höher war als wir. Und so mußten wir abwarten, ob irgend jemand, ob irgend etwas, ob irgendein Geist bereit sei, uns für so würdig zu befinden, daß wir zu der Prüfung der Geister herangezogen wurden.

Wie das aussehen könnte, war uns völlig fremd.

Es gab Dinge, es gab ein Wissen, ja, die jeweiligen Geister, die uns aufsaugten, traten uns gegenüber als Einzelgeister in Erscheinung. Aber wir glaubten zu spüren, daß auch bei diesen Einzelgeistern noch die Möglichkeit einer Höherstufung dadurch gegeben war, daß auch sie wiederum von anderen noch höher Kontaktwilligen aufgesaugt werden konnten oder nicht. Die Stufen, die über die Körperlichkeit hinaus existierten, waren genauso vielfältiger Natur, wie etwa den Prüfungen zu vergleichen, die wir in den Tempelanlagen hinter uns gebracht hatten. Nurmehr vorstellbar mit einer körperlichen Phantasie waren sie nicht mehr. Es mußten Kenntnisse übermittelt werden, die zu Fähigkeiten führten, damit man diesen Zustand erreichen konnte.

Diese bruchstückhaften Übermittlungen, die wir ungewollt durch die Einsaugung übernahmen, geschahen also auf jeweils anderen Stufen. Nur so erfuhren wir also nach und nach, daß hinter uns oder unter uns kein Schüler mehr war, der in die geistigen Exerzitien mit eingeführt worden war. Wir hatten zu einem Zeitpunkt den Kontakt mit anderen Eleven verloren, als es uns das erste Mal gelungen war, ohne unseren Körper auf Reisen zu gehen.

Zwar nahmen wir doch an der Außenwelt teil, aber eigentlich nur, indem wir über die Mauer schauten und nur noch, indem wir die Welt betrachteten aber nicht mehr in ihr lebten. Wir waren durch diese geistigen Exerzitien in eine Position gedrängt worden, wo uns das Leben, wie wir es deutlich erkannt hatten auf der Reise, so fern war, daß wir neben allem Neid, über allem Neid standen.

Wir wollten nicht mehr aus unserer Einsamkeit heraus, sie war unsere Heimat geworden. Und wir empfanden diese, wohl von allen Menschen so gefürchtete Einsamkeit als unsere Heimat. Die Frage nach dem Nachfolger hatte nur einen Sinn, der uns, wie gesagt, nur in kleinen Dosen mitgeteilt wurde, daß wir als die letzten drei etwas erreichen sollten, was den anderen nicht gelungen war. Da wir aber selber keinen Nachfolger gefunden hatten, war das Ziel aller Priester, die auf diesem Wege vorgeschritten waren, nicht erreicht worden. Wir sollten eine geistige Unsterblichkeit erlangen, damit dieses Wissen nicht zu totem Wissen wurde, sondern lebendig gehalten werden konnte. Und das war nur möglich, wenn wir in andere Körper übergingen, den Geist des anderen bis zu einer gewissen Höhe brachten, um ihn dann durch unseren zu ersetzen. Dieses Ziel war verfehlt.

Vielleicht, und das war nicht zu übersehen, war aus vielen Kontakten mit anderen Geistern heraus eine gewisse Resignation, eine gewisse Enttäuschung zu spüren. Sie wurde übertragen. Sie wurde in uns wach, dadurch daß wir manchmal wieder zu Körpern wurden. Sie übertrug sich uns in Form von Stimmungen, daß wir, wenn wir bei vollem Bewußtsein waren, schon Abschied nahmen, obgleich kein Anlaß zum Abschied war. Wir spürten eine Trennung heraufdämmern, obgleich es noch keine Anzeichen für uns gab.

Die Anzeichen in der Wirklichkeit waren uns ferngeblieben, da wir ja nie den Kontakt mit der Wirklichkeit hatten. Das erste Mal, daß wir wirklich spürten, wie sich die Ansicht der Menschen in der Realität nur noch auf ihren eigenen Körper konzentrierte, war uns allerdings ein nicht mehr übersehbares und überhörbares Zeichen. Wir spürten deutlich, daß wir von den anderen als Menschen anerkannt wurden, die aber über ihnen und neben ihnen standen, wir nicht als ihresgleichen anerkannt wurden, aber man uns auch mit großer Skepsis, zum Teil mit Verachtung, zum Teil mit Mitleid, ja sogar mit Lächerlichmachung begegnete. Wir stellten lebendige Menschen dar, die in den Augen der uns umgebenden Menschen schon eigentlich lange tot sein mußten. Deshalb war es für uns wahrscheinlich auch so ungeheuer schwierig, einen wirklichen Kontakt mit einem noch jungen Menschen herzustellen, da uns nicht nur die Welt der Anschauung, sondern auch Welten durch unterschiedliche Lebensweisen so radikal trennten, daß kein Gespräch mehr aufkommen konnte, da die Themen völlig unterschiedlich und verschieden waren. Auf diese Weise war uns unsere Aufgabe doppelt, dreifach, vierfach erschwert. Wie sollten wir geeignete Nachfolger finden, wenn wir keine Möglichkeit mehr in uns selbst sahen, zu eventuell geeigneten vorzustoßen.

Ich hatte an mir selbst erlebt, wie schwierig es war, noch eine Beurteilung über Menschen abzugeben. Über Menschen, von denen man sich so weit entfernt hatte, und die uns auf einer ganz anderen Ebene des Lebens überholt hatten, daß man nichts mehr mit ihnen gemein hatte, außer, daß wir Menschen waren. Die Ansicht über den Sinn des Lebens war radikal geändert worden. Unsere Meinung war, daß der Sinn des Lebens in dem Nicht-mehr-Leben oder in dem lebendigen Leben über dem Leben läge, in dem Bereich, der über dem Leben existiert, während die anderen wirklich nur zu Augenmenschen geworden waren; Augenmenschen, allgemeinen Sinnesmenschen. Diese Sinnesmenschen lebten eigentlich nur dadurch, daß sie das, was sie sahen, zerstörten, um Neues sichtbar zu machen.

Sie glaubten, nicht hinter dem Begriff Haus stünde eine neue Welt, sondern hinter dem Gegenstand Haus. Und durch diese Lebensweise konnten wir erleben, daß die Verbindungen der Menschen zu Notgemeinschaften, zu Gesellschaften des Aufeinanderangewiesenseins wurden. Sie wurden in Abhängigkeitsverhältnisse umgewandelt. Die Menschen selber wurden zu Verkörperern ganz bestimmter Lebensausdrucksformen, deren Bereiche sie allerdings nicht verlassen durften, um nicht unglaubwürdig zu werden.

Das Streben ging nur noch so weit, daß man haben wollte, daß das Wichtigste des menschlichen Körpers die Hände wurden. Nur das war zum Ziel des Lebens geworden. Der Sinn des Lebens war dann erfüllt, wenn man es geschafft hatte, Handschuhe zu tragen. Diese Handschuhe waren Ausdruck dafür, daß man Hände frei hatte, um seinem Körper Genüsse zuzuführen, die man aus den Dingen bezahlte, die man vorher mit den Händen ohne Handschuhe zusammengekratzt hatte. Diese Ausgleichswirtschaft führte dazu, daß der geistige Besitz der Menschen immer mehr abnahm, während es Mode wurde, neue Genüsse zu erdenken.

Wie fremd uns diese Welt geworden war, konnte nur noch durch die plötzliche Einsicht und Flucht dargestellt werden. Wie weit wir aber auch das Ziel verfehlt hatten, läßt sich nur an zwei Beispielen darstellen. Wir hatten zu lange gebraucht, um zu dieser Höhe der geistigen Erkenntnisse und Fähigkeiten zu gelangen, als daß es uns gelungen wäre, in einer noch möglichen Zeit genügend Menschen auf unsere Ebene herüberzuziehen. Auf der anderen Seite war die Welt der Körperlichkeit so schnell vorangeschritten, daß die Frage nach dem Sinn in der Geistlichkeit keinen Sinn mehr hatte. Wir hatten, vielleicht war auch das ein Problem, die Loslösung vom Körper in einer derart extremen Form, soweit sie mir bis jetzt bekannt ist, vorangetrieben, daß wir nur noch existieren konnten, wenn andere sich um unsere Körper kümmerten.

Wir selbst waren gar nicht mehr in der Lage dazu. Und das bedeutete eigentlich, daß wir zwar in der Welt leben mußten, aber darauf angewiesen waren, daß die anderen noch ahnten, was wir wollten, und aus diesem Ahnen und aus der Fähigkeit für uns Opfer zu bringen bereit waren, uns unsere Körper am Leben zu erhalten, damit wir unseren geistigen Experimenten den Raum geben konnten, den sie brauchten, um zur Vollendung zu gelangen.

Wir bekamen durch die geistigen Kontakte irgendwann einen Auftrag, irgendwann den Auftrag, unsere Möglichkeit, sich von dem Körper zu lösen, nicht nur auf Zeitbruchteile, sondern auf Zeiten auszudehnen. Dieser Prozeß muß wohl so weit vorangeschritten sein, daß man uns für würdig befand, endlich eine Stufe zu erreichen, auf der wir erkennen sollten, wie weit wir eine geistige Form des Lebens gefunden hatten, die auf den Körper verzichten konnte.

Wir erhielten den Auftrag, und schon die Formulierung war eigenartig, wir erhielten den Auftrag, unsere Körper in die Pyramide zu bringen. Diesen Auftrag überbrachte uns ein alter Priester. Das Erstaunliche an dieser Sache war, daß dieser Priester, und das sagte er uns auch, auf einer Stufe war, die unserer ähnlich wäre. Er besäße uns ähnliche Fähigkeiten, aber er besäße darüber hinaus Fähigkeiten, die nur noch von Priestern geteilt würden, die irgendwoanders wären. Ob diese Priester körperlich waren oder geistig, weiß ich nicht. Wußte ich noch nicht. Uns war bekannt, daß in der Triade der Pyramiden nur eine Pyramide infrage käme, die unserem Zweck oder unserem geglaubten Zweck entsprechen könne. Da wir uns schon einmal in einer Pyramidenkammer befunden hatten, schien es uns unwahrscheinlich, den Weg in die unterirdischen Verliese anzutreten. Es schien für uns von vornherein klar, daß die Erde das Körperliche sei, während die Luft das Geistige verkörpere. Infolgedessen müßten wir uns also in einem festumschlossenen Raum einfinden, der mit der Luft oder in der Luft genügend Kontakt biete, aber mit der Erde noch verbunden sei. So erschien es uns fast als selbstverständlich, daß für diesen Auftrag eigentlich nur eine Grabkammer übrigblieb. Wie wir in diese Grabkammer gelangen sollten, war uns unbekannt. Wir rätselten hin, wir rätselten auch her, uns gelang es, indem wir unsere Körper zurückließen, in die Grabkammer einzudringen, aber wie wir körperlich in sie eindringen könnten, blieb uns ein Rätsel. Wir wußten es nicht. Wir wußten es wirklich nicht. Die Frage, die sich uns stellte, und weshalb wir auch nach dieser spärlichen Unterredung mit dem Priester Kontakt mit einem Geist aufnahmen, war, ob wir dem Priester folgen sollten, oder ob wir uns für den Priester vorbereiten sollten.

Auf diese im Geiste formulierte Frage bekamen wir die Antwort, daß es besser sei, dem Priester die Arbeit zu erleichtern, indem wir uns auf unsere Schwerelosigkeit konzentrierten. Das bedeutete also, daß wir mit unseren Körpern den Weg antreten würden. Während wir diese Aufgabe durch gegenseitiges Überprüfen mehr und mehr meisterten, wir hatten uns in dieser Technik lange nicht geübt, überraschte uns eines Tages der alte Priester und sagte, wir möchten ihm folgen.

Er zog hinter sich einen langen Streifen Fell her, auf den wir uns setzten, und auf diesem Fell zog er uns in den Tempel, der uns durch unsere Exerzitien hinreichend bekannt war. Dort öffnete er, mir schien mit Leichtigkeit, eine große Bodenplatte und stieg mit uns, die wir auf dem Schlepp saßen, die Stufen hinab, und über uns fiel die Platte in ihre alte Lage zurück. Da wir bei vollem Bewußtsein waren und uns trotzdem in unserer Körperlichkeit völlig eingeschränkt hatten, waren wir natürlich nicht in der Lage, den Weg zu überschauen, den wir gezogen oder in diesem Zustand geführt wurden. In scheinbarer Schwerelosigkeit wurden wir durch lange Gänge und über viele Treppen gezogen, getragen, gebracht, transportiert, bis wir durch eine Tür oder durch die Beiseiteschiebung eines Steines in der Grabkammer ankamen.

Die Priester, unsere Vorgänger, hatten es verstanden, diese Grabkammer zu einer Grabkammer zu machen, ohne daß sie je ihren Zweck erfüllt hätte. Sie wurde für einen offiziellen Zweck hergerichtet, um einem geheimen Zweck zu dienen. Um ungestört der Arbeit nachgehen zu können, wurde der auch für den offiziellen Zweck vorgesehene Verschlußstein nach Herrichtung der Kammer gelöst. Ob diese Kammer in Vergessenheit geraten war, weiß ich nicht, bekannt ist mir nur, daß ich nie jemanden habe darüber reden hören. Wir erfuhren selbst auch erst davon, als wir aufgefordert wurden, uns dort einzufinden. Erst zu diesem Zeitpunkt hatten wir uns auf Suche begeben. In dieser Grabkammer angekommen, bekamen wir den Auftrag, uns zu lösen, damit wir unserer Körper wieder voll bewußt würden.

Es waren noch zwei Priester anwesend, die uns mit Hilfe vorgerichteten Materials, das schon in der Grabkammer lag, in Statuen verwandeln sollten. Wir mußten uns gegen die Wand lehnen. Während der Priester mit zwei schnellen Handstrichen an unserem Körper, am Kopf angefangen, hinabstrich, verwandelte er uns in einen Zustand, über den wir, obgleich wir bei vollem Bewußtsein waren, nur erschreckt erstaunen konnten. Ohne daß wir eine körperliche Veränderung oder überhaupt eine Einwirkung auf unseren Körper spüren konnten, mußte doch etwas Entscheidendes vorgegangen sein, denn er nahm uns, ja, wie ein Papyrusblatt, und während er unseren Kopf den aufgehaltenen Händen des einen Priesters anvertraute, legte er unsere Füße in die verschränkten Hände des anderen. So schwebten wir frei und der andere Priester hatte Gelegenheit, uns mit langen Mumienbinden kunstgerecht, sorgfältig und mit scheinbar aus langer Übung erwachsener Eilfertigkeit einzuwickeln. Mit kleinen Binden fing er an und wickelte unsere Finger, Hände, Arme, begann dann bei den Beinen, zuerst bei den Zehen, Füßen, Knien, bis zur Leiste hinauf und wickelte dann, vom Fuß im Kreuzverband anfangend, uns so zusammen, daß nur unser Kopf freiblieb. Aber auch der bekam anschließend einen Verband, so daß nur das Gesicht offenblieb, damit unsere Augen verfolgen konnten, was mit dem Körper passierte. Wie gesagt, mit großer Eilfertigkeit geschah das alles und in dem trüben Schein, den einige Fackeln verbreiteten, ohne daß die Luft schlecht wurde, der beißende Geruch die Kehle reizte. So wurden wir innerhalb kurzer Zeit zu Mumien verarbeitet, zu lebenden Mumien.

Hatte uns der vorherige Zustand unseres Körpers erschreckt, so wurden wir noch mal überrascht, als wir uns, auf dem Fußboden liegend, plötzlich unserer Körperlichkeit wieder bewußt wurden, und während wir scheinbar vorher in unsere Mumien verbannt einen drucklosen Schwebezustand eingenommen hatten, fühlten wir nun das Gewicht unserer Körper, die sich gegen die Bande oder gegen die Binden preßten, und wir mußten mit unseren Händen und Fingern feststellen, daß wir gefangen waren. Wir konnten kein Glied rühren und merkten, daß wir kein Glied rühren konnten.

War das Bewußtsein vorher unserem Körper fremd gewesen, daß wir Gefangene waren, so wurde jetzt plötzlich mit vollem Bewußtsein diese Gefangenschaft überdeutlich verspürt, und es kam Angst auf. Wir schienen plötzlich nicht mehr tief atmen zu können. Da sich durch die Dehnung des Brustkorbes die Binden sperrten, sie waren sehr fest gewickelt, schien es uns plötzlich, daß durch diese scheinbare Atemnot wohl die körperliche Angst erzeugt wurde. Obgleich wir uns über diesen Zustand wunderten, fingen wir in dieser Angst an zu schwitzen.

Bisher war kein Wort gewechselt, kein Wort gesagt worden. Uns wurde nur zu deutlich vor Augen geführt, wie schnell man uns zu Objekten machen kann, wie schnell es gelänge, Menschen in ihrem eigenen Körper zu Gefangenen zu machen. Wir konnten natürlich nicht aus unserem Körper hinaus, da wir ja selbstverständlich in unserem Körper bleiben mußten, um mitzuerleben, was mit uns geschah, ob die Prüfung mit Hilfe unseres Körpers auch abgelegt werden mußte, da hier die Verschmelzung von Geist- und Körperkraft zu einem Grad der Vollkommenheit vorangetrieben werden sollte, der allein mit dem Körper nicht erreichbar war und allein mit dem Geist auch nicht. Diesem Prozeß, dem wir hier unterworfen wurden, gesellten sich hin und wieder Schemen zu, die wir nicht einordnen konnten. Von denen wir aber durch unsere eigenen Erfahrungen wußten, daß es Geister sein mußten, die, damit wir sie auch wahrnähmen, Lichtgestalten annahmen.

Der Priester zeigte uns, ohne daß er es uns sagte, zu welchen Fähigkeiten er in der Lage war. Hatten wir bis jetzt auf dem Boden gelegen, so hob und senkte er uns willkürlich, ohne daß er uns berührte. Aber er schien es mit großer Anspannung zu tun, denn er hatte seine Augen dabei geschlossen. Und nun tat er etwas, was in uns ein Höchstmaß an körperlicher Angst hervorrief, er klebte uns wie Hornissennester an die Decke, schien sich überhaupt nicht um uns zu kümmern, und da wir mit dem Rükken der Decke zugekehrt wurden, konnten wir in dem flackernden Schein der Fackeln die Erde, den Boden unter uns sehen; völlig zur Bewegungslosigkeit verdammt und in diesem Zustand auch nicht mehr des Schreiens mächtig. Aber mit dieser Angst, jemandem völlig ausgeliefert zu sein. Es wurde uns bewußt, wenn er auch nur einen Lidschlag lang in seiner Konzentration nachlassen würde, wären wir auf die Erde befördert worden. Wir waren in dieser Überangst nicht in der Lage, uns selbst auf einen Zustand zu konzentrieren, zu dem wir ja schon auf dem Weg waren, ihn zu erlangen. Wir waren durch Angst in unserer Geistesarbeit blockiert. Wir hingen dort unter der Decke und starrten nur nach unten, nicht mehr fähig, den Blick in uns selbst auf unsere wesentlichen Kräfte zu richten. Wie lange wir in diesem Zustand an der Decke hängen blieben, weiß ich nicht, es muß sehr lange gewesen sein, denn die Angst nahm noch schlimmere Formen an, da er jetzt wohl auch noch in seiner Konzentration nachließ oder es aus Absicht betrieb, nämlich wir fingen an, uns fallend auf und abzusenken. Wir fielen ein Stück, mal der eine, mal der andere, fingen wir uns wieder federnd irgendwo im Raum, um sanft nach oben zu entschweben. Wir berührten zart die Decke und blieben dann mit ihr in Kontakt.

Die anderen drei Priester beschäftigten sich in der Zwischenzeit damit, sich gegenseitig in Position zu bringen, indem sie sich an den Händen hielten, unter uns in einer Dreiecksform umherschwebten oder sich gegenseitig an die Füße faßten, oder sie bildeten eine dreiseitige Pyramide und alles im Schwebezustand, wobei ihre gestreckten Hände die Spitze einer Pyramide bildeten. Diesem Schauspiel konnten wir von oben zusehen, und es lenkte uns ein wenig von unserer Angst ab, aber der wunderbare Anblick war nicht stärker als unsere Angst. Diese Demonstration, die uns sehr deutlich vor Augen führte, welche Fähigkeiten uns fehlten und zu welchen Fähigkeiten wir noch gebracht werden mußten, hatte unserem Selbstbewußtsein, das wir auf unserer Reise gefunden hatten, weil wir erkannten, in welcher ungeheuren Überlegenheit wir den anderen Menschen gegenüberstanden, gefährlich gedämpft. Wir fühlten in uns eine Minderwertigkeit aufsteigen, eine Angst vor dem, was kommen würde, daß uns das auch geistig lähmte.

Nachdem uns unser Priester, der uns hierhergeführt hatte, von der Decke gepflückt hatte, immer noch mit geschlossenen Augen, und uns sanft an die Sarkophagwand lehnte, daß wir in unserem Mumienkörper nur mit den Fußspitzen und mit den Hakken den Fußboden und dem eingewickelten Genick die Kante des Sarkophages berührten, öffnete er endlich seine Augen, schaute uns an und sagte: »Diese Fähigkeiten sind ausgebildet worden, um den Menschen einmal zu helfen. Diese Fähigkeiten sind einmal ausgebildet worden, um den Menschen deutlich zu machen, wie weit sie der lebenden Welt überlegen sind. Wie wenig aber die Menschen in der Lage sind, diese Fähigkeiten anzuerkennen, beruht auf ihrer dem Körper eingeräumten Priorität. Sie sahen nicht und sie sehen nicht, daß sie durch die Überwindung der Herrlichkeit ihres Körpers eine noch größere Herrlichkeit ihres Körpers gewonnen hätten. Die Menschen waren nicht in der Lage, über das, was ihre Fingerspitzen bei ausgestreckten Armen erreichten, hinauszuschauen. Sie waren nicht in der Lage, bei geschlossenen Augen zu sehen, was in ihnen steckt, und sie wollten auch nicht, daß es in ihnen steckt. Denn sie lehnten ab. Wir sind die Letzten, die dieses Wissen und diese Fähigkeit um ihrer selbst willen erlernt haben. Wir sind nicht auf den Markt gegangen und haben es feilgeboten. Wir sind nicht mit diesen Fähigkeiten in den Palast eingedrungen, um etwas zu erreichen, was uns nur einen Gedanken gekostet hätte. Wir haben vielleicht aus der Ahnung, daß über diesen Fähigkeiten noch mehr möglich ist, aus dem erahnten weitgesteckten Ziele vergessen, das Nächstliegende zu tun, hinter uns zu schauen, um zu sehen, ob man uns noch folgen kann, ob man bereit ist, unsere ausgetretenen Pfade freiwillig zu begehen. Was ihr hier seht und gesehen habt, das ist euch, wenn ihr es wollt, möglich, wenn ihr es wollt.«

Die Worte, die dieser Priester fast gelangweilt nuschelte, als vollziehe er eine ihm gestellte Aufgabe, der er sich entledigen mußte, ohne sie gern zu tun, verfehlten trotzdem nicht ihre Wirkung auf uns. Es tauchte in uns sofort ein Zweifel auf, und die Antwort darauf war: Sobald ihr anfangt zu zweifeln, seid ihr nichts, könnt ihr nichts und geht ihr keinen Schritt weiter. Wenn ich an meiner Fähigkeit nur einen Moment zweifelte, läget ihr mit dem Gesicht nach unten in einer für euch nicht hergerichteten Grabkammer, aber wir würden nicht einsehen, eure Körper hinabzuschleppen, da sie sich hier von selbst der Ewigkeit übergeben würden und anpassen würden. Der Zweifel an seinen eigenen Fähigkeiten ist der Tod der Fähigkeiten. Wenn ihr bereit seid, eure Fähigkeiten einzusetzen, seid ihr auch in der Lage, sie einzusetzen. Wir haben euch die Möglichkeiten vorgeführt, damit ihr seht, daß sie möglich sind. Ihr seid in der Lage, all das nachzuvollziehen, wenn ihr wollt. Ihr habt so oft die Ängste überwunden, so oft Ängste überwinden müssen und immer wieder festgestellt, daß die Ängste immer aus eurem Körper kommen, nie aus eurem Geist. Also benutzt euren Geist, damit ihr eure körperlichen Ängste überwindet. Euer Geist ist noch an euren Körper gebunden. Damit euch aber bewußt wird, daß er über den Tod hinausdauert, haben wir euch nicht nur zum Schauspiel in diese Mumien verwandelt. Wir könnten euch hier liegenlassen, wir wüßten, daß ihr auf Reisen gehen könntet, aber wir wüßten ebenfalls, daß ihr nie in der Lage wäret, noch einen Schritt weiterzugehen. Jeder Mensch ist in der Lage, nur den Schritt zu gehen, den er sich selbst ausgedacht hat, oder der, wenn seine Phantasie nicht reicht, ihm vorgemacht wurde. In ein Nichts zu treten und ein Etwas zu sein, ist nicht einmal für den Gläubigen möglich.

Wir hatten uns in unseren Binden beruhigt. Wir hatten etwas gelernt, daß man sich nicht mehr gegen etwas wehren kann, das einen restlos gefangen nimmt. Die Stärke, seinen jeweiligen Zustand zu akzeptieren, um mit ihm zu leben, dadurch Erfahrungen zu sammeln und erst durch diese Erfahrungen neue Wege zu entdecken, schien so wesentlich, daß wir diese Binden als nicht mehr wesentlich empfanden. Das Leben mit dem körperlichen Tode und die Erkenntnis, daß man seinem körperlichen Tode nicht ausweichen kann, auch wenn man seinen Geist auf Reisen schickt, sich selbst mit seinem Körper zu akzeptieren, schien wesentlich. Daß wir ausgewickelt wurden aus diesem Zustand, aufgeweckt wurden, und wir selbst in überzeugender Weise die Proben von den hinzugewonnenen Kenntnissen über die Fähigkeiten unseres Geistes ausprobieren konnten, ließ die zuerst aufgekommene Minderwertigkeit in den Hintergrund treten. Aber sie führte uns doch wieder ins Bewußtsein, wie weit wir noch von Möglichkeiten entfernt waren, von Stufen der Fähigkeiten entfernt waren, die Menschen ausgebildet hatten, daß wir zu einer Art Bescheidenheit zurückkehren mußten.

Auch die Aussendung unseres Geistes, nachdem wir befreit waren, um zu sehen, daß wirklich alles das geschehen war, indem wir sahen, daß tatsächlich unsere Körper dort in der Kammer ruhten, gab uns die letzte Gewißheit, daß wir nicht nur in einen Scheinzustand versetzt worden waren, sondern daß sich diese nur noch scheinbaren Prüfungen als Wirklichkeit erwiesen.

Für uns war, nachdem wir wieder zurück waren, aber deutlich geworden, daß noch nach diesen Fähigkeiten mindestens eine Fähigkeit kommen mußte, von denen wohl selbst die jetzt im größeren Maße uns aufsaugenden Geister in ihren Wünschen beherrscht gewesen waren, sie aber nicht meistern konnten. Wie weit sie sich auch bemühten und sich in die Lage versetzen wollten, unter der Beibehaltung ihres Bewußtseins in einen neu zu gebärenden Körper hineinzuschlüpfen, es gelang ihnen nicht. Entweder hatten sie sich verloren, das heißt ihr Bewußtsein war geschwunden und erst wieder zu dem Bewußtsein geworden, nachdem sie zurückgekehrt waren, oder aber sie hatten den richtigen Zeitpunkt verpaßt, so daß in dem Lebewesen über den Streit des Weges, weil neben ihnen schon ein anderer Geist war, der Prozeß des Alterns des jungen Körpers so sehr beschleunigt wurde, daß er schon zu Kindheit das Greisenalter erreichte und verstarb. Oder aber es wurde bei der Verwirrung des Geistes kein Bewußtsein zu klarem Bewußtsein vorherrschend.

Alle Versuche waren gescheitert, sie hatten nicht gefunden, wie man den anderen überlebt. Aus dieser Kenntnis heraus waren wir im letzten Versuch auf Reisen geschickt worden. Aber etwas war stärker gewesen als wir. Sobald man die Berührung mit der Erde verliert und sich nur noch um das Kreisen der Sonne kümmert und sich nur darum bemüht, ewige Kenntnisse und ewige Fähigkeiten in sich abwechselnden Körpern zu erhalten, muß man auf Erden scheitern. Es ist, als wenn man im Abschiednehmen nicht den Willkommensgruß bieten kann. Man kann nicht sein und gleichzeitig nicht sein wollen. Man kann nicht ganz im Schatten stehen und ganz in der Sonne. Entscheidungen sind voll gültig.

Noch ließen sich diese Entscheidungen nicht auf zwei Ebenen vollziehen. Nachdem wir über diese mißlungenen Versuche aufgeklärt worden waren, kehrten wir nur kurz in unsere Körper zurück, um Vorsorge zu treffen, denn wir stellten fest, je länger wir uns aus unseren Körpern entfernen konnten, um so länger waren unsere Körper in der Lage zu leben. Allerdings mit der Einschränkung, daß das Maß an Zuwendung abnahm, abnehmen konnte, aber nie ganz abreißen durfte. Wir versuchten in Übereinstimmung mit den Geistern, mit denen wir jetzt unbeschränkt in Kontakt treten konnten, den Zustand unserer Körper mit dem möglichst geringsten Energieaufwand am Leben zu erhalten, damit vielleicht eine größere Zeitepoche überwunden werden könne, um in einer neueren Zeit neue Körper zu finden. Dies gelang jedoch nicht.

Während wir an der Sarkophagwand lehnen, scheine ich mich langsam aus meinem Körper zu lösen. Ich gewinne immer mehr Abstand zu mir, und es ist, als stände ich nun mir selbst gegenüber.

Einer der Priester sagt jetzt zu uns dreien:

»Seht, so wird es nach eurem Tode sein. Ihr seid trockene Hüllen, die ihr verlaßt, die ihr betrachten könnt, in die ihr aber jederzeit zurückkehren könnt. Vergeßt nicht, daß ihr es seid, die ihr es wißt.«

Er wendet sich jetzt um und sagt:

»Kehrt in euren Körper zurück. Diese Erfahrung ist euer Wissen.«

Bevor ich in meinen Körper zurückschwebe, betrachte ich mich noch einmal genau. Ich habe die Augen geöffnet, die aber, davon bin ich überzeugt, ohne den sie steuernden Geist nichts sehen können. Meine körperlichen Augen sind lebendig und tot zugleich, während meine geistigen Augen die Fähigkeit besitzen, durch die Pyramidenwände hindurchzusehen. Über uns steht der Himmel, nichts sonst ist über uns, nur der tiefblaue Himmel in seiner unendlich verwirrenden Pracht und Vieldeutigkeit seiner Zeichen.

Der Priester hebt die Hände. Wir bewegen uns, ohne daß wir berührt wurden, auf den Sarkophag zu, auf die Öffnung des Sarkophages. Aber nur einer von uns wird erst in den Sarkophag hineingelegt, langsam hinabsinkend. Dann auch folgen wir beide der Reihe nach. Neben mir steigen die Wände des Sarkophags empor.

Wieder höre ich, wie der Priester uns einen Befehl zukommen läßt.

»Ihr seid unabhängig von euch. Macht euch selbständig.«

Nun bin ich frei. Ich kann mich hinwenden, wohin ich will.

»Ihr wißt nun, ihr habt es nun erlebt, euer Tod bedeutet Leben, euer Leben bedeutet Tod. Tod bedeutet Freiheit. Nur in diesem Zustand könnt ihr erlangen, wonach ihr lebend denkend strebt. Nur dort könnt ihr erleben und ernten, wonach ihr träumt und was ihr sät. Es gibt keinen Stoff, durch den ihr gehindert würdet, es gibt keinen Stoff, durch den ihr euch nicht bewegen könntet. Wann ihr die Grabzugänge durchschreitet, wird für euch immer weniger wichtig. In dem ersten verliert ihr den Sinn für Zeit, nach dem zweiten den Gedanken an Höhen und nach dem dritten die Vorstellungen von Weite.

Dafür erwartet euch alles in einem. Es gibt keine Kämpfe in Gedanken, die gegeneinander das Recht beweisen oder streitig machen wollen. Je mehr ihr auf eurem Wege abstreift, um so unendlicher wird der Gewinn.«

Während wir nun aus unserer Vermummung gewickelt werden, schweben Geister durch die Wände heran, tauchen aus den glattpolierten Steinen auf, schwimmen im Widerglanz der Fakkelscheine und sind im Nu wieder verschwunden. Schwebend werden wir freigewickelt.

Es ist, als ob ich mich fragen höre:

»Erfahren wir noch ein Geheimnis?«

»Die Erfahrung zu erleben, nicht sterben zu müssen, ist das

größte Geheimnis, das uns Menschen offenbar werden kann. Welche Weisheit willst du noch erreichen? Ist die Gewißheit, seinen eigenen Tod überleben zu können, nicht das größte Geschenk, das uns der Sonnengott machen kann? Hast du nicht dem Sonnengott ins Antlitz schauen können, ohne daß deine Augen erblindeten? Hast du nicht ungeschützt dem Re gegenübergestanden, ohne daß du verbrannt worden bist?«

Ich möchte wieder ich selbst sein, mit meinem Willen über mich verfügen können. Kaum waren wir ausgewickelt, schwebten wir dem Boden entgegen und liegend erfuhren wir unser eigenes Gewicht.

»Wenn euch friert, erhebt euch!«

Noch während wir den Gedanken denken, steigen wir schwerelos empor.

»Die Gewalt über euren Körper habt ihr in euch selbst, wenn ihr die euch umgebenden Kräfte empfangt. Was ihr wollt, das könnt ihr. Niemand kann euch hindern zu tun, was ihr wollt, wenn ihr es wollt.«

Und es gelingt uns, es gelingt uns besser und leichter und ohne fremde Hilfe. Damals im Tempel haben uns die Priester unterstützt, heute, jetzt, gelingt es uns allein durch unsere eigene Kraft.

Ich habe bewußt den Gedanken gedacht. Schon stehe ich, ohne daß ich mit Hilfe meiner Glieder aufgestanden bin. Ich bewege mich allein durch meinen Willen, als ob ich in der Kammer schwerelos wäre. Der Gedanke, der gedachte Gedanke ist die Wirklichkeit. Ich habe eben gedacht, ich stehe auf dem Rande des Sarkophags, und schon stehe ich da. Man kann sich wie eine Fledermaus an der Decke aufhängen, wie eine Mücke an dem polierten Stein emporsteigen.

Vieles geschieht auf diese Weise der Fortbewegung lautlos, spukähnlich.

Der Priester gibt uns den Befehl, den Sarkophag in eine andere Position zu stellen. War uns diese Aufgabe in der Kanopenhütte in leichter Form aufgegeben worden, als wir uns darum bemühen sollten, Hölzer in das Feuer zu denken, so schien uns diese Aufgabe fast unlösbar. Wir stellen uns aber um den Sarkophag und einigen uns darüber, daß er senkrecht zu seiner jetzigen Position stehen soll. Und tatsächlich. Der Sarkophag bewegt sich, ohne daß wir ihn berühren. Unsere körperlichen Kräfte hätten auch niemals ausgereicht, diesen aus einem Felsblock geschlagenen Sarkophag von der Stelle zu bewegen. Er schwebt in die Mitte des Raumes.

»Stellt ihn zurück!« fordert uns der Priester auf. Es ist kein Problem für uns.

Uns umgeben sichtbare, aber ungreifbare Körper. Sie umschweben uns und scheinen an unseren Aufgaben größtes Interesse zu haben, denn sie entschwinden und tauchen mit anderen schwachglimmenden Körpern wieder auf.

Immer noch habe ich das Empfinden, mich in einem mir bisher unbekannten Trancezustand zu befinden. Scheinbar schwerelos, im Gefühl meiner körperlichen Kräfte, eingeschränkt in der Vielfältigkeit meiner Gedankentätigkeit, aber nicht behindert im Denken, hängen wir in einem Zustand zwischen Jenseits und Diesseits.

»Es reicht!« sagt er. Schon purzeln wir alle in der Kammer übereinander, jedoch nur diejenigen, die einen Körper haben. Wir waren also durch unseren Geist mit dem Geist und der Kraft des Lichtes verbunden. Diese Nabelschnur wurde durch den Befehl des Priesters durchtrennt.

Nun sind wir wieder ganz und gar Menschen. Wir rappeln uns von dem kalten Fußboden auf, fühlen nun endgültig unsere Körper, fühlen das schlagende Herz, fühlen an unseren nackten Füßen den kalten Steinfußboden. Wir fühlen den angenehmen, aber kühlen Luftzug. Wir fassen uns an die Stirnen, pressen die Schläfen, schließen die Augen und wünschen uns, daß es wahr gewesen sei.

»Es ist Zeit, wir müssen gehen«, sagt er.

Er schiebt an der einen Seite einen Stein um seine Achse und verschwindet in dem dunkel gähnenden Loch.

Ich habe das Gefühl, als gingen wir eine Treppe hinunter, die quer durch die gesamte Pyramide führt, immer tiefer, immer tiefer. Jetzt müssen wir unter der Erde sein, gehen einen Gang entlang, eine Steintreppe wieder empor, steigen durch eine Falltür.

Ich weiß nicht, ob wir diesen Weg ebenfalls gegangen sind, als wir in unserem Abwesenheitszustand hinaufgetragen wurden. Wir sind aber in dem Tempel angelangt, durch den wir den Gang auch betreten haben. Wir gehen um den Altar herum und verlassen den Tempel durch einen Seiteneingang. Es scheint dem Morgen entgegenzudämmern. Ein fahler Lichtglanz liegt im Osten, wie ein Silberband hält er den Horizont an die Erde gebunden.

Wir frösteln, es ist kalt.

Und wieder werden wir in das Kanopenhaus geführt. Es erwartet uns ein hell loderndes Feuer. Wir setzen uns mit untergeschlagenen Beinen möglichst dicht an das Feuer, um uns zu wärmen. Außerdem legt man uns Wollumhänge um. Wir bekommen zu essen. Schweigend genießen wir die seltene Delikatesse einer Antilopenkeule. Mit großem Behagen, trotz der frühen Tageszeit, reiße ich das zarte Fleisch von dem dünnen Knochen und genieße das herbe mit Honig gesüßte berauschende Getränk.

16. KAPITEL

Abschied von der Welt

Ich sitze auf meinem Lager in der Hütte, meine beiden Freunde ebenfalls, und wir versuchen, in dem Trancezustand miteinander in Kontakt zu treten. Es kamen die folgenden Gedanken, die sich als Kritik an der damaligen Form äußerten und mir plötzlich bewußt machen, wieso eigentlich wir und die höheren Stufen der Priester sich von der Wirklichkeit immer mehr entfernten. Da sie auf dem Weg über die Trance versuchten, die Welt zu erkennen, entfernten sie sich immer mehr von der Welt. Sie suchten die Mechanismen in sich selbst und in der Kraft ihres eigenen Geistes. Sie vergaßen dabei aber, daß es außer diesen Kräften noch andere Kräfte zu berücksichtigen gab, die sich nicht als Kräfte, sondern als Mächte manifestieren konnten. Sie erkannten auf diese Weise zwar sehr gut, daß es Geheimnisse gab, die sie hüteten, die sie hüten konnten, solange sie über den Weg schwiegen, den sie gegangen waren oder den sie begangen hatten. Aber sie merkten auf die Entfernung nicht mehr, daß die Welt sich anderen Zielen zuwendete. Der Mensch war nicht mehr Mittelpunkt der Welt, sondern er war dadurch, daß er sich andere Ziele erkoren hatte, an die Peripherie der Welt gedrängt und zum Mittel der Welt und nicht mehr zum Maß der Welt geworden. Diese Zentrifugalkraft, die in den beiden Systemen herrschte, trieb sie auseinander. Sie trieben auseinander wie Gestirne, die außerhalb ihrer jeweiligen Abhängigkeitskraft geraten waren.

Wir Priester, auf der Stufe der Erkennung und des Erkennens angelangt, unterschieden uns jetzt von den ausübenden und amtierenden Priestern in sehr starker Weise. Diese Priester, die auf der weltlichen Ebene versuchten, die Brücke zu schlagen, waren noch ein Stück von den Menschen entfernt, für die sie ihre Dienste ausübten. Wir sahen, daß wir einen Weg beschritten hatten, auf dem es kein Zurück mehr gab, weil die Neugier, sich hinter sich selbst zu finden, größer war als das Interesse an der Welt. Somit wurde eigentlich hier schon die Tür zur Welt zugeschlagen. Wir merkten nicht, daß wir uns diesen Zustand des Abseitsstehens erlauben konnten, weil andere die anderen Aufgaben, die notwendig waren, für uns übernahmen, und versuchten mühsam, die Verbindung mit uns aufrechtzuerhalten. Wir konnten ihnen aber kaum noch Ratschläge geben, wie sie zum Beispiel die Welt nach dem Tode zu erfassen hatten, wir konnten ihnen auch nichts mehr von dem nicht sterbenden Geist erzählen, da sie uns nicht mehr begreifen konnten. Die Welt des Lebens, des körperlichen Lebens, und die Welt des geistigen Lebens hatte sich scheinbar für immer getrennt. Sie waren zu zwei nicht mehr zueinander findenden Polen geworden. Sie stießen sich immer weiter ab. Es führte dazu, daß der Kreis, in dem wir lebten, immer kleiner wurde, weil wir uns immer mehr abkapselten, immer mehr zusammendrängten und unser Wissen auch nicht mehr laut sagten, sondern uns nur noch durch Bilder, die wir wortlos einander übermittelten, verständigten. So bildeten wir eine im wahrsten Sinne des Wortes geschlossene Gesellschaft.

Es waren wenige Köpfe nur noch, die zu uns gehörten. Ohne daß wir untereinander über diese Dinge sprachen, wurde es uns aber manchmal doch recht deutlich, daß es so gekommen war. Wir merkten es auch in der ersten Zeit sofort daran, daß unser Interesse, sei es in die Tempel zu gehen oder in den Mumienkeller, völlig aufgehört hatte. Es reichte uns, wenn man uns ein notdürftiges Mahl in die Hütte stellte, ansonsten wollten wir eigentlich nur noch ungestört sein. Nur wenn Zeichen unserer weiteren Vervollkommnung deutlich gemacht werden mußten und gezeigt werden mußten, waren wir überhaupt noch zu bewegen, körperlich aus der Hütte herauszutreten. Ansonsten versuchten wir, nicht aus Bequemlichkeit, sondern aus einem Zustand des in sich Zufriedenen, nur noch den Weg der geistigen Wanderung.

Wir sahen die Notwendigkeit, körperlich bei gewissen Geschehen dabeizusein, nicht mehr ein, da wir sie genauer, besser, deutlicher, intensiver als Geist erfassen konnten. Und die Möglichkeit, sich mit anderen zu verständigen, die nicht über unsere Fähigkeiten verfügten, war sowieso abgerissen. Die Interessen waren so unterschiedlich geworden, daß der eine nicht wußte, was der andere noch wollte.

Wir waren auch nicht mehr in der Lage, unsere Kenntnisse, unsere Fähigkeiten zu übermitteln, denn die Priester, die uns hinaufgeführt hatten, verloren bald den weiteren Sinn unseres Weges aus den Augen, denn wir entschwanden ihnen und tauchten in der Öffentlichkeit nicht mehr auf. Wir gingen auch zu ihnen nicht mehr zurück, wenn wir erst einmal unsere Aufgaben bei ihnen erledigt hatten.

So kam es, daß die Hütte schon zum eigentlichen Sarg oder zum Grabmal unserer Körper wurde, während unser Geist irgendwo war. Aufgrund der Erfahrungen aber, die wir gemacht hatten, sorgten wir dafür, daß unseren Körpern nichts passierte, und so erfolgte es, daß an unserer Hütte, die erst ziemlich dünne Wände hatte, die Wände immer dicker wurden, damit wir immer ungestörter blieben. Die Wände sollten eigentlich auch deshalb dicker werden, damit immer weniger Ungeziefer die Möglichkeit hatte, durch diese Wände durchzudringen. Aber allein schon die Tatsache, daß noch unser Körper von Nahrung abhängig war, störte uns. Aber wir kannten noch keinen Weg, diese Öffnung, diese einzige Nabelschnur, die uns noch mit der Welt verband, zu unterbrechen. Wir sahen sie aber als ein lästiges Übel an.

Die Überbringer unserer Nahrung erfuhren kaum Dank von uns, da wir selten in uns waren, wenn sie uns versorgten. Aber eine Lösung für diese Probleme hatten wir noch nicht gefunden. Den Rest dieses schon für uns fast unliebsamen Lebens abzuschaffen. Hinzu kam, was für uns, hätten wir früher jeweils darüber nachgedacht, unvorstellbar gewesen wäre. Durch diese fast absolute Ruhestellung des Körpers waren die Tätigkeiten der Organismen auf ein Minimum begrenzt, so daß wir mit der Zeit versuchten, auch da eine neue Lösung zu finden, um vielleicht nicht unnötigerweise unseren Geist in unseren Körper zurückzuholen zu einem Zeitpunkt, den wir nicht mehr abschätzen konnten. Wenn wir glaubten, unser Körper brauche Nahrung, und wir dann in dem Moment, wo wir in ihn zurückgekehrt waren, feststellen mußten, er brauchte sie noch nicht.

So versuchten wir eine neue Lösung und gaben den jeweiligen Priestern, die zu diesem für sie nebensächlichen, fast so schien es, lästigen Dienst dennoch bereit waren, den Auftrag, uns zu ganz bestimmten Perioden zu säubern und durch dünne Röhrchen zu füttern. Es reichte uns, so stellten wir fest, völlig, wenn sie uns Milch einflößten, manchmal das zerquetschte Fleisch von Früchten oder das feingeriebene mit Milch eingeweichte Mehl. Das reichte völlig. Da wir unseren Körper zwar in einer Starre hielten, die aber nicht so starr war, daß der Körper nicht bewegt werden konnte, gaben wir den Priestern nach mehrmaligen Versuchen genaue Anleitung, wie sie diese Körper, die dort in der ewig gleichen Ruhestellung hockten, zu versorgen und zu pflegen hatten.

Sie nahmen uns die beiden Stäbchen aus dem Munde, die wir vorsorglich dort deponiert hatten und schoben statt dessen zwei dünne Schilfröhrchen hinein, die biegsam genug waren, daß sie uns nicht verletzten. Nachdem wir sie gut angeleitet hatten, fanden sie, ohne zu zögern, unsere Speiseröhre. Damit die Luft abgesaugt werden konnte, war das andere Stäbchen notwendig. Auf diese Weise wurde unser Körper am sogenannten Leben erhalten. Wir hatten zwar für diesen Körper vorgesorgt, wir vergaßen aber vorzusorgen, wer nach uns kam.

Soweit mir bekannt ist und bekannt war und bekannt wurde, waren wir die drei letzten, die in dieser Kunst ausgebildet worden waren. Zwar hörten wir, daß andere noch andere Versuche unternahmen, und manchmal trafen wir mit ihnen zusammen, wenn es ihnen gelungen war, für den Zeitraum eines Sternenblitzes mit uns in Kontakt zu treten. Aber dann waren wir auch schon wieder unter uns.

Es war nie so, daß sie von ihren Reisen, die sie unternahmen, Wissen bekamen, sondern immer nur durch den so fürchterlich kurzen Zeitraum in einer nicht erleuchteten Ahnung verbleiben mußten. War vorher bei uns die Frage nach dem, was kommen würde, immer noch gegeben, so fragte nach all dem niemand mehr. Nur einmal wurde die Frage noch laut, als wir uns, auf welche Weise das uns mitgeteilt wurde, weiß ich nicht mehr, bewußt wurden, daß wir lange nicht mehr von den Priestern versorgt worden waren.

Ob wir den Mangel spürten oder daß mit unseren Körpern etwas nicht in Ordnung war, das weiß ich nicht mehr. Wir kehrten jedenfalls in unsere Körper zurück und stellten fest, daß wir erbärmlich, abgemagert und verstaubt waren, und erbärmlich stanken. Nur mühsam konnten wir uns zurechtfinden in unserer dunklen Hütte. Der Vorhang vor dem Eingang hing zwar da, aber wir erinnerten uns, daß wir längst feste Türen vor unsere Hütte hatten bauen lassen. Als wir versuchten, diese Türe zu öffnen, war uns das aufgrund unserer körperlichen Schwäche kaum noch möglich. Wir mußten feststellen, daß der Eingang unserer Hütte so gut wie zugeschüttet war.

Wir hatten zwar nie großen Wert auf unsere Körper gelegt, aber nur aus dem übergroßen Egoismus, möglichst frei zu sein und unabhängig vom Körper zu leben, aber wir wußten auch, wenn der Körper starb, war ein Wiederkehren auf die Welt unmöglich. Wir überlegten jetzt, was wir tun könnten, damit sich dieser Zustand zum Besseren wende. Durch die lange Abwesenheit hatten wir schon Mühe, uns darauf zu konzentrieren, daß wir mit unserem Geist in unserem Körper blieben. Früher war die Schwierigkeit hinauszukommen größer. Heute war es genau anders. Ich mußte immer wieder feststellen, wenn ich mich durch Berührung oder durch Worte mit den anderen in Verbindung setzen wollte, daß entweder ich oder die anderen steif an der Wand oder an der Tür lehnten oder zusammengebrochen waren oder irgendwo hockten und dann wieder zu sich kamen. Es war weit weniger die Schwäche als der Hang, sich immer wieder aus seinem Körper zu entfernen. Als es sich zufällig ergab, daß wir alle drei einmal zu gleicher Zeit in unserem Körper waren, daß wir uns regelrecht zusammenreißen mußten, um endlich die Aufgabe sinnvoll anzugehen, damit unsere Körper aus dieser, man könnte fast sagen Mumienkammer, herauskamen.

Wir versuchten natürlich herauszubekommen, wieso überhaupt möglich gewesen war, daß unser Eingang zusammengebrochen war, und wir stellten fest, daß der Vorbau des Daches heruntergeklappt war. So zertrümmerten wir mühsam ein Bett, um die Beine und Stangen als Hebel zu benutzen. Wir zertrümmerten die Tür und gelangten auf diese Weise ins Freie. Wir konnten über den Lehmhaufen, der vor der Tür lag, mühsam, aber doch immerhin hinwegklettern, so daß wir feststellten, daß das herabgebrochene Vordach uns vor größerem Schaden bewahrt hatte.

Wie weit wir wirklich von der Einsicht in die Lebensnotwendigkeit unserer Körper schon entfernt waren, zeigte, daß wir nicht mehr wie damals, als wir in einem Grabgewölbe versteckt worden waren, mit unseren Geistern auf Suche gingen, welcher Weg uns in die Oberwelt führte. Hier wäre es uns ein leichtes gewesen, die Außenwelt unserer Hütte zu untersuchen, um festzustellen, was denn notwendig wäre, um geeignete Maßnahmen zu treffen. Statt dessen nutzten wir die Gelegenheit, um irgendwohin zu fliehen, waren aber kaum noch bereit, unseren Geist für unseren Körper einzusetzen. Auf diese Weise stellten wir mit Erschrecken fest, daß große Teile unserer Hütte von Sandmassen überschüttet waren. Wir waren fast zugeweht. Ich weiß es nicht, aber aus der Erfahrung würde ich sagen, wir haben wohl Jahre in dieser Hütte vor uns hingedämmert, ohne daß sich noch jemand um uns gekümmert hatte.

Wie sollten wir hier jemanden finden? Es gelang uns, die Hütte zu verlassen, es gelang uns auch, in den Mumienkeller zu kommen. Auch dort fanden wir niemand, bis auf einen ganz alten Priester, der dort die Wannen scheuerte und immer wieder mit Salz auffüllte oder mit Kräutern.

Woher er diese bekam, wußte er selber nicht. Vielleicht war es immer derselbe Staub, den er dort von einer Wanne in die andere schaufelte.

Dieser alte Priester war der scheinbar einzige Überlebende. Das Erstaunliche war, daß wir noch nicht einmal fragten, was passiert wäre. Er brabbelte irgend etwas vor sich hin, schien sogar unwillig, daß wir drei nach Essen fragten oder nach Milch, bis er dann aus einer Felltasche uns ungern je ein Stück Brot reichte und etwas Milch zu trinken gab.

Wir waren unschlüssig, wir wußten nicht, was wir tun sollten.

Bisher war es so, daß für uns gesorgt wurde, so kannten wir es nur. Der Zustand hatte sich radikal geändert. Was sollten wir tun? Wir saßen da auf der Treppenstufe. Es war, als wären wir aus einem fürchterlich langen Traum erwacht. Man kann fast sagen, daß wir einem Laster verfallen waren, zu dem uns unsere Kräfte und unsere Möglichkeiten verführt hatten. Und wir waren plötzlich, wodurch auch immer es geschehen sein mochte, in einen Zustand überführt worden, der uns fast völlig fremd schien. Sich in einem uns fremdgewordenen Körper zu bewegen, war eine ungeheuer anstrengende Arbeit. Unabhängig davon – wir waren natürlich völlig verdreckt. Unser Haar war gewachsen, so daß von unserem Gesicht kaum noch etwas zu sehen war, obgleich wir damals glaubten, wir hätten alle Haarwurzeln entfernt. Es war zwar nicht dicht, aber die Haare, die uns gewachsen waren, hingen lang am Kopf herab. Auch die Haare auf dem Körper waren wieder gewachsen, und das war für uns alle ekelerregend.

Wir fragten den alten Mann, ob wir bei ihm nicht wenigstens eine Nacht schlafen könnten oder überhaupt erst einmal schlafen könnten, und er führte uns, wenn auch unwillig, in den hinteren Raum, stellte uns Tücher zur Verfügung und Decken. Wir waren so schlapp, daß wir uns sofort bereitwillig hinlegten. Aber wir versprachen uns, daß wir nicht auf Wanderschaft gehen wollten, sondern schlafen wollten. Als wir wieder erwachten, hantierte der Priester entweder immer noch oder schon wieder in dem vorderen Raum, und wir hörten, wie er mit irgendwelchen Geräten die Felswannen auskratzte. Wir gingen zu ihm hin und baten ihn um Essen, bettelten ihn regelrecht an, da er noch unwilliger geworden war und uns als fürchterlich lästige Übel ansah. Dann machte er uns den Vorschlag und sagte:

»Dann geht doch in den Tempel und holt euch dort etwas!«

Wir erstiegen die Stufen, die zum Tempel hinaufführten, öffneten mühsam die Tür, die uns von der Oberwelt abschloß. Da wir fast nur aus Skelett bestanden, konnten wir sie kaum zu dritt mit großer Anstrengung empordrücken und traten mit vor Anstrengung wackligen Knien in den Tempel. Der Priester, der zufällig dort oben irgendwelche Aufsicht oder Arbeit verrichtete, jedenfalls war einer da, wurde von uns angebettelt. Er schien nicht erfreut über unseren Zustand und unsere Anwesenheit zu sein. Er schien es als Entweihung seines Tempels zu betrachten, daß derartig verlumpte und behaarte Gestalten, die außerdem stanken, in seinem Tempel herumlungerten. Als wir ihm sagten, daß wir aus der Priesterschule seien, guckte er uns aus entsetzten Augen an und sagte uns dann, daß sie seit Sonnenumläufen verlassen sei. Die letzten Priester seien gestorben, und da man nicht mehr wisse, wofür die Priester dort ausgebildet seien, habe man es nicht für notwendig befunden, für die Schule weiter zu sorgen. Außerdem seien hier oben so viele Priester nicht mehr notwendig. Sie seien an Zahl zusammengeschrumpft, denn es gäbe andere heilige Städte.

Er konnte wohl nicht umhin und versorgte uns die nächste Zeit mit den notwendigen Nahrungsmitteln. Wir waren völlig unschlüssig, was wir tun sollten, wir wußten noch gar nicht, wie wir uns in dieser Welt zurechtfinden sollten, und wir überlegten, wie wir, ohne daß wir uns töteten, uns aus dieser Welt entfernen könnten. Wir überlegten, ob es irgendwelche Aufgaben für uns gäbe oder ob wir irgendwelche anderen Arbeiten verrichten konnten oder wollten. Aber nachdem wir gesehen hatten, daß der Priester eigentlich nur dazu angestellt war, um die Göttin jeden Morgen nach einem bestimmten Ritus zu waschen und ihr abends nach einem bestimmten Ritus etwas zu opfern, schien uns doch diese Sinnlosigkeit zu groß, als daß es uns gereizt hätte, ihm nachzueifern.

Wir konnten nicht begreifen, daß man Abbilder wie Götter behandelte. Wir gingen in den Hathor-Tempel und versuchten, dort den Priester zu finden, der uns damals den Stier abgenommen hatte und uns die Opferung beigebracht hatte. Dieses Unternehmen aber nahmen wir erst in Angriff, nachdem wir uns nach einigen Tagen gesäubert, rasiert und einigermaßen als Priester zugerichtet hatten. Wir fanden einen vor sich hin gnickernden Alten, der gebeugten Hauptes und triefenden Auges dort seine Arbeit verrichtete. Aber ihm mißlang diese Arbeit mehr und mehr, und es war nichts mehr als die Erlaubnis, sein Gnadenbrot zu verzehren. Er konnte sich an uns auch nicht erinnern.

Wir fragten ihn, wie lange es denn nun insgesamt her sei, daß ihnen ein Stier mit dem Zeichen der Hathor gebracht worden war. Da plötzlich leuchteten seine Augen auf, und er wurde ganz wirbelig und lief in die eine Ecke des Tempels und zeigte uns ein schönes Standbild, das einen Stier darstellte mit einem deutlichen Hathorzeichen.

»Da war ich noch jung«, sagte er und fing an zu schwärmen. Nachdem er uns das aber gesagt hatte, schien uns klar, daß sich in seinem Geiste die Zeiten verschoben hatten. Er war alt geworden, wir waren auch alt geworden, aber es konnte unmöglich so viel Zeit vergangen sein.

»Ist denn der Stier noch da?«

»Wie kann er noch da sein«, sagte er, »wenn hier sein Standbild steht?«

Dann fragte ich: »Wie viele Sonnenjahre sind vergangen und wie oft ist der Mond verschwunden gewesen und wie oft sind die Überschwemmungen gekommen und gegangen?«

Da überlegte er und meinte, es wären wohl acht bis zehn Überschwemmungen gewesen, seit der Stier tot sei.

»Wie alt ist er geworden?« fragte ich.

»Der ist sehr alt geworden«, sagte er. »Re hat ihm ein langes Leben gegeben.«

»Wie lang war das Leben«, fragte ich.

»War sehr lang.«

»Wie viele Umläufe?«

Dann sagte er: »Vierzehn.«

Jetzt war uns auch klar, daß in dieser Zeit sehr viel passiert sein mußte.

Es war uns auch klar, daß wir vergessen waren. Wir waren Überbleibsel einer Zeit, die es nicht mehr gab. Die jungen Priester, die jetzt in diesem Tempel den Dienst taten, verrichteten keine Opfer mehr, sie lebten mit ihren Stieren. Das war die einzige Aufgabe, die sie noch hatten. Welche Aufgabe sie für die Öffentlichkeit hatten, war ihnen wohl selbst nicht bewußt. Aber sie hatten es immerhin geschafft, sich als ein nützliches und scheinbar von Dauer geprägtes Instrument der Gesellschaft darzustellen. Wir waren hier überflüssig. Zwar blieben wir hier einige

Tage, aber auch das war nicht unsere Welt. Wir wußten nicht, was wir machen sollten.

Wir gingen hinab ins Tal und wollten sehen, wie wir bei den Bauern aufgenommen wurden. Die erste Begegnung verlief so enttäuschend, daß wir schon hier in diesem Dorfe unseren Weg abbrachen und zurückkehrten. Sie verweigerten uns ein Stück Brot, sie verweigerten uns selbst einen Schluck Milch.

So gingen wir erst einmal in die Priesterschule zurück, schauten durch die Hütten, suchten herum, gingen in die Gemeinschaftshäuser, um zu sehen, was dort zu holen war. Aber es war unvorstellbar, was in dieser, für uns kurzen, Zeit geschehen war. Die Waschanlagen waren versandet, die Zuflußrohre verstopft, die Hütten zum Teil voller Ungeziefer, durch die Dächer konnte man den Himmel sehen, der Lehm war bröckelig und abgetragen. Die einst gekalkten Wände waren rissig, brüchig und abgesplittert, so daß das Strohgeflecht zum Vorschein kam. In der Gemeinschaftshütte fehlten die Geräte. Die Matten, auf denen wir einst gesessen hatten, fehlten, und hinter den Palmen hatten sich hohe Sandhaufen gebildet. Der Wächter an der Tür fehlte und die Tür auch. Der einst überdachte Gang war abgetragen, mir schien, es dauert nicht lange, dann hatte sich die Wüste diese Schule zurückgeholt.

Wir versuchten, die Anlage wiederzufinden, in deren vier Höfen wir damals vor Angst gezittert hatten. Wir fanden sie. In den Höfen waren keine Krokodile mehr, das Seil war zerrissen, das über den Hof gespannt war, der Tempel versandet, die Skorpione waren unter feinem Sand wohl verdeckt oder gestorben. Die Brücke war zum Teil schon zusammengebrochen. Und als wir in den dritten Hof kamen, waren auch die Blutspuren auf den Obelisken von dem feinen Sand abgerieben und die Spitzen waren nicht mehr spitz, und in die dunkle Grotte leuchtete die Sonne durch die Türen und durch das Dach. Es war alles verlassen. Die Säulen standen noch, aber die Deckel der Säulen sahen traurig aus. Es war alles fürchterlich einsam. Nur der Wind heulte und pfiff, wenn er sich durch die Säulen hindurchquetschte, und irgendwo schien es immer zu rieseln. Feiner Sand, der sich auf den Umgängen lagerte und alles wie unter einem

Tuch versteckte. Auch hier war, selbst wenn es eine schwere Heimat gewesen war, kein Platz mehr für uns.

Wir suchten die Kanopenhütte auf, fanden zwar Reste des Feuers in der Mitte, die Reste eines Feuers, vielleicht war es unser letztes Feuer gewesen, das wir damals mit dem Staub der Hütte gelöscht hatten. Aber auch hier war die Decke der Hütte aufgebrochen, zum Teil herausgesplittert, auch hier drang der Himmel mit seiner Helligkeit ungehindert ein. Wir setzten uns erschöpft, traurig, müde und hungrig. Die Enttäuschung, die uns dieses Leben hier bereitete, war groß und forderte unseren Körpern mehr ab, als wir in der Lage waren, in der kurzen Zeit zu geben. Wir lehnten unsere dürren Rücken an die Wand, ließen die Arme herabhängen, und jedem von uns war das Weinen näher, als alles andere, was wir in der Zeit vergessen hatten. Wir waren verzweifelt. Verzweifelt deshalb, weil wir sehr deutlich spürten, wie völlig überflüssig wir für diese Welt geworden waren, nachdem wir uns aus eigenem Egoismus von ihr getrennt hatten.

Wir hatten damals den Kontakt mit ihr von unserer Seite aus gebrochen, und jetzt stellten wir fest, daß das, was man uns ganz zu Anfang gesagt hatte, »ihr dürft nie vergessen, wie wichtig eure Körper sind«, von uns entweder vergessen, vernachlässigt oder als unwichtig angenommen wurde. Wir haben auf die, die lebten und in ihrem Körper steckten, nicht gehört, aber die Aufgaben der Welt sind als Mensch nur zu lösen, wenn er beide Seiten seines Menschseins einsetzt und sich nicht von ihr abwendet. Der Sinn des Lebens scheint nicht darin zu liegen, das Leben zu verleugnen. Der Sinn des Lebens scheint darin zu liegen, die Grenzen von Geist und Sein auszuweiten. Das gelingt uns, wenn beide Seiten gleichermaßen berücksichtigt und beide Seiten gleichermaßen gepflegt werden. Wir sind, und ich erinnerte mich in meiner Verzweiflung, Wesen der Mitte. Wir sind die Lebewesen, die zwischen Hell und Dunkel angesiedelt sind. Wir sind die Lebewesen, die mit Geist und Körper leben und mit ihnen das Höchste vollbringen sollen. Aber wir sind nicht nur Geist, und wir sind nicht nur Körper.

Unsere Verzweiflung war nicht so groß wegen der Angst, nun nichts zu Essen zu bekommen, keine Hütte zum Schlafen zu haben, die Verzweiflung übermannte uns, weil wir überflüssig waren. Weil wir nichts gelernt hatten, um in dieser Welt etwas wert zu sein. Die Gesetze dieser Welt waren uns fremd, während dieser Welt unsere Gesetze unbekannt waren. Alle Hilfe, die wir uns hätten holen können, wären Hilfen des Geistes gewesen, die aber dazu führen mußten, daß wir wieder unseren Körper aufgeben müßten. Das aber schien uns im Augenblick nicht der richtige Weg. So gingen wir, als es dunkel geworden war, wie die Diebe auf die Felder und suchten uns Nahrung, die wir in unsere Röcke einwickelten, und wir stahlen uns zurück in die uns für lange Jahre so vertraute Hütte. Wir gingen in die Gemeinschaftshütte, zündeten dort ein Feuer an, wie wir es einmal gelernt hatten. Erst nach vielen Mühen gelang es uns wieder. Wir packten die Fladen auf den erhitzten Stein und aßen zu dem gerösteten Mehl Früchte und tranken, wie wir es selten taten, Wasser. Auf diese Weise versuchten wir, erst einmal mühsam unsere Körper zu etwas mehr Widerstand zu erziehen.

Unsere Ruhepausen waren in der Anfangszeit lang. Der Gedanke, uns in irgendeiner Kammer zu verstecken, einzuschließen und dort endgültig den Körper zu verlassen, um auf eine nie wiederkehrende Reise zu gehen, wurde an diesem Abend noch einmal besprochen. Aber dieser Gedanke wurde wieder hinausgeschoben, wurde hinausgeschoben bis auf die nächsten zwei Nächte. Als wir nach unserer nächsten Diebestour versuchten, den Heimweg anzutreten, fielen drei Bauern über uns her und verprügelten uns.

Das war der Entschluß, noch einmal den alten Priester in dem Mumienkeller zu besuchen. Noch in der gleichen Nacht schlichen wir durch den Tempel, öffneten mühsam die noch recht versteckte Tür, tappten in die nur ganz spärlich beleuchteten Keller hinab, nahmen auch die letzte Fackel aus dem Anch-Zeichen und suchten uns mühsam den Weg in die gleichen Gänge, in die wir damals gegangen waren. Uns war klar, daß wir jetzt etwas taten, was einem Priester nicht ansteht. Wir gingen unseren letzten Weg wie die Fellachen in den Dörfern. Wir hatten es nicht erreicht, für wert befunden zu werden, als Mumie zu überleben. Wir suchten uns einige von diesen vielfältig vorbereiteten Vorratskammern, die nun nicht mehr gebraucht wurden. Damit wir aber wenigstens nicht völlig ungeschützt waren, suchten wir uns jeder einen dieser vorbereiteten Holzsarkophage, stellten sie alle in eine Höhle, vor der eine blinde Tür angebracht war, schlossen diese Sarkophage über uns und versetzten uns aufs neue in den Zustand der ewigen Freiheit.

Spirituelles Erwachen

Darshan Singh
Spirituelles Erwachen
11809

Herman Weidelener
Die Götter in uns
11802

Eugene G. Jussek
Begegnung mit dem
Weisen in uns   11765

Dalai Lama
Ausgewählte Texte
11803

Herman Weidelener
Abendländische
Meditationen   11782

Satprem
Der Mensch hinter
dem Menschen   11754

GOLDMANN

Die weisen Frauen

Magisches Denken

Das Hexenbuch
11806

Alan Bleakley
Früchte des Mondbaumes
11785

Harold A. Hansen
Der Hexengarten
11784

Schenk / Kalweit
Heilung des Wissens
11805

Joan Halifax
Die andere Wirklichkeit
der Schamanen   11756

Sergius Goldwin
Die weisen Frauen
14004

GOLDMANN